La Photo numérique

11e édition

pour LES NULS

La Photo numérique pour LES NULS

11e édition

Julie Adair King

FIRST
Interactive

La Photo numérique Pour les Nuls, 11e édition

Titre de l'édition originale : Digital Photography For Dummies

Collection dirigée par Jean-Pierre Cano
Édition : Pierre Chauvot
Traduction : Bernard Jolivalt et Daniel Rougé
Maquette : Marie Housseau

Edition française publiée en accord avec Wiley Publishing, Inc.

Éditions First
60 rue Mazarine
75006 Paris
Tél. : 01 45 49 60 00
Fax : 01 45 49 60 01
e-mail : firstinfo@efirst.com
ISBN : 978-2-7540-3055-7
Dépôt légal : 2e trimestre 2011
Imprimé en France

Sommaire

Introduction

La photographie a connu ces dernières années une nouvelle révolution : la photographie numérique et avec elle, une nouvelle manière d'aborder la photographie. Elle s'est rapidement imposée chez les amateurs, ravis de ne plus dépenser des fortunes en pellicules et en tirages, mais aussi chez les professionnels. Les photojournalistes apprécient la possibilité d'envoyer presque instantanément les images à leur agence ou rédaction, et les photographes de publicité et de mode exploitent avec créativité les immenses possibilités de la retouche et du montage numériques.

Un appareil photo numérique et une imprimante suffisent pour s'initier à ces nouvelles techniques, mais vous irez plus loin avec, en plus, un ordinateur et un logiciel de retouche. Même si vous ne connaissez que peu l'informatique, vous parviendrez à exprimer votre créativité, notamment par des montages réalisés à partir de plusieurs images, ou par des effets pratiquement impossibles à obtenir sur film. Vous pourrez aussi retoucher les photos et leur appliquer des corrections, comme le recadrage ou l'amélioration de la netteté, qui exigeaient autrefois du matériel spécialisé.

La photo numérique permet également de transmettre instantanément vos images à tous ceux que vous connaissez, n'importe où dans le monde.

Quelques minutes après la prise de vue, vos proches, amis, collègues, voire des inconnus, peuvent admirer vos images, soit parce que vous les avez envoyées par courrier électronique, soit parce que vous les avez placées sur un site Web. Vous pouvez même créer votre propre galerie d'exposition.

Pourquoi ce livre Pour les Nuls ?

À l'instar de tout ce qui est nouveau, l'appareil photo numérique peut être intimidant. Les termes techniques et acronymes mystérieux – capteur CCD ? mégapixel ? JPEG ? etc. – pullulent. Ils sont sans doute clairs pour un fana de photo, mais peut-être pas pour vous, face à un vendeur qui vous affirme que « ce modèle est équipé d'un capteur CMOS de 12 millions de pixels et stocke jusqu'à 300 images compressées au format JPEG sur une carte SDHC de 8 giga-octets ». Vous seriez tenté de répondre : « oncques telles choses ne furent ouïes », ce qui risque de ne pas arranger la situation.

Il y a mieux à faire : lisez *La Photo numérique Pour les Nuls*, 11e édition. Ce livre explique tout ce qu'il faut savoir pour devenir un photographe numérique accompli. Il n'est pas nécessaire d'être un fana de photo ou d'informatique pour comprendre de quoi il s'agit. La Photo numérique Pour les Nuls est écrite en langage de tous les jours, avec en prime un brin d'humour.

Que contient ce livre ?

La Photo numérique Pour les Nuls aborde tous les aspects de la photographie numérique, du choix de l'appareil jusqu'à la préparation des images pour l'impression ou la publication sur le Web.

Une partie de ce livre est consacrée aux informations à connaître pour bien choisir votre équipement photo et un logiciel de retouche. D'autres chapitres expliquent comment utiliser l'appareil photo numérique – parfois appelé « APN » ou encore « photoscope » – et aussi comment éditer les images afin de régler leur luminosité et leur contraste, ou comment réaliser des montages photographiques.

Pour l'édition et la retouche, nous utiliserons un logiciel connu : Adobe Photoshop Elements 9.0. Mais si vous avez un autre logiciel, ou une autre version de Photoshop Elements, n'allez pas croire que ce livre ne s'adresse pas à vous. Les outils d'édition de base dont il est question ici sont transposables, car leur principe est identique d'un logiciel à un autre. Vous pourrez donc vous référer à ce livre chaque fois que vous aurez besoin d'éclaircissements sur telle ou telle tâche.

Bien que ce livre s'adresse aux photographes numériques débutants ou ayant une petite expérience en la matière, je présume que vous avez quelques notions d'informatique. Par exemple, vous devez savoir comment démarrer un programme, ouvrir et fermer des fichiers, et connaître l'environnement Windows ou Macintosh. Si vous n'y connaissez vraiment rien aux ordinateurs, je vous recommande de lire l'un des Pour les Nuls consacrés aux PC et aux Mac.

À l'intention des utilisateurs de Mac, je tiens à préciser que si bon nombre de figures de ce livre ont été réalisées avec un ordinateur tournant sous Windows, les instructions fournies concernent aussi bien le Mac que le PC.

Après cette mise au point sur la stérile controverse entre tenants de l'un ou l'autre de ces ordinateurs, voyons un peu ce que contient *La Photo numérique Pour les Nuls*.

Première partie : Premiers pas dans le numérique

C'est ici que commence votre initiation à la photo numérique. Les deux premiers chapitres vous expliquent ce qu'est un appareil photo numérique et comment l'utiliser. Le Chapitre 3 vous aide à trouver l'appareil le plus approprié au type d'image que vous désirez prendre, tandis que le Chapitre 4 présente quelques équipements et accessoires qui faciliteront vos prises de vues.

Deuxième partie : La prise de vue sans prise de tête

Vos images sont trop claires, trop foncées, floues ou tout bêtement insignifiantes ? Avant de remiser l'appareil au fond d'un placard, lisez cette partie du livre.

Le Chapitre 5 explique comment régler l'appareil. Le Chapitre 6 révèle les secrets d'une image bien au point et parfaitement exposée, tandis que le Chapitre 7 prodigue des conseils pour obtenir des images plus fortes et plus attrayantes. Vous apprendrez aussi comment prendre plusieurs vues pour en faire un panorama, comment maîtriser des éclairages difficiles et comment exploiter les différents réglages prédéfinis.

Troisième partie : De l'appareil à l'ordinateur

Après avoir pris des photos, il faut les sortir de l'appareil et les donner à voir. Plusieurs chapitres sont consacrés à ces tâches.

Le Chapitre 8 explique comment transférer les images vers l'ordinateur et les archiver. Le Chapitre 9 décrit les diverses techniques d'impression. Au Chapitre 10, vous découvrirez comment visionner et distribuer les images électroniquement, en les envoyant par courrier électronique, en les affichant sur le Web ou en créant des calendriers personnalisés.

Quatrième partie : Les manipulations numériques

Dans cette partie du livre, vous vous initierez à l'édition des images. Le Chapitre 11 est consacré aux corrections élémentaires. Après avoir assimilé la Deuxième partie du livre, vous devriez ne plus rater de photos. Mais en cas d'incident, le Chapitre 11 montre comment régler l'exposition, accentuer la netteté et recadrer une image.

Le Chapitre 12 explique comment sélectionner une partie de l'image puis copier et coller la sélection dans une autre image. Vous verrez aussi comment éliminer des défauts ou des éléments indésirables.

Cinquième partie : Les dix commandements

Comme dans tous les *Pour les Nuls,* le chapitre Les Dix Commandements propose en vrac des astuces utiles. Le Chapitre 13 propose dix moyens d'améliorer vos photos numériques.

Le lexique

Vous vous êtes sans doute rendu compte que la photo numérique est truffée de jargon technique. Vous trouverez dans le lexique une définition succincte de la plupart des termes et acronymes utilisés dans ce livre.

Les icônes utilisées dans ce livre

Comme tous les ouvrages de la collection *Pour les Nuls,* celui-ci est émaillé de petites icônes qui attirent l'attention sur les points importants :

Ainsi que nous l'avons déjà mentionné, nous utiliserons essentiellement Adobe Photoshop Elements 9.0. Cette icône signale des informations spécifiques à ce logiciel. Si vous en utilisez un autre, lisez néanmoins ces informations car elles peuvent être adaptées aux autres logiciels.

Cette icône reprend une information déjà rencontrée, ou que vous avez tout intérêt à mémoriser.

Cette icône vous fera gagner du temps. Elle signale des astuces permettant d'obtenir de meilleures images et résoudre divers problèmes.

Soyez sur vos gardes si vous rencontrez cette icône. Elle signale en effet un sérieux risque et vous explique comment l'éviter.

Les conventions utilisées dans ce livre

En plus des icônes, *La Photo numérique Pour les Nuls* utilise d'autres conventions. Le choix d'une commande dans un menu est indiqué par le nom du menu suivi d'une barre et du nom de la commande. Par exemple, pour choisir la commande Couper, dans le menu Edition, vous lirez : « choisissez Edition > Couper ».

Il est parfois plus rapide de choisir une commande à partir d'une combinaison de touches du clavier. Ces raccourcis se présentent sous la forme « Ctrl+A » : la touche Ctrl enfoncée, appuyez sur la touche A puis relâchez les deux touches. Le raccourci pour les PC est suivi de celui pour le Mac, s'il est différent.

Que dois-je lire d'abord ?

La réponse dépend de vous. Il est possible de commencer par le Chapitre 1 et lire jusqu'à la fin, si vous le désirez. Ou alors, vous pouvez ne lire que les parties qui vous intéressent.

La Photo numérique Pour les Nuls a été conçu pour que vous puissiez lire n'importe quel chapitre sans avoir forcément lu ceux qui précèdent. De ce fait, si vous avez besoin d'une information sur un sujet précis, vous pouvez y aller directement.

La photographie numérique est une véritable révolution. Vous trouverez dans *La Photo numérique Pour les Nuls* toutes les informations indispensables pour maîtriser cette nouvelle technologie rapidement, facilement et dans la bonne humeur.

Première partie

Premiers pas dans le numérique

"Si je n'ai pas pris de poids, comment se fait-il que cette photo numérique a 3 Mo de plus que la même prise il y a six mois ?"

Dans cette partie...

Cette partie du livre dissèque sans retenue les appareils photo numériques. Le Chapitre 1 énumère les différences fondamentales entre le numérique et l'argentique, en précisant leurs avantages et inconvénients respectifs. Le Chapitre 2 soulève le couvercle du monde numérique et de ses secrets, tandis que le Chapitre 3 passe à la loupe tous les éléments à connaître pour bien choisir un appareil photo selon vos besoins. Enfin, le Chapitre 4 passe en revue les accessoires et les logiciels.

Voilà! Maintenant que tout le monde est prêt, nous pouvons débuter l'étude de nos spécimens numériques, en prenant soin de ne pas laisser les câbles et les circuits imprimés envahir la pièce.

1

Folklore numérique

Dans ce chapitre :

- Comprendre les différences entre la photographie numérique et la photographie conventionnelle (argentique).
- Apprendre à utiliser les appareils photo numériques.
- Comparer scanners et appareils photo numériques.
- Estimer les avantages et les inconvénients des appareils numériques.
- Calculer l'impact du numérique sur votre portefeuille.

Vous ne pouvez imaginer mon bonheur lorsque les premiers appareils photo numériques abordables sont apparus sur le marché. Voilà en effet un outil révolutionnaire, qui me permet non seulement de gagner du temps et de l'énergie dans mon travail quotidien, mais qui s'adapte aussi aux loisirs et à la famille.

Si l'on est intéressé par cette nouvelle technologie, il est difficile de ne pas se laisser séduire par l'offre du marché. Il faut toutefois réfléchir avec circonspection avant de se lancer dans un tel achat. Il convient de répondre à cette question essentielle et existentielle : gadget ou outil de travail ? Nombreux sont ceux qui aiment jouer les précurseurs en se jetant délibérément sur tous les nouveaux appareils high-tech du marché. Résultat, ces acquisitions sont faites avec précipitation et finissent leur vie au fond d'un tiroir. Certaines personnes sont très souvent désappointées par leur achat ou constatent très vite qu'il n'est pas du tout adapté à leurs besoins.

Rien n'est plus excitant qu'un nouveau jouet. Les appareils photo numériques n'échappent pas à la règle. Pourtant, leur utilité et leur polyvalence en font un équipement à part, rapidement devenu un produit de masse. Décortiquons ensemble cet outil et analysons ses avantages et ses inconvénients en toute impartialité.

Traitement antipelliculaire

Comme le montre la Figure 1.1, les appareils numériques existent en différentes présentations et tailles. Outre ces aspects esthétiques, leurs caractéristiques et leurs possibilités varient considérablement d'un modèle à l'autre, même s'ils ont un objectif commun : simplifier le processus d'acquisition des images.

La notion d'*image numérique* n'est pas nouvelle. Les utilisateurs de logiciels de retouche comme Photoshop en créent depuis des années. La grande différence est qu'autrefois, lorsque vous photographiiez un paysage ou un coucher de soleil avec un appareil classique, vous deviez préalablement faire développer vos diapos ou vos films négatifs et les tirer éventuellement sur papier, puis les numériser (les traduire en fichier informatique) à l'aide d'un *scanner* (le terme français est scanneur, mais qui l'utilise ?). Encore fallait-il disposer d'un tel périphérique ! Tout ce processus, notamment le développement, peut exiger plusieurs jours et demander un certain budget. Même avec un service de développement rapide, il est difficile d'obtenir ses images dans la demi-heure qui suit les prises de vue. Les appareils numériques offrent une souplesse d'utilisation très intéressante. Pas de pellicule, pas de développement, pas de numérisation des photos sur papier. L'ensemble des photographies prises est directement accessible *via* votre ordinateur, sans intermédiaire (quoi que, le cas échéant, en passant par un lecteur de carte mémoire, ou bien encore par une clé USB). Une seule petite opération de transfert et le tour est joué ! Nombre de modèles permettent même d'imprimer directement à partir de l'appareil relié à une imprimante grâce à un câble USB. Difficile de faire plus rapide !

Figure 1.1 : Ces modèles fabriqués par Pentax, Nikon, Panasonic, Canon et Fujifilm illustrent la diversité des appareils photo numériques.

Les images numériques, c'est bien ; mais pour quoi faire ?

Comparés à la photographie traditionnelle, les avantages et les possibilités artistiques du numérique sont innombrables. Sans prétendre les énumérer tous, apprécions ceux qui suivent :

- **Une plus grande créativité :** en photographie traditionnelle, il est impossible pour un amateur de modifier les photos. Une fois développées, leur qualité dépend des réglages à la prise de vue, et vous ne pourrez en aucune manière revenir en arrière ainsi que du tirage lui-même. Une photographie numérique n'est, en revanche, jamais définitive. À tout moment, il est en effet possible de reprendre un cliché pour améliorer son aspect : corriger les couleurs, augmenter le contraste, régler la luminosité, etc. N'importe quel logiciel de retouche sait faire cela.

  Les Figures 1.2 et 1.3 illustrent cette particularité. La photo du haut représente la photographie originale. On peut remarquer qu'elle est sous-exposée, un peu terne, et que son cadrage n'est pas des plus réussis. Le trottoir occupe beaucoup trop de place. Grâce à un logiciel de retouche, ces défauts ont été rapidement corrigés, comme en témoigne la Figure 1.3.

Figure 1.2 : La photo originale de ces enfants est sous-exposée. Son cadrage n'est pas des plus heureux.

Figure 1.3 : Après quelques manipulations dans un logiciel de retouche, voilà une photo nettement plus plaisante !

Certains affirmeront qu'il est possible d'obtenir un résultat identique avec une photographie argentique : soit en amont, à la prise de vue, en réglant mieux le diaphragme de l'appareil et en prenant garde de cadrer correctement le sujet ; soit en aval, en commandant à un laboratoire de recadrer l'image et rattraper l'exposition. Si la première solution a l'avantage d'être la plus simple, il est toujours difficile de réussir un cadrage parfait du premier coup, notamment sur un sujet en mouvement. La seconde solution est davantage une question de budget. Comme vous pouvez vous en douter, ce type de prestation est loin d'être gratuit.

- **Le partage immédiat et facile des photos :** vous pouvez envoyer une image à des amis, des proches ou des clients en la joignant à un courrier électronique. C'est beaucoup plus commode que de les confier à la poste, et moins cher que d'acheter des enveloppes et des timbres.

En plus d'envoyer des photos par courrier électronique, vous pouvez les donner à voir en les affichant sur une page Web personnelle, ou au travers d'un réseau social comme Facebook (`www.facebook.com`), ou bien d'un site spécialisé dans le partage de photographies tel que Picasa ou Flickr (`www.flickr.com`), comme l'illustre la Figure 1.4. Le Chapitre 10 explique en détail comment faire pour préparer les photos pour le partage en ligne ou tout affichage sur une page Web.

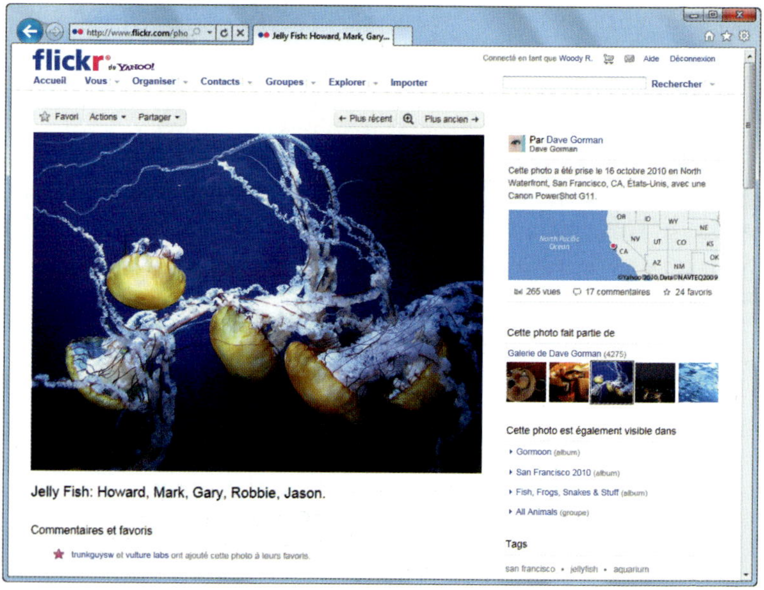

Figure 1.4 : Partagez vos photos sur le Web grâce à un album en ligne.

- **Des présentations plus intéressantes :** vous pouvez utiliser les photos dans une présentation réalisée avec un logiciel comme Microsoft PowerPoint. Mais si vous ne disposez pas de cet outil, vous pourrez créer des diaporamas directement depuis Windows grâce au bouton Diaporama (voir la Figure 1.5) qui se trouve dans la barre d'outils du dossier Images et de ses sous-dossiers, ou sur un Mac avec la fonction Diaporama des applications Aperçu, iPhoto ou Front Row.

Figure 1.5 : À l'instar du Mac, Windows possède une fonction Diaporama bien pratique.

- **Des bases de données professionnelles ou privées plus visuelles :** vous pouvez inclure des images dans une base de données. Si votre société dispose, par exemple, d'un programme de téléachat, il est commode d'y insérer des photos de vos différents produits. Associée à un descriptif, chaque référence pourra être incorporée dans un catalogue électronique accessible à tous vos clients. Il est aussi possible d'insérer des photos d'objets divers destinés à un inventaire ou un catalogue, comme l'illustre la Figure 1.6.
- **Développer son sens artistique :** vous prendrez beaucoup de plaisir à exploiter vos talents. Un logiciel de retouche permet d'appliquer une foule d'effets. Peignez d'affreuses moustaches sur le portrait d'une belle jeune fille ou déformez son corps à outrance (cela marche aussi sur un beau garçon).

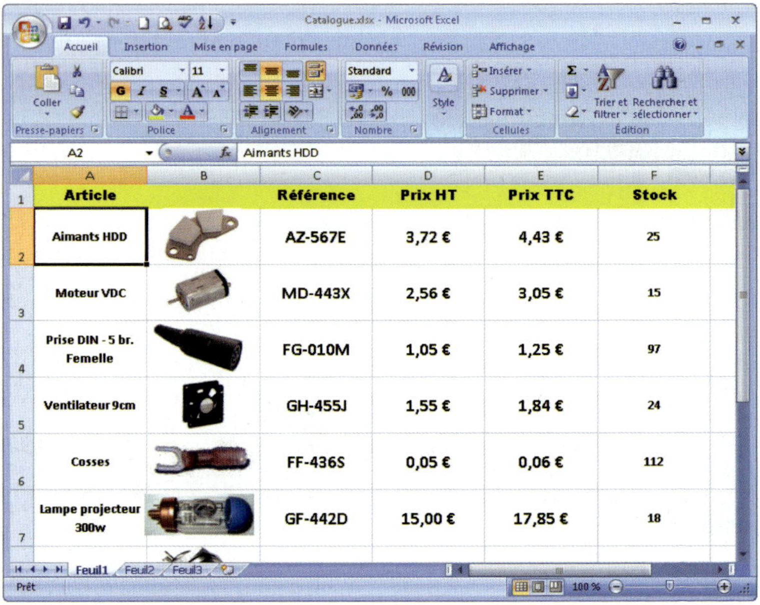

Figure 1.6 : Cet inventaire est une simple feuille de calcul Excel illustrée avec les photos des différents articles.

Vous ferez des photomontages et appliquerez des effets picturaux qui transforment une photo en croquis, en aquarelle, en peinture à l'huile et autres techniques classiques, comme l'illustre la Figure 1.7.

- Vous pouvez produire toutes sortes d'objets ou de cartes personnalisées. Comme le montre la Figure 1.8, les possibilités d'édition d'une image numérique ne se résument pas aux retouches et aux améliorations visuelles. Ici, vous créez une carte de vœux à partir d'une de vos photos. Rien ne vous interdit d'ajouter des textes et de créer des compositions comme bon vous semble.

Figure 1.7 : La photo en haut à gauche a été transformée en aquarelle grâce à un filtre.

> Après avoir travaillé la photo, vous l'imprimerez sur un papier photo semblable à ceux que vendent Kodak, Canon, Epson, HP et d'autres fabricants. Si votre imprimante n'est pas capable d'imprimer des photos, vous confierez cette tâche à une boutique spécialisée, ou vous enverrez les photos par Internet vers l'un des innombrables services de développement de photos numériques en ligne.

Ce ne sont là que quelques-unes des raisons qui ont fait le succès de la photographie numérique, dont la polyvalence, la souplesse et le plaisir de la création numérique ont pratiquement éliminés le film argentique.

Figure 1.8 : Créez vos propres cartes de vœux, cartons d'invitation ou cartes de visite.

Quels sont les inconvénients du numérique ?

Grâce aux progrès dans les technologies et dans la fabrication, les problèmes qui avaient découragé les photographes au début – un coût élevé pour une qualité discutable – sont désormais résolus. Mais quelques inconvénients subsistent, qui ne sauraient être passés sous silence :

- Aujourd'hui, les appareils photo numériques produisent des images aussi bonnes que les appareils argentiques. Mais la résolution des appareils de très bas de gamme peut parfois être limitée. Les images produites sont très acceptables pour un affichage sur une page Web, mais insuffisantes pour obtenir une taille et une qualité d'impression rivalisant avec les photos traditionnelles (la résolution est expliquée au Chapitre 2).

- Après avoir été déclenché, le système électronique de l'appareil peut réclamer quelques instants pour transférer l'image en mémoire. Pendant ce laps de temps, appelé « latence », vous ne pouvez pas prendre d'autre photo. Fort heureusement, sur les appareils d'aujourd'hui, ce temps de latence est généralement inférieur à la seconde, ce qui est certes encore trop long, surtout pour la photo d'action, mais pas prohibitif.

  Le temps de latence des appareils les plus perfectionnés est encore plus réduit, parfois de moins d'un dixième de seconde, ce qui autorise la prise de vue en rafale.

  Presque tous les appareils offrent maintenant un mode vidéo plus ou moins perfectionné (en gros, du niveau webcam standard jusqu'à la HD) permettant de réaliser de petits films. Ce *Pour les Nuls* étant consacré à la photographie et non à la vidéo numérique, nous n'aborderons pas ce domaine. Mais s'il vous intéresse, ne manquez pas de lire *La vidéo numérique Pour les Nuls.*

- Devenir un photographe numérique averti exige l'acquisition de notions nouvelles. Si les ordinateurs vous sont familiers, vous ne devriez pas rencontrer trop de difficultés pour maîtriser cette technologie. Mais si vous êtes novice en la matière, vos premiers pas dans l'univers numérique risquent, en revanche, de vous paraître plus compliqués que le maniement d'un appareil photo jetable. Quelle que soit votre situation, ne désespérez pas ! Ce livre est justement là pour vous venir en aide.

Les constructeurs sortent de nouveaux modèles à une cadence infernale. Si le consommateur peut se sentir perdu face à ce déferlement de nouveaux appareils, il peut en revanche s'enthousiasmer devant cette débauche technologique. En effet, au fil du temps, les appareils numériques sont de plus en plus performants tout en étant moins chers et plus faciles à manier.

Quel matériel dois-je utiliser ?

Il est toujours délicat de suggérer tel ou tel matériel. Pourquoi l'un plutôt que l'autre? En effet, l'échelle des prix et la diversité des modèles provoquent souvent des hésitations. Il convient malgré tout de préciser aux profanes que la possession d'un ordinateur et d'une imprimante est nécessaire pour exploiter au mieux les photographies. Concernant l'ordinateur, il n'est pas indispensable d'avoir une machine hors de prix. Pour un budget de 500 à 1 000 euros, vous pouvez acquérir une machine tout à fait performante, capable de prendre en charge tous vos travaux graphiques.

N'OUBLIEZ PAS

Les prix cités sont donnés à titre indicatif, la durée de vie des modèles et la constante évolution des coûts dans le domaine informatique étant très aléatoires. Si le prix d'achat paraît élevé, je vous rappelle que vous n'achèterez plus jamais de pellicule et ne paierez plus de développement. Si une photo est ratée, effacez-la de la mémoire de l'appareil ou de la carte. Si vous « mitraillez » tous azimuts, vous aurez tôt fait de rentabiliser le choix du numérique.

Les appareils photo

Les prix des appareils photo numériques grand public s'échelonnent entre 100 euros pour les tout premiers modèles et sensiblement plus de 1 500 euros pour le haut de gamme (je ne parle pas ici des appareils professionnels valant plusieurs milliers d'euros). Comme vous vous en doutez, les prix les plus bas concernent essentiellement des modèles n'offrant qu'une qualité d'image généralement correcte, mais limitée, mais quand très suffisante pour un usage sur le Web voire un simple visionnage à l'écran.

Le moyen et haut de gamme se caractérise par de meilleurs objectifs (en verre optique, et non en résine acrylique), un écran de contrôle plus confortable, des réglages poussés de la vitesse et du diaphragme, etc. Nous y reviendrons au Chapitre 3.

Les cartes mémoire

La mémoire interne de la plupart des appareils photo numériques est insuffisante pour stocker un grand nombre de photos. En revanche, ils sont dotés d'un compartiment qui accueille des cartes mémoire.

Le prix des cartes mémoire a bien chuté (explosion du marché du numérique oblige). Mais cela reste un investissement auquel il convient de bien réfléchir. Le coût augmente en fonction de la capacité de stockage. Les cartes mémoire les plus utilisées actuellement sont les cartes Secure Digital (SD) de 2 à 4 Go, qui ne coûtent que quelques euros, et Secure Digital High Capacity (SDHC) de 4 à 32 Go, un peu plus onéreuses, voire même Secure Digital XC (on franchit ici la barre des 64 Go), nettement plus chères.

La prudence s'impose avant de craquer pour les cartes SDHC à très grande capacité de 4 Go et plus. Vous devez tout d'abord vérifier que votre appareil photo sera capable de les utiliser. Certains appareils acceptent les cartes de 4, 8, 16 ou 32 Go – la capacité maximale utilisable figure dans le manuel – qui doivent impérativement être estampillées SDHC (*Secure Digital High Capacity*). Ce n'est pas le cas de toutes. Comment les reconnaître ? Rien de plus facile : c'est écrit dessus, ainsi que le montre la Figure 1.9. Seule la mention SDHC garantit qu'elle est véritablement certifiée « grande capacité ». Oubliez celles qui ne le sont pas.

C'est quoi un octet ?

Tout au long de cet ouvrage, il sera beaucoup question d'octets, notamment sous la forme de kilo-octets, de méga-octets et de giga-octets, voire de téraoctets. Tout cela est bien beau, mais que représente exactement un octet ?

En informatique, tout tourne autour du calcul binaire, que l'on doit au philosophe et mathématicien allemand Gottfried Wilhem Leibnitz (1646-1716). Sans entrer dans les détails, le binaire, c'est quand tout se ramène à des zéros et à des uns. Au cœur de l'ordinateur, la plus belle de vos photos n'est qu'une succession de millions et de millions de 1 et de 0, que l'on appelle bits. Chaque bit correspond à la magnétisation ou non d'une microscopique partie d'un disque. Un octet est un ensemble de huit bits, comme 01100100 ou 11011101. Vous découvrirez un aspect plus pratique au prochain chapitre, dans l'encadré « Un mot sur la profondeur de bits ».

Si le sujet vous intéresse – le calcul binaire est une excellente gymnastique mentale –, je vous recommande de visiter le site `http://www.laurent-bloch.org/spip.php?article98` qui reproduit le texte de Leibnitz. On n'a pas fait plus clair depuis.

Figure 1.9 : Une carte Secure Digital certifiée à grande capacité.

Vous n'arrivez pas à vous séparer de votre vieil ordinateur sous Windows XP ? Dommage ! Il n'accepte pas les cartes mémoire de plus de 2 Go. Il va être temps de passer à Windows 7…

Il existe aussi des cartes mémoire à écriture rapide (revoyez l'illustration de la Figure 1.9), qui réduisent considérablement le temps de latence après une prise de vue. Elles font le bonheur des photographes d'action, mais là encore, leur achat n'est justifié que si votre appareil sait gérer cet accroissement des performances (reportez-vous au manuel). Pour le reste, elles sont utilisées comme n'importe quelle autre carte. Le nombre de photos susceptibles d'être stockées sur une carte mémoire dépend certes de la capacité de celle-ci, mais aussi de la résolution de l'image et de sa compression, deux notions expliquées dans les deux prochains chapitres.

TRUC

Prévoyez des cartes mémoire supplémentaires dans le budget de votre équipement numérique. Une carte mémoire a beau pouvoir contenir plusieurs centaines de vues, vous verrez qu'en voyage ou lors d'un événement (fête folklorique, mariage…), les photos s'accumulent à une vitesse vertigineuse, surtout lorsque vous appuyez plusieurs fois de suite sur le déclencheur pour « assurer » la bonne photo. Une carte mémoire s'utilise pratiquement *ad vitam aeternam*, puisque vous la videz périodiquement après avoir transféré les photos dans le disque dur de l'ordinateur.

Matériel, logiciels et imprimantes

En plus de l'appareil lui-même, la photographie numérique exige un certain nombre de périphériques et de logiciels. L'ordinateur doit être assez puissant pour visionner, archiver, éditer et imprimer les images. Sa mémoire vive (ou RAM) doit être d'au moins 2 Go (mais les ordinateurs actuels sont généralement fournis avec 4 Go de RAM, ce qui ne sert d'ailleurs pas à grand-chose avec Windows, qui n'est capable de gérer que 3 Go, du moins dans sa version 32 bits classique) et le disque dur de bonne capacité – 250 Go ou plus – afin de pouvoir y stocker les centaines, voire les milliers d'images que vous ferez. Prévoyez dans les 700 à 900 et quelques euros pour un tel équipement.

Tirer les images sur papier exige, bien évidemment, une imprimante couleur. On trouve aujourd'hui des modèles à jet d'encre à partir d'une centaine d'euros qui offrent une excellente qualité d'impression. Pour obtenir le meilleur résultat, il est indispensable d'utiliser du papier photo, plus cher que le papier ordinaire, mais qui vous permettra d'obtenir une qualité optimale. Beaucoup de fabricants d'imprimante utilisent, pour leurs modèles d'entrée de gamme, un moteur d'impression identique à celui du haut de gamme. C'est pourquoi vous pouvez obtenir d'excellents résultats même avec un investissement réduit. Les modèles plus onéreux offrent une vitesse d'impression plus élevée ainsi que des fonctionnalités supplémentaires, comme la mise en réseau, l'impression directe depuis une carte mémoire, un écran de contrôle à cristaux liquides intégré et l'impression en grand format.

Il ne faut pas négliger l'achat d'un logiciel de retouche, de périphériques de transfert et de stockage ainsi que des consommables (papiers spéciaux, piles…). Si vous êtes un fana de photo, vous achèterez sans doute des objectifs supplémentaires (si votre appareil accepte ce genre de fantaisie), des éclairages, un trépied et autres accessoires.

Eh oui, la photo numérique peut s'avérer onéreuse. Mais, dans le temps, ça l'est encore plus avec la photographie argentique. Tout compte fait, la photo numérique s'impose en raison de ses immenses avantages. Si tout cela vous fait réfléchir, découvrez aux Chapitres 3, 4 et 9 les différents éléments qui entrent en jeu, avec en prime quelques astuces pour arrondir votre budget.

2

Un peu de technique

Dans ce chapitre :

- Comment l'appareil numérique enregistre les images.
- Comment l'œil et l'appareil perçoivent les couleurs.
- La notion de pixel.
- Examiner les résolutions.
- Analyser la relation entre la résolution et la taille d'une image.
- Diaphragme, vitesse et autres paramètres d'exposition.
- Les modèles colorimétriques
- Plongée dans les profondeurs de bits d'une image numérique.

Vous ne deviendrez jamais un photographe numérique digne de ce nom sans un minimum de connaissances techniques. Mais pas de panique : vous trouverez dans ce chapitre tout ce qui concerne les notions aussi importantes que le diaphragme, la vitesse, la résolution, etc. Vous apprendrez aussi les caractéristiques fondamentales des objectifs photographiques et leurs contraintes.

De l'œil à la mémoire de votre appareil photo

Les appareils photo numériques se servent aussi de la lumière pour créer l'image. À la place du film se trouve une matrice de capteurs CCD (*Charge Coupled Device,* dispositif à transfert de charge) formée d'un réseau de composants électroniques sensibles à la lumière appelés « photosites ». Il existe aussi un autre type de capteurs, appelés CMOS (*Complementary MetalOxide Semiconductor,* semiconducteur à oxyde métallique complémentaire). La Figure 2.1 montre une gamme de capteurs fabriqués par Kodak.

Avec l'aimable autorisation de Eastman Kodak Company

Figure 2.1 : Des capteurs photosensibles fabriqués par Kodak. Chacun remplace la pellicule.

Les capteurs CCD et CMOS diffèrent sensiblement, comme nous le verrons au Chapitre 3, même si leur rôle reste identique. Lorsqu'ils sont frappés par la lumière, ils convertissent les particules lumineuses en charges électriques. Le résultat est analysé, puis transféré sous forme d'un flux électrique dont les valeurs sont enregistrées dans un fichier informatique par le microprocesseur contenu dans l'appareil.

Les capacités électriques converties en données numériques sont sauvegardées dans la mémoire de l'appareil photo. Cette dernière peut se présenter sous plusieurs formes : une mémoire interne fixe, une carte mémoire amovible, ou encore un disque enregistrable. Pour accéder aux images ainsi stockées, vous devrez les transférer de l'appareil vers votre ordinateur, ou dans un disque dur multimédia permettant de les visionner sur un téléviseur ou les imprimer directement sans avoir besoin d'un ordinateur.

TRUC

La plupart des appareils numériques peuvent être connectés directement un téléviseur, mais la lecture des images est généralement bien plus lente par cette méthode.

N'OUBLIEZ PAS

N'oubliez pas que ces explications vont à l'essentiel, justement pour éviter les malaises évoqués en préambule. On pourrait facilement écrire un chapitre entier sur les différents types de capteurs, mais ce serait affreusement technique. Ne pensez donc qu'à l'appareil photo que vous envisagez d'acheter. Les Chapitres 3, 4 et 8 présentent des aspects aussi importants que les puces, la mémoire et le transfert d'images autrement plus utiles pour vous.

N'OUBLIEZ PAS

Voici tout de même un point important à mentionner : à nombre de pixels identique, plus le capteur est grand et meilleure est la qualité de l'image. Et plus l'appareil est cher… Mais nous y reviendrons dans le Chapitre 3.

Les secrets de la couleur

Le terme « photographier » signifie, littéralement et étymologiquement, « écrire avec la lumière ». Mais comment l'appareil numérique fait-il pour analyser et restituer les couleurs du sujet photographié ? Le processus utilisé par ces appareils n'est pas très éloigné de celui de l'œil humain.

Pour comprendre comment un appareil numérique et vos yeux perçoivent les couleurs, vous devez savoir que la lumière peut être décomposée en trois composantes primaires : le rouge, le vert et le bleu (le fameux système RVB). Dans l'œil, la rétine est tapissée par divers récepteurs – les bâtonnets –, sensibles chacun à l'une de ces trois couleurs. Ils réagissent à la longueur d'onde émise par une couleur particulière. Le cerveau reçoit les informations émises par les millions de récepteurs pour élaborer une représentation en couleur de la scène environnante.

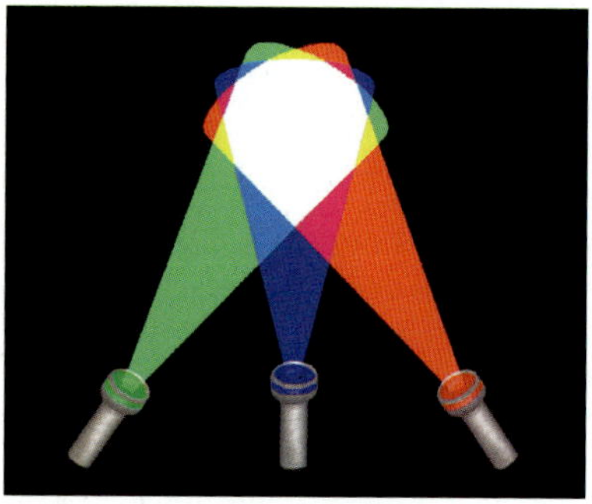

Figure 2.2 : Une image RVB est produite par la synthèse additive du rouge, du vert et du bleu.

Dans la mesure où cette opération est réalisée sans que nous ayons besoin d'en avoir conscience, elle n'est pas toujours bien comprise. Imaginez que vous soyez dans une pièce entièrement plongée dans le noir et que trois faisceaux lumineux, l'un rouge, l'autre bleu et le dernier vert se concentrent au même endroit sur un mur. La synthèse des trois faisceaux produit du blanc, comme le montre la Figure 2.2. Là où il n'y a pas de lumière, vous obtenez du noir.

Sur l'illustration, les projecteurs sont à pleine puissance. Dans les parties où seulement deux faisceaux se superposent, trois autres couleurs sont produites : du magenta, du cyan et du jaune. En faisant varier l'intensité de chacun des projecteurs, nous obtenons toutes les couleurs du spectre visible de la lumière.

À l'instar de l'œil, un appareil photo réagit à l'intensité de ces couleurs primaires, c'est-à-dire à la luminosité des composantes rouge, verte et bleue. En infographie, chacune de ces luminosités est représentée par un canal de couleur appelé *couche chromatique.* Ce sont les valeurs des pixels dans la couche Rouge, dans la couche Vert et dans la couche Bleu qui produisent, par synthèse, l'image en couleur finale.

Dans un logiciel de retouche sophistiqué, comme Adobe Photoshop, il est possible de visualiser et de travailler séparément sur chacune des couches de couleur primaire, et ceci indépendamment des autres. La Figure 2.3 montre une image décomposée en couches chromatiques Rouge, Vert et Bleu dans Photoshop CS5. Remarquez que chacune de ces couches est en niveaux de gris, car ce sont des luminosités qui sont représentées.

Figure 2.3 : Une image RVB (en haut à droite) est composée de trois couches chromatiques, une par couleur primaire.

Dans chacune de ces couches, les parties claires indiquent une valeur de luminosité élevée. Par exemple, le ciel apparaît dans un gris léger dans la couche Bleu, mais gris foncé dans les couches Vert et Rouge. De même, les feuilles dans la suspension sont claires dans la couche Vert, ainsi que les fleurs dans la couche Rouge. Quant au blanc des nuages, il est blanc dans toutes les couches chromatiques. Plus la quantité de rouge, de vert et de bleu est élevée, et plus le résultat tend vers le blanc dans les couches chromatiques.

Ne vous laissez pas impressionner par les modèles de couleurs. Tant que vous ne serez pas devenu un infographiste accompli, vous n'aurez pas besoin de ces notions. Je ne les ai mentionnées que pour information, mais aussi parce qu'avoir certaines notions sur la couleur et la luminosité ne peut être que très profitable à tout amateur de photographie.

Les (bonnes) résolutions

ATTENTION

L'un des facteurs clés pour la qualité de vos images repose sur la notion de *résolution*. La qualité mais aussi l'impact de vos images sur l'écran ou sur papier sera plus ou moins grande selon la résolution choisie.

Autrement dit, lisez attentivement cette section !

Pixels : l'unité de base de l'image numérique

Avez-vous déjà vu le tableau *Un dimanche à La Grande Jatte* du peintre Georges Seurat ? Il fut l'inventeur d'une technique picturale appelée pointillisme, qui consiste à élaborer une peinture à partir d'une myriade de petits points colorés. Lorsque vous regardez une œuvre de ce genre à une distance respectable, le graphisme paraît uniforme, sans solution de continuité. Il faut s'en approcher pour apercevoir la multitude de points qui la composent.

Les images numériques fonctionnent sur un principe apparenté au pointillisme. Toutes les images sont composées de petits points disposés régulièrement les uns à côté des autres, les *pixels*. Ils représentent la plus petite unité graphique d'une image numérique.

À une échelle normale, il est difficile de discerner ces pixels. En revanche, si vous agrandissez une partie de l'image, vous les verrez de façon flagrante, comme l'illustre la Figure 2.4.

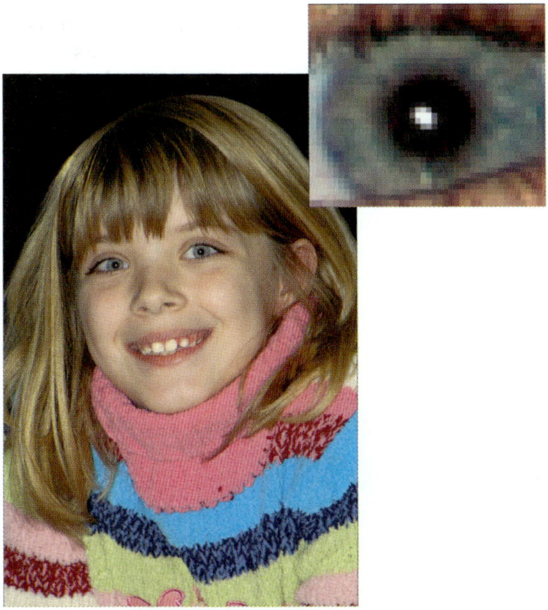

Figure 2.4 : Agrandir une image révèle les pixels qui la composent.

Chaque image numérique est représentée par un nombre précis de pixels. Nous y reviendrons au Chapitre 5. La plupart des appareils photo actuels en enregistrent entre 10 et 14 ou 15 millions, plus d'une vingtaine de millions sur les appareils 24 × 36 professionnels, et jusqu'à 60 Mo pour le fabuleux Hasselblad H4D-60, un appareil moyen format utilisé en photo de mode et de publicité.

Comme je le préciserai dans les sections qui suivent, le nombre de pixels affecte trois aspects importants d'une photo numérique :

- La taille maximale d'un tirage de bonne qualité.
- La taille d'affichage sur un écran informatique ou sur un téléviseur.
- L'encombrement du fichier d'image sur la carte mémoire ou le disque dur, exprimé en méga-octets.

Résolution d'image et qualité d'impression

Avant d'imprimer une image, vous devez spécifier sa résolution d'impression dans le logiciel graphique, autrement dit le nombre de pixels par pouce (ppp) sur le tirage. La Figure 2.5 montre la boîte de dialogue qui sert au réglage de la résolution dans Photoshop Elements 9, et c'est pareil dans Photoshop CS 5 (les détails se trouvent au Chapitre 5).

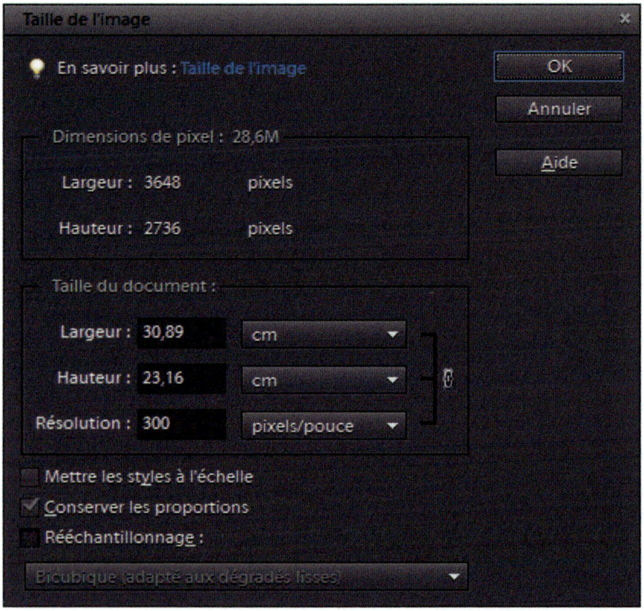

Figure 2.5 : La résolution joue un rôle prédominant sur la qualité de l'impression.

La *résolution* fait référence au nombre de pixels par pouce de votre image. Un pouce équivaut à 2,54 centimètres. Cette mesure anglo-saxonne est couramment employée pour l'impression. Plus la résolution est grande, autrement dit plus le nombre de points par pouce est élevé, plus l'image est précise et de meilleure qualité comme le montrent les Figures 2.6 à 2.8. La résolution de la première illustration est de 300 pixels par pouce (300 ppp), celle de la deuxième de 150 ppp et celle de la troisième est de 75 ppp.

300 ppi

Figure 2.6 : Une résolution de 300 ppp produit une image précise et détaillée.

N'OUBLIEZ PAS Notez que la résolution représente le nombre de pixels par pouce linéaire et non par pouce carré. Cela signifie qu'avec une image de 72 ppp, vous aurez 72 pixels disposés horizontalement sur une longueur d'un pouce, et 72 pixels disposés verticalement, soit 5625 pixels par pouce carré.

Pourquoi l'image de 75 ppp de la Figure 2.8 paraît-elle moins détaillée que l'image de 300 ppp, alors que leur taille physique est identique ? Tout simplement à cause de ses pixels : ils sont bien plus gros ! L'image à 75 ppp possède en fait quatre fois moins de pixels, tant horizontalement que verticalement, que son homologue à 300 ppp (300/75 = 4). Comme la surface imprimée est la même, il a fallu compenser le nombre de pixels perdus en augmentant leur taille. C'est pourquoi l'image de 300 ppp, composée d'un plus grand nombre de points, est plus précise que ses consœurs. Logique, non ?

150 ppi

Figure 2.7 : À 150 ppp, la netteté est moindre et des détails disparaissent.

Examinez attentivement la bordure noire qui entoure chacune de ces trois images. Elle devient de plus en plus épaisse à mesure que le nombre de points par pouce diminue. À 150 ppp, la bordure est deux fois plus grosse qu'à 300 ppp, et quatre fois plus grosse à 75 ppp.

Résolution d'image et qualité d'affichage à l'écran

N'OUBLIEZ PAS

L'affichage d'une image sur un écran souffre moins des problèmes de résolution que son impression. Cela tient au fait qu'un moniteur (c'est-à-dire un écran d'ordinateur) ne tient compte que de la dimension de l'image exprimée en pixels, et non pas de la quantité de pixels contenue dans un pouce. Autrement dit, le nombre de pixels contrôle la taille d'affichage d'une image sur un moniteur.

75 ppi

Figure 2.8 : À 75 ppp, l'image imprimée est nettement dégradée.

À l'instar des appareils photo numériques, les moniteurs informatiques utilisent des pixels pour représenter une image. Dans le système d'exploitation de votre machine, vous sélectionnez toujours une résolution d'écran, c'est-à-dire une dimension d'affichage des images sur le moniteur. Les résolutions communément rencontrées sont 1 024 x 768, 1 280 x 1 024, 1 440 x 900 ou encore 1 680 x 1 050. La plage des résolutions disponibles sur votre propre ordinateur dépend de la quantité de mémoire de votre carte graphique, du nombre de couleurs que vous souhaitez afficher simultanément et du type d'écran.

Lorsque vous affichez une image issue d'un appareil photo numérique, le moniteur ne se soucie pas de la résolution d'impression (ppp). Il alloue un pixel de l'écran à chaque pixel de l'image. En d'autres termes, si vos photographies ont une résolution de 800 x 600, elles occuperont un rectangle de la même taille à l'écran. La Figure 2.9

montre une photo affichée sur l'écran d'un ordinateur portable de 17 pouces de 1 440 x 1 050 pixels. Les dimensions de la photo du papillon sont de 800 x 600 pixels. C'est exactement la taille qu'elle occupe à l'écran.

Figure 2.9 : Une photo à petit nombre de pixels occupe néanmoins une bonne partie de l'écran.

Ceci est intéressant pour les photographes ne disposant que d'un budget très restreint, qui ne peuvent s'offrir qu'un appareil d'occasion à trois sous. Même en basse résolution, leurs photos couvrent une partie significative du moniteur. La qualité de la photo n'est en rien altérée. Seule sa taille à l'écran varie.

Pixels et taille de fichier

N'OUBLIEZ PAS

Chaque pixel d'une image contribue à augmenter sa taille. Par exemple et à titre comparatif, la photo de pièces de monnaie, sur la Figure 2.6, fait 1 110 pixels de large sur 725 pixels de haut, soit un total de 804 750 pixels. Ce fichier occupe environ 3,2 méga-octets sur le disque dur. En revanche, la photo de la Figure 2.8 mesure 278 pixels sur 181, soit 50318 pixels en tout, et n'occupe que 153 kilo-octets.

Pour ne pas surcharger l'ordinateur – ni mettre la patience des internautes à rude épreuve, sur le Web –, vos images doivent être d'une taille raisonnable. Le nombre de pixels doit toujours être approprié au périphérique de sortie, écran ou imprimante ou au taux de transfert d'une connexion Internet, et rien de plus. Vous trouverez les détails de la préparation des images pour l'impression au Chapitre 9, et celle de la préparation pour l'affichage à l'écran au Chapitre 10.

Gardez aussi à l'esprit le fait qu'une image en couleur est plus volumineuse qu'une image en niveaux de gris. Une photo en couleur nécessite en effet trois couches chromatiques (rouge, vert et bleu) alors que la photo en niveaux de gris n'en a qu'une seule. Par exemple, les dimensions des deux photos de la Figure 2.10 sont identiques : 750 x 940 pixels. Mais celle en couleur occupe 2,1 méga-octets tandis que celle en niveaux de gris n'occupe que 714 kilo-octets, soit le tiers seulement.

Figure 2.10 : L'encombrement d'un fichier d'image en couleur est plus élevé que celui d'un fichier d'image en couleur.

Combien de pixels faut-il ?

Puisque les imprimantes et les écrans considèrent les pixels de façon différente, les besoins varient en fonction de la destination finale de l'image.

- **Affichage à l'écran :** si vous comptez utiliser la photo sur le Web, dans une présentation multimédia ou tout autre usage à l'écran, peu de pixels sont suffisants. Comme nous l'avions vu précédemment, il suffit que l'image couvre la surface qui lui est réservée. Dans la majorité des cas, 640 x 480 pixels sont largement suffisants et, pour quelques projets, vous pouvez même diviser cette résolution par deux. Pour une visualisation sur un écran Full HD, la taille d'image optimale est de 1 920 x 1 080 pixels, soit une résolution de 2 Méga pixels, et c'est tout !
- **Impression :** si vos photos sont destinées à être sorties sur des imprimantes à jet d'encre, à sublimation thermique ou à laser, il est préférable de travailler avec des résolutions plus importantes, de l'ordre de 200 à 300 ppp. Ce chiffre varie selon l'imprimante. Certaines se contentent de moins de pixels, d'autres – comme des modèles fabriqués par Epson – peuvent exiger 360 ppp. Reportez-vous au manuel de votre imprimante, et aussi au Chapitre 9 où vous en apprendrez plus sur l'impression.

  Pour déterminer le nombre de pixels requis, multipliez la taille d'impression par la résolution désirée. Par exemple, pour obtenir un tirage en 10 x 15 cm, soit 4 x 6 pouces, à 300 ppp, il faut au moins 1 200 x 1 800 pixels. Les matheux trouveront leur bonheur au Chapitre 5.

Comme j'ai longuement insisté sur le fait que plus de pixels signifie une meilleure impression, vous serez tenté de penser qu'une résolution de 400 ppp ou plus est sans doute meilleure qu'une résolution de 300 ppp. Ce n'est pas le cas. Les imprimantes sont conçues pour sortir des images à une certaine résolution. Si vous leur confiez des images dont la résolution est plus (et donc trop) élevée, elles ignoreront ou élimineront les pixels excédentaires.

Certains appareils haut de gamme permettent d'enregistrer deux versions de chaque image, l'une pour l'impression, l'autre pour l'affichage à l'écran. Si votre appareil ne possède pas cette fonction et que vous ne savez pas, *a priori,* comment vous utiliserez vos photos, faites comme si elles devaient être imprimées. Si par la suite vous désirez utiliser des photos sur le Web, vous pourrez toujours en réduire la résolution en supprimant des pixels. L'inverse est plus problématique : l'ajout de pixels ne donne pas de bons résultats.

Plus de pixels produit des fichiers plus volumineux

Bon nombre de logiciels de retouche permettent d'ajouter ou d'ôter des pixels d'une photo. Ce procédé est appelé *rééchantillonnage.* L'ajout de pixels paraît simple. Le problème est que, pour leur couleur, le programme se contente d'effectuer la moyenne des pixels environnants. Or, même avec un logiciel haut de gamme, le résultat de cette opération n'est pas acquis d'avance, comme le révèle la Figure 2.11.

Pour obtenir cette figure, j'ai ouvert la photo de la Figure 2.8, à 75 ppp, dans Adobe Photoshop, l'un des meilleurs logiciels de retouche. Comparez le résultat avec la version en basse résolution, et vous constaterez qu'il n'est pas fameux.

Certaines images supportent parfaitement une faible augmentation de l'échantillonnage, de l'ordre de 10 à 15 %. Mais avec d'autres, une dégradation sera perceptible même lors d'une opération apparemment minime. Les images comportant des aplats résistent mieux que celles comportant beaucoup de détails. Reportez-vous au Chapitre 9 pour savoir comment procéder au moment de l'impression.

Si l'image contient trop de pixels, ce qui est fréquemment le cas de celles destinées au Web, vous pouvez sans problème réduire l'échantillonnage. Sachez cependant que chaque pixel éliminé est une information en moins et qu'à la longue, l'image en souffrira. Essayez de ne pas rééchantillonner en réduction à plus de 25 % et conservez toujours une copie de sauvegarde de la photo, au cas où...

75 ppp rééchantillonné à 300 ppp

Figure 2.11 : Voici le résultat du rééchantillonnage de la photo à 75 ppp de la Figure 2.8 en photo à 300 ppp.

La procédure à suivre pour augmenter la quantité de pixels des images à imprimer est décrite au Chapitre 9, et la réduction du nombre de pixels des photos à afficher à l'écran est décrite au Chapitre 10.

Quelques précisions complémentaires sur la résolution

La résolution n'est pas uniquement liée à la taille d'une image ou au nombre de pixels qu'elle contient. Ce terme est également employé pour décrire les possibilités graphiques de nombreux périphériques informatiques : appareils photo numériques, moniteurs, imprimantes... Aussi, lorsque vous entendez le mot *résolution*, gardez en mémoire ce qui suit :

- **Résolution de l'appareil :** les appareils photo numériques utilisent très souvent le terme de « résolution » pour décrire le nombre de pixels des images qu'ils génèrent. Par exemple, on parlera d'une résolution de 1 024 x 768 pixels, ou encore d'une résolution de 8 millions de pixels. Dans un tel cas, le mot « résolution » ne décrit plus le nombre de pixels par pouce, mais les dimensions en pixels de l'image. Vous pouvez déterminer cette valeur dans le logiciel de retouche, comme nous le verrons au Chapitre 9. Bien sûr, il est toujours possible de se baser sur le nombre de pixels de l'appareil pour obtenir la résolution finale. Reportez-vous pour cela à la section précédente, « Combien de pixels suffisent ? »
- **Résolution d'écran :** les fabricants de moniteurs parlent aussi de résolution. Ainsi, il sera plutôt question de résolutions d'affichage ou d'écran, de 640 x 480 (VGA), 800 x 600 (SVGA), 1 024 x 768 (XGA), 1 280 x 1 024 (SXGA), 1 440 x 900 et 1 650 x 1 050 (tous deux WSXGA), HD 1080 (1 920 x 1080) et ainsi de suite. Tout est alors fonction des capacités du moniteur et de la carte graphique. Comme pour les dimensions d'une photographie prise à l'aide d'un appareil numérique, la résolution décrit ici le nombre de pixels horizontaux et verticaux pouvant être affichés conjointement.

  Reportez-vous au Chapitre 10 pour plus de détails sur la relation entre résolution de l'écran et résolution de l'image.
- **Résolution de l'imprimante :** elle n'est pas exprimée en pixels, mais en *points par pouce* (*ppp*). Le terme anglais *dpi* (*dots per inch*) est fréquemment utilisé car il permet de différencier les pixels par pouce (ppp) des points par pouce (ppp aussi). C'est pourquoi, dans le restant de ce livre, nous parlerons de *dpi* pour la résolution d'impression. Plus cette valeur de dpi est élevée, plus les points sont petits et meilleure est la qualité d'impression. Ne croyez pas pour autant qu'un matériel offrant un nombre de dpi

très élevé sera meilleur qu'un autre. Les nombreux modèles d'imprimantes disposent de technologies d'impression très différentes, faisant ainsi varier considérablement la qualité de chaque dispositif. Une imprimante à 300 dpi peut donc donner de meilleurs résultats qu'une imprimante à 600 dpi.

ATTENTION

Nombreux sont ceux – fabricants d'imprimantes et programmeurs de logiciels – qui affirment que les dpi et les ppp (pixels par pouce) sont équivalents. La vérité est que les points par pouce ne sont absolument pas des pixels par pouce. Il convient donc de ne pas les confondre. La mesure *ppp* est employée pour la quantité de pixels d'une image, tandis que les *dpi* font référence aux points utilisés par une imprimante afin de représenter ces pixels. C'est d'ailleurs pourquoi la taille n'est pas identique entre une image affichée à l'écran et la même image imprimée sur papier.

Aide-mémoire sur la résolution

Tout ça vous paraît affreusement compliqué ? Pour vous aider, voici quelques points importants qui résument l'ensemble du contenu des sections précédentes :

- **Nombre de pixels d'un côté de l'image divisé par la taille de ce côté de l'image imprimée, en pouce = résolution d'image (ppp).** Exemple : 600 pixels divisés par 2 pouces (5,08 cm) = 300 ppp.
- **Pour une bonne qualité d'impression, efforcez-vous de choisir une résolution de 200 à 300 ppp.** Le Chapitre 9 fournit tous les renseignements utiles.
- **Pour un affichage à l'écran, pensez en termes de pixels, et non de résolution de sortie.** Reportez-vous au Chapitre 10 pour les détails.
- **Agrandir une image risque de dégrader sa qualité.** Quand vous agrandissez une image, deux événements peuvent survenir. Soit les pixels sont eux-mêmes agrandis de manière à atteindre le

format défini, soit le programme crée de nouveaux pixels pour remplir les nouvelles limites de la photographie. Dans ce dernier cas, il s'ensuit généralement un effet de moirage ou de flou sur l'ensemble de l'image.

- **Pour augmenter en toute sécurité la résolution de sortie d'une image, réduisez sa taille d'impression.** Je le répète, l'ajout de pixels pour augmenter la résolution de sortie ne donne jamais de bons résultats. Il est préférable de conserver le nombre de pixels existants et de réduire les dimensions d'impression de l'image. Le Chapitre 9 donne toutes les explications nécessaires au redimensionnement des images par cette méthode.

N'OUBLIEZ PAS

- **Dans la plupart des cas, essayez toujours de prendre les photos à la taille maximale permise par l'appareil.** Vous pourrez toujours éliminer des pixels par la suite pour obtenir une image à plus faible résolution, alors que l'ajout de pixels la dégrade inévitablement. Si aujourd'hui vous avez besoin d'une photo pour le Web, gardez à l'esprit que plus tard, vous aurez peut-être à imprimer cette même photo. Il vaut mieux, pour cela, disposer d'un original en haute résolution.

- **Plus de pixels alourdit le fichier.** Même si vous disposez de disques durs de très grande capacité, vous devez penser à la taille des fichiers pour deux raisons :

  - Dans l'ordinateur, les images volumineuses nécessitent énormément de mémoire vive (RAM), d'où un ralentissement du logiciel de retouche.

  - Sur une page Web, une image volumineuse est plus longue à télécharger (d'accord, en haut débit, cela n'est pas vraiment un problème).

Lumière, objectif et exposition

Que vous travailliez avec un appareil photo argentique ou numérique, la luminosité d'une image dépend de son exposition, autrement dit de la quantité de lumière qui frappera la surface photosensible. Plus elle est importante, plus l'image sera claire. Trop de lumière produit une *surexposition,* avec des couleurs délavées. Un manque de lumière produit une *sous-exposition*. La photo est alors trop sombre.

La plupart des appareils numériques, à l'image de certains modèles d'appareils compacts bas de gamme, n'autorisent qu'un contrôle très limité de l'exposition. Celle-ci est le plus souvent réglée automatiquement, pour une plus grande facilité d'utilisation. Seuls les appareils haut de gamme permettent de régler manuellement tous les paramètres.

De nombreux paramètres déterminent l'exposition d'une prise de vue : l'ouverture du diaphragme, la vitesse d'obturation, ou encore la sensibilité ISO de la « pellicule ». En jouant sur ces facteurs, vous pourrez évaluer les limites de votre matériel.

Ouverture du diaphragme, vitesse d'obturation : la manière traditionnelle

Avant d'examiner le fonctionnement d'un appareil numérique lors de la prise de vue, il faut d'abord comprendre celui d'un appareil traditionnel équipé d'un film tout aussi classique. Tous les appareils numériques ne disposent pas des mêmes options que leurs prédécesseurs, et la plupart restent plus limités quant aux contrôles de prise de vue.

La Figure 2.12 montre de manière simplifiée le schéma d'un appareil photo argentique. Même si les éléments peuvent varier d'un modèle à l'autre, on y retrouve l'ensemble des caractéristiques habituelles, notamment l'obturateur placé tout près du plan du film (la pellicule) et l'objectif, qui transmet la lumière. Lorsque l'appareil n'est pas utilisé, l'obturateur est fermé afin de protéger le film de toute exposition. Quand vous prenez une photo, l'obturateur s'ouvre durant un bref instant afin de laisser la lumière impressionner le film.

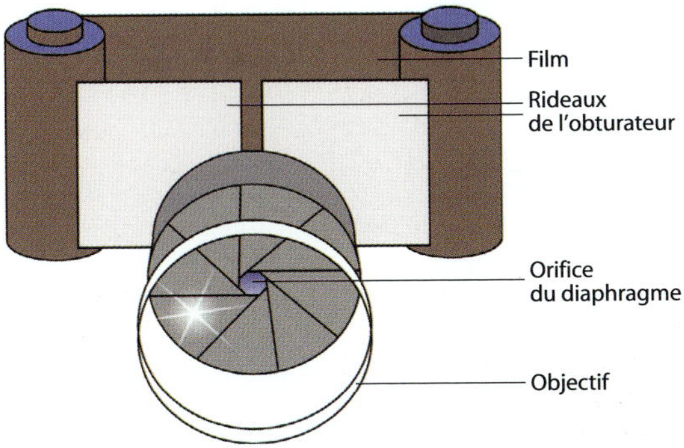

Figure 2.12 : Principaux éléments entrant en compte lors d'une prise de vue.

Vous pouvez contrôler de deux manières la quantité de lumière dont dépendra la prise de vue : en réglant la durée de l'exposition, ou en modifiant l'ouverture du diaphragme. Comme le révèle la Figure 2.12, le *diaphragme* est un mécanisme à lamelles mobiles situé à l'intérieur de l'objectif. La lumière est dosée par ce diaphragme avant de parvenir sur le film. Pour augmenter la quantité de lumière transmise à travers l'objectif, vous devez ouvrir davantage le diaphragme. Si vous voulez moins de lumière, il faudra au contraire le fermer.

La taille de l'ouverture est définie par la lettre *f* suivie d'une valeur plus ou moins grande selon le diamètre de l'orifice. Les valeurs d'ouverture suivent une progression arithmétique : f/1.4, f/2.8, f/4, f/5.6, f/8, f/11, f/16 et f/22.

N'OUBLIEZ PAS

Plus la valeur du diaphragme est élevée, plus son ouverture est petite. Chaque nombre représente une ouverture du double, en termes de surface de l'orifice, de la précédente. Par exemple, un appareil transmettra deux fois moins de lumière avec une ouverture de f/16 qu'à f/11. Pour vous faire une idée plus précise de ce principe, jetez donc un œil à la Figure 2.13.

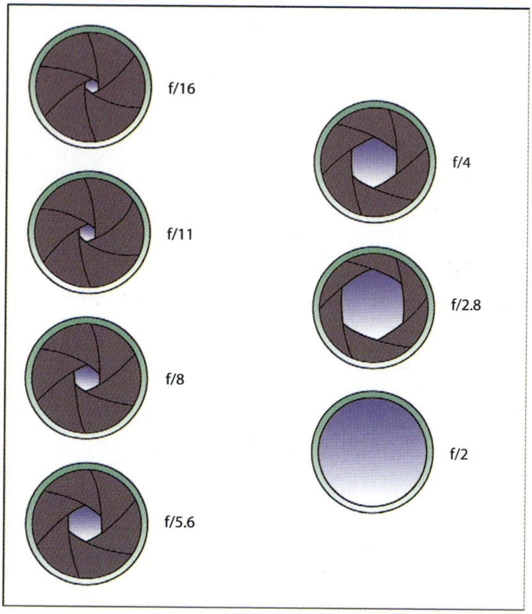

Figure 2.13 : Plus la valeur de diaphragme est élevée, plus l'orifice est petit.

La vitesse d'obturation est mesurée en fractions de seconde. Une vitesse de 1/60e signifie, par exemple, que la surface sensible reçoit de la lumière pendant un soixantième de seconde. C'est une vitesse relativement lente. Pour figer un mouvement rapide, il faut travailler au moins au 1/500e.

Sur les appareils permettant le contrôle de la vitesse d'obturation et l'ouverture du diaphragme, vous devez régler conjointement ces deux paramètres pour doser correctement la lumière. Par exemple, si vous faites des prises de vue d'un sujet en mouvement et en plein jour, disons d'un coureur de 100 mètres au cours d'une compétition diurne, vous pouvez combiner une vitesse rapide avec une ouverture réduite. Pour photographier la même image, mais à la tombée de la nuit, vous devrez utiliser une ouverture beaucoup plus importante pour la même vitesse d'obturation.

Ouverture du diaphragme, vitesse d'obturation : la manière numérique

Comme sur une pellicule, l'exposition d'une image numérique est déterminée par la quantité de lumière transmise par l'objectif. Mais la plupart des appareils d'entrée de gamme ne disposent pas de réglages de la vitesse ou du diaphragme. Les capteurs photosensibles qui fixent l'image se contentent de récupérer la lumière pendant un certain laps de temps, qui peut être réglé automatiquement ou manuellement.

Les appareils permettant de régler la durée d'exposition proposent des options sous forme d'icônes qu'il est possible de sélectionner dans un menu. La durée est prédéfinie à la manière des réglages d'ouverture du diaphragme d'un appareil traditionnel.

D'autres paramètres interviennent en plus du temps d'exposition, notamment la sensibilité du capteur, comme l'explique la section suivante.

La sensibilité ISO

Beaucoup d'appareils numériques affichent la sensibilité nominale du capteur photosensible, qui est généralement de 100 ISO. Ils nécessitent donc une bonne quantité de lumière.

Les appareils photo numériques moyen ou haut de gamme permettent de sélectionner différentes sensibilités ISO. Cependant, cette correspondance n'est pas l'équivalent de l'ISO argentique, en ce sens que ce n'est pas le capteur qui est plus ou moins sensible. Lorsque vous augmentez la sensibilité ISO d'un appareil numérique, il ne fait qu'amplifier le signal électrique produit par le capteur. Le revers de ce procédé est une augmentation sensible du bruit électronique susceptible de parasiter l'image. Le Chapitre 6 traite en détail des problèmes d'exposition.

Un mot sur la profondeur de bits

Un bit est une unité informatique élémentaire valant 0 ou 1. La profondeur de bits est le nombre de bits utilisé pour coder une couleur. Plus il est élevé, plus le nombre de couleurs de l'image est élevé.

Creusons-nous un peu la tête. Un seul bit autorise la représentation de deux couleurs, du noir et blanc, selon que le bit est à 0 (éteint) ou à 1 (allumé). Deux bits autorisent quatre couleurs : 00 (zéro-zéro) pour le noir, 01 (zéro-un) pour du gris foncé, 10 (un-zéro) pour un gris clair et 11 (un-un) pour du blanc. Quatre bits (0000) permettent d'afficher 16 combinaisons, soit autant de couleurs. Remarquez que le nombre produit par les bits est une puissance de deux soit, dans ces exemples, 2^1, 2^2 et 2^4. Un codage sur 24 bits, soit 2^{24}, permet de coder 16 777 216 couleurs.

La profondeur de bits se rapporte soit à l'image elle-même, soit au nombre de bits par couches. Par exemple, une image RVB standard est codée sur 8 bits (autrement dit, 256 niveaux de coloration possibles) pour chacune des trois couches Rouge, Vert et Bleu, soit effectivement un total de 24 bits. Photoshop CS5 est même capable de travailler sur des fichiers de 32 bits par couche.

Le codage sur 24 bits, qui produit 16,7 et quelques millions de couleurs, est plus que suffisant pour l'amateur. Quel est l'avantage d'une profondeur de bits plus élevée ? Pour les professionnels qui corrigent ou retouchent finement les photos, un codage sur 16 bits par couche évite l'apparition d'un effet de bande ou d'une isohélie (disons d'une réduction du nombre de valeurs pour chaque couche) susceptibles de compromettre le modelé d'une image ou un dégradé très délicat. Théoriquement, plus la profondeur de bits des couches est élevée, mieux la photo s'accommode des retouches.

Cela dit, travailler sur 16 bits par couche RVB (48 bits en tout) ne garantit en rien qu'aucun défaut n'apparaîtra. Ces images présentent quelques inconvénients : leurs fichiers sont très volumineux, beaucoup de logiciels de retouche sont incapables de l'ouvrir ou alors, s'ils y parviennent, toutes les commandes et filtres ne sont pas utilisables.

Pour ma part, je m'en tiens aux images 24 bits sauf si je photographie sous des éclairages délicats, auquel cas j'opte pour le codage sur 48 bits. Dans le logiciel de retouche, je procède à toutes les corrections d'exposition ou de couleur, puis je convertis l'image en 24 bits afin de bénéficier de tous les outils d'édition. Pour réaliser cette conversion dans Photoshop Elements, choisissez Image > Mode > 8bits/couche.

RVB, CMJN et compagnie

Si vous avez lu la section « Les secrets de la couleur », plus haut dans ce chapitre, vous savez que les appareils photo, les scanners, les moniteurs et les téléviseurs utilisent un codage RVB pour l'affichage des images en mélangeant le rouge, le vert, et le bleu.

- **sRVB :** c'est une variante du modèle RVB qui offre une gamme de teintes plus restreinte. La raison de son apparition vient de la volonté de réduire les différences chromatiques entre les documents affichés et leur équivalent imprimé. Les images RVB peuvent contenir beaucoup plus de couleurs qu'une imprimante ne peut en produire. En réduisant la palette RVB, il est possible d'obtenir des résultats plus cohérents entre l'affichage à l'écran et l'impression sur papier. Le modèle sRVB permet aussi de définir les couleurs de telle manière que, sur le Web, elles soient identiques d'un moniteur à un autre.

  Le modèle de couleur sRVB est sujet à controverse. Beaucoup de puristes n'en veulent pas. Pour d'autres, il est la nécessaire solution aux problèmes de concordance de couleurs. Si votre appareil permet de choisir entre un mode RVB ou sRVB, je vous recommande d'opter pour le RVB afin de bénéficier d'une plus vaste palette de couleurs. Pour la même raison, je vous conseille d'effectuer le même choix dans le logiciel de retouche. Vous pourrez toujours créer une version sRVB de vos images ultérieurement, si vous en avez besoin pour le Web. Si vous rencontrez des problèmes de fidélité des couleurs, reportez-vous au Chapitre 9 pour trouver quelques solutions envisageables.

- **CMJN :** les imprimantes et les documents imprimés utilisent le modèle de couleur CMJN, basé sur trois couleurs primaires (celles de la peinture cette fois), le bleu cyan, le magenta, le jaune auxquelles s'ajoute du noir. Contrairement au système RVB, ce modèle repose sur la *synthèse soustractive,* dans laquelle le mélange des trois couleurs de base (le cyan, le magenta et le jaune) produit du noir. Pourquoi du noir est-il ajouté au modèle? Simplement parce que la combinaison des pigments cyan, magenta et jaune d'une imprimante CMJN ne produit jamais un noir parfait. L'ajout d'une encre

- **Niveau de gris :** une image en niveaux de gris ne comporte que du noir, des nuances de gris et du blanc. C'est ce que l'on appelle en photo une *image en noir et blanc*. Un document composé uniquement de noir et de blanc, sans nuances intermédiaires, est appelé « dessin au trait ».

TRUC

De nombreux modèles d'appareils photo numériques permettent de photographier en niveaux de gris ou en sépia, mais il est préférable d'effectuer ces manipulations après coup, dans un logiciel graphique. Une photo en couleur peut en effet être convertie en niveaux de gris à tout moment, mais l'inverse n'est pas vrai.

- **CIE Lab, TSL :** ces appellations se rapportent à deux modèles colorimétriques, mais tant que vous ne serez pas devenu un surdoué de la retouche d'image, vous n'en aurez pas vraiment l'utilité (d'ailleurs, ils ne sont pas proposés par Photoshop Elements). Le modèle *CIE Lab* définit les couleurs à partir de trois couches chromatiques. Une couche contient les valeurs de luminosité, tandis que les deux autres, appelées *a* et *b,* définissent les couleurs. Le modèle TSL code les couleurs selon la teinte (la couleur), la saturation (pureté et intensité des couleurs) et la luminosité.

Ces options colorimétriques ne vous intéresseront qu'au moment où vous éditez vos images dans un logiciel de retouche professionnel comme Photoshop CS5. Dans Photoshop Elements 9 (ou autre), vous ne serez amené que très rarement à sélectionner un modèle colorimétrique. Le choix ne sera pas difficile car ce logiciel n'en propose que deux : RVB et sRVB, les deux premiers de la liste ci-dessus. Pour en sélectionner un, choisissez Image > Convertir le profil de couleur, puis sélectionnez Appliquer le profil sRVB ou Appliquer le profil Adobe RVB.

3

Connaître le matériel

Dans ce chapitre :

- Déterminer le nombre de mégapixels dont vous avez besoin.
- Déterminer les fonctions indispensables.
- Comprendre l'objectif et le flash.
- Appareils reflex et compacts bas de gamme.
- Quelques questions fondamentales avant d'acheter.

Dès la mise sur le marché des premiers modèles d'appareils numériques à prix raisonnable, de nombreuses entreprises se sont mises sur les rangs. L'on compte parmi elles Canon, Kodak, Fuji, Leica, Nikon, Olympus et parmi celles issues de l'électronique et de l'informatique : Casio, Panasonic, Ricoh, Samsung, Sony et d'autres. Toutes fabriquent à présent des appareils photo numériques.

Cette concurrence est la fois une bonne et une mauvaise chose. Davantage de concurrence signifie de meilleurs produits, un plus vaste choix et des prix plus bas. En revanche, la diversité qui en résulte complique le choix de l'appareil qui vous convient. Les fabricants ont élaboré différentes stratégies pour gagner le cœur des consommateurs, et faire le tri des options proposées est un véritable casse-tête.

Mac ou PC, lequel choisir ?Ce n'est plus une question cruciale car la plupart des appareils photo numériques – pas tous… – fonctionnent aussi bien dans un environnement Windows que dans un environnement Mac OS. Par « fonctionner », je veux dire qu'il vous sera possible de transférer les photos vers l'ordinateur à l'aide d'un câble, voire d'une liaison sans fil. Bien sûr, si les photos sont stockées dans une mémoire amovible, vous pourrez acheter un lecteur de cartes qui élimine l'obligation de brancher l'appareil directement à l'ordinateur. De nombreux PC sont équipés en standard de ces lecteurs. Nous en reparlerons dans la section « Les types de mémoire ».

Vous n'aurez pas à vous soucier de savoir si votre ami équipé d'un Mac pourra ouvrir vos photos provenant d'un PC, ou inversement. Les formats d'image sont en effet compatibles avec n'importe lequel de ces ordinateurs. Il existe des logiciels graphiques pour PC et pour Mac, bien que sur ce dernier, la gamme soit peu plus restreinte. Reportez-vous au Chapitre 4 pour trouver des conseils sur le choix d'un logiciel.

A propos de la qualité d'image

Comme pour n'importe quel appareil photo, la qualité de l'objectif, la précision de la mise au point et du système d'exposition jouent un rôle décisif. À cela s'ajoutent trois paramètres numériques : la résolution (nombre de pixels), le format de fichier et la sensibilité ISO.

Les deux prochaines sections prodiguent des conseils pour choisir un appareil offrant la résolution et les formats de fichier appropriés au type de photographie que vous désirez prendre. La section « L'exposition exposée », plus loin dans ce chapitre, aborde la notion de sensibilité ISO.

TRUC

Notez que sur de nombreux appareils, la résolution et le format de fichier sont choisis par une même commande ayant pour nom « Bon, Mieux, Maximum », ou « Fine, Basic, Normal ». Les appareils équipés de commandes séparées pour la résolution et le format offrent bien sûr plus de souplesse, mais elles ne sont pas indispensables pour l'utilisateur occasionnel.

Quelle résolution adopter ?

Le Chapitre 2 explique la notion de résolution. Elle repose sur le nombre de pixels que l'appareil peut enregistrer. Les pixels sont de minuscules carrés colorés formant l'image numérique.

Il y a quelques années, le nombre de mégapixels (MP) était l'unique argument de vente. Depuis, et grâce au matraquage publicitaire, les consommateurs exigent toujours plus de pixels, même s'ils ne savent pas exactement pourquoi.

La notion de mégapixel était primordiale à l'époque où l'on ne trouvait rien au-dessus de 4 ou 5 mégapixels. Or, il en faut au moins un pour imprimer en petit format, et bien davantage pour un tirage en 13 x 18 cm ou plus.

Faut-il en déduire qu'au-delà de 4 mégapixels, c'est de l'argent gaspillé ? Pas nécessairement. D'autant que le moindre appareil actuel affiche fièrement ses 8 voire 10 mégapixels. En fait, le nombre requis dépend de ce que vous désirez faire de vos photos. La liste suivante aide à définir vos besoins en matière de résolution :

- **Résolution VGA** (640 x 480 pixels) : si vous trouvez un appareil photo offrant cette définition, c'est soit une vénérable antiquité, soit une webcam, autrement dit une caméra vidéo rudimentaire destinée à la visiotéléphonie sur le Web ou à la vidéosurveillance. La plupart sont capables de prendre des photos, ce qui n'en fait pas pour autant un appareil photo digne de ce nom. Cette résolution est aussi celle des séquences vidéo que beaucoup d'appareils photo sont capables de réaliser.

- **Un mégapixel :** impression de tirages en petit format. Valable aussi pour l'affichage à l'écran. Certains téléphones mobiles prennent encore des photos à cette résolution.
- **Deux mégapixels :** pour de très bons tirages en 13 x 18 cm et acceptables en 20 x 25. C'est la résolution de l'appareil photo intégré à bon nombre de téléphones portables.
- **Trois mégapixels :** bons tirages en 20 x 25 cm.
- **Quatre mégapixels et plus :** pour des tirages en 20 x 25 et plus.
- **...et plus :** la plupart des appareils photo récents, qu'ils soient compact, bridge ou reflex (ces différents types sont décrits un peu plus loin dans ce chapitre), offrent une résolution de 8 à 14 ou 15 mégapixels ; celle des appareils professionnels est de 20 à 25 mégapixels.

Disposer de plus de pixels présente deux avantages. Le premier est de donner une meilleure latitude pour recadrer les photos et tirer la partie restante à une taille décente. Par exemple, photographier un animal en gros plan est souvent difficile sans un zoom puissant. L'illustration de gauche, à la Figure 3.1, montre le cadrage le plus serré que j'ai pu obtenir au zoo. Fort heureusement, l'excellente résolution de l'appareil m'a permis d'éliminer l'arrière-plan confus et obtenir ainsi une meilleure composition. Le deuxième avantage est plus technique : lorsque le capteur produit une image JPEG ou TIFF, un processeur graphique – en fait, un véritable petit ordinateur incorporé à l'appareil photo –, lisse la photo afin de lui donner un plus beau modelé. Lorsque la résolution est faible, ce lissage peut provoquer un léger flou, d'où un aspect « enveloppé » de l'image. En revanche, lorsque les pixels sont nombreux, ce lissage se produit sur un nombre plus élevé de pixels. Il est donc beaucoup plus discret tout en étant au moins aussi efficace.

Figure 3.1 : Quand le nombre de mégapixels le permet, l'image vue dans le viseur (à gauche) peut être recadrée (à droite).

Un nombre très élevé de pixels peut aussi être un inconvénient. En effet, pour pouvoir en loger plus dans la même surface du capteur, les fabricants miniaturisent à outrance les petits éléments photosensibles, ou photosites. Or, plus un photosite est petit, moins il reçoit de lumière, et par conséquent, plus le bruit tend à augmenter. Voilà pourquoi un appareil photo équipé d'un excellent capteur de 8 mégapixels, par exemple, est parfois supérieur à un appareil de 10 ou 12 MP qui peine à capter la lumière.

TRUC

Vérifiez qu'un appareil photo permet de photographier à moins de pixels qu'annoncé, c'est-à-dire à des résolutions moindres. Pourquoi ? Parce vous pourrez ainsi stocker davantage de photos dans la mémoire. De plus, la photo à la résolution maximale est plus longue à traiter et à enregistrer, d'où une latence plus élevée. Les meilleurs appareils proposent au moins trois résolutions, que vous sélectionnerez selon la mémoire disponible et la cadence à laquelle vous désirez déclencher.

CCD et CMOS

Le capteur photosensible, c'est-à-dire le composant chargé de l'acquisition des images, existe sous deux formes : CCD (Charge Coupled Device, dispositif à transfert de charge) et CMOS (Complementary Metal-Oxide Semiconductor, semiconducteur à oxyde métallique complémentaire).

Les capteurs CCD présentaient autrefois une meilleure sensibilité que les composants CMOS (les dernières générations repoussent les limites encore plus loin). La sensibilité des capteurs les plus récents est de 25600 ISO, même si à ces valeurs la montée en flèche du bruit est inévitable.

Les capteurs CMOS sont moins chers à fabriquer que les capteurs CCD, ce qui se répercute sur le prix de l'appareil, et ils consomment moins, d'où une autonomie accrue de la batterie.

Les capteurs CMOS restituent mieux les reflets brillants (bijouterie, éclats de soleil sur l'eau...). Contrairement aux capteurs CCD, ils ont moins tendance à produire un effet de frange autour des reflets brillants.

La souplesse des formats de fichier

Le nombre de pixels compte en photo numérique, mais le format de fichier dans lequel vous enregistrez les images joue lui aussi un rôle clé. Le *format de fichier* est la manière dont les données graphiques sont stockées dans le fichier informatique.

Il existe une multitude de formats, dont quelques-uns seulement appropriés à la photographie numérique, les plus connus étant JPEG, TIFF, Raw et DNG.

Le Chapitre 5 décrit ces formats en détail. En attendant, voici une brève description de chacun d'eux :

- **JPEG :** c'est le format de fichier standard pour les images numériques. Tous les navigateurs Web et tous les logiciels de messagerie sont capables de l'afficher. De ce fait, les photos peuvent migrer directement de l'appareil vers le cyberespace. Le

JPEG a cependant des défauts : au moment où il est créé, il est compressé afin d'occuper moins de place dans la mémoire. Or, ce processus détruit certaines informations.

Des fichiers plus compacts, c'est génial, car vous pouvez ainsi stocker davantage de photos dans la mémoire et, sur l'Internet, la durée de téléchargement est réduite. Mais, si les effets d'un faible taux de compression sont à peine discernables, un taux de compression élevé dégrade sérieusement l'image.

- **TIFF :** contrairement au JPEG, aucune donnée n'est perdue lors de la compression. La qualité de l'image est ainsi maximale, mais le fichier est autrement plus volumineux que son équivalent JPEG. De plus, vous ne pouvez pas le diffuser sur le Web sans le convertir d'abord en JPEG.
- **Raw** : quand vous photographiez en JPEG ou en TIFF, l'appareil photo applique aussitôt un traitement à l'image afin d'améliorer les couleurs, le contraste et d'autres paramètres. Rien de tel ne se produit pour le format Raw (« brut », en anglais) appelé ainsi car le fichier contient les données brutes produites par le capteur.

  Ce format a été conçu pour les photographes qui tiennent à contrôler totalement leurs images, comme au bon vieux temps des labos photo, des produits chimiques odorants et des épingles à linge pour faire sécher les tirages. Comme un fichier Raw n'est pas compressé, il est volumineux. De plus, un logiciel spécial, appelé « convertisseur Raw », est nécessaire pour ouvrir les images et indiquer à l'ordinateur ce qu'il doit en faire.

  N'OUBLIEZ PAS

  Notez que les fabricants ont leurs propres appellations pour les fichiers Raw. Par exemple, chez Nikon, ce sont des fichiers NEF, chez Canon des fichiers CR2 et CRW, PEF chez Pentax, RAW ou RW2 chez Panasonic, etc.

- **DNG :** ce format a été développé par Adobe – l'éditeur de Photoshop, d'Acrobat et de nombreux autres logiciels très connus – pour apporter un peu d'ordre dans le foisonnement des fichiers Raw notoirement incompatibles en entre eux. Tous les formats photo peuvent être convertis en DNG, dont l'universalité devrait garantir une certaine pérennité aux œuvres. Ce format est décrit plus en détail au Chapitre 5.

Pour mieux comprendre l'impact du choix d'un format sur la qualité de l'image, examinez les Figures 3.2 et 3.3 qui montrent la différence entre du JPEG légèrement compressé (Figure 3.2) et fortement compressé (Figure 3.3). La différence entre du TIFF non compressé et du JPEG légèrement compressé est difficile à discerner, même dans les agrandissements. En revanche, l'effet destructeur d'un taux de compression excessif est évident. L'image présente des agglomérats de pixels et des franges caractéristiques de la compression JPEG.

Figure 3.2 : Seul un examen attentif permet de déceler la différence entre du TIFF non compressé (à gauche) et du JPEG légèrement compressé (à droite).

N'OUBLIEZ PAS

Si vous avez lu les Chapitres 2 ou 5, vous avez remarqué que le sujet de la reproduction est le même que celui déjà utilisé pour illustrer les effets du nombre de pixels sur une photo. Dans les Figures 3.2 et 3.3, le nombre de pixels est égal ; seul le format de fichier est différent. Vous pouvez ainsi constater qu'une trop forte compression est tout aussi dommageable qu'un nombre de pixels trop réduit. Combinez une compression élevée avec une faible résolution, et le résultat sera vraiment affreux.

Figure 3.3 : Un taux de compression JPEG élevé agglomère des pixels et fausse les couleurs à certains endroits.

L'idéal est de disposer d'un appareil photo capable de travailler avec les trois formats JPEG, TIFF (plutôt rare) et Raw (le DNG n'est actuellement utilisé que par les Leica, Hasselblad, Ricoh et Samsung). Certains appareils offrent en plus une option Raw + JPEG ou TIFF + JPEG produisant deux versions de la même prise de vue, l'une en TIFF ou en Raw l'autre en JPEG pour l'envoi par courrier électronique, afin que le destinataire puisse se faire une idée de la qualité du reportage, par exemple.

Bien souvent, le taux de compression est indiqué par un terme imprécis, comme Fine, Normal et Basic. Par exemple, la Figure 3.4 montre les options d'un appareil Nikon proposant trois compressions JPEG, ainsi que les enregistrements aux formats TIFF, Raw et Raw + JPEG en trois qualités. Ici, l'option Fine correspond à la compression la plus faible, produisant la meilleure qualité d'image.

Chaque fabricant utilisant ses propres appellations pour la qualité d'image, reportez-vous au manuel de l'appareil.

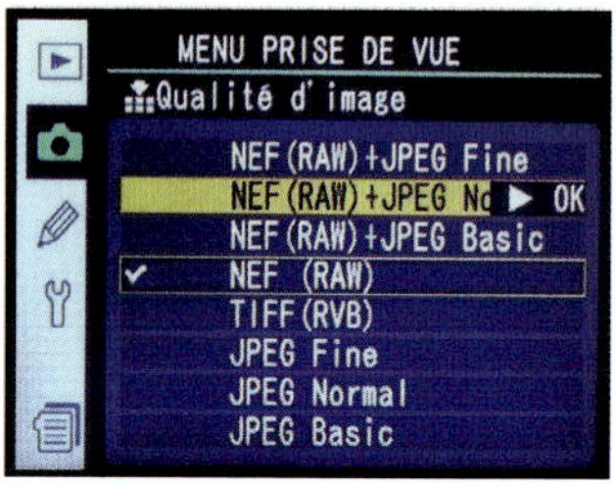

Figure 3.4 : Le choix du format de fichier s'effectue souvent, comme ici, dans le menu Qualité d'image.

Faites le tour des sites qui testent les équipements photo.

À propos de la mémoire

Dans un appareil argentique, l'information visuelle réside dans le film. Dans un appareil numérique, elle est stockée dans une mémoire magnétique. De nos jours, tous les modèles sont conçus pour recevoir une carte dotée d'une plus ou moins grande capacité de stockage, ainsi que le montre la Figure 3.5.

Figure 3.5 : Tous les appareils stockent leurs images sur des supports amovibles, comme la carte SD présentée ici.

La Figure 3.6 présente les principales cartes mémoire (les échelles sont approximatives). En haut à gauche se trouve une carte Secure Digital de grande capacité, sans doute la plus utilisée. En haut à droite, la carte CompactFlash équipe les appareils photo haut de gamme et professionnels, mais elle tend à être supplantée par les cartes HD. La carte Memory Stick, en bas à gauche, est essentiellement utilisée par le matériel Sony. Enfin, en bas à droite, la carte xD-Picture, adoptée par Fujifilm et Olympus, a supplanté la carte SmartMedia.

Pratiquement tous les appareils photo sont équipés d'un connecteur pour carte mémoire, et parfois même de deux connecteurs différents (SD et CompactFlash).

Réfléchissez aussi à ces quelques points :

- Pensez à une carte mémoire supplémentaire. Il suffit de l'insérer à la place de celle qui est pleine pour continuer à photographier. L'idéal est d'acheter une carte de très grande capacité que vous laissez à demeure dans l'appareil. Vous aurez ainsi une autonomie allant de plusieurs centaines à quelques milliers de photos.

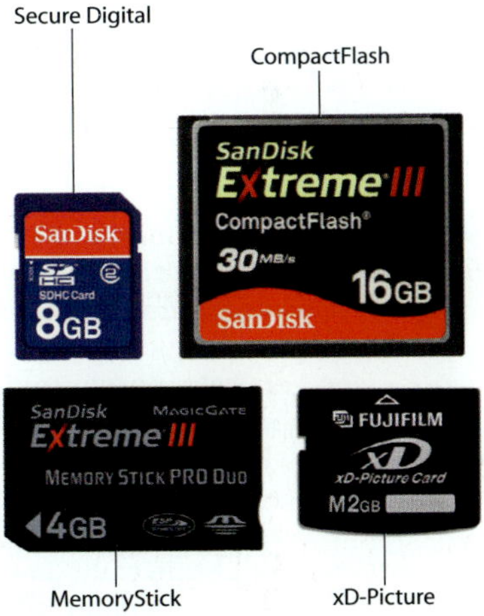

Figure 3.6 : Les appareils photo numériques utilisent diverses cartes mémoire.

- Le transfert depuis l'appareil photo est assez long, surtout lorsque les images sont nombreuses et volumineuses en termes d'octets. Il faut relier un câble de l'appareil jusqu'au connecteur USB à l'arrière de l'ordinateur, ou mieux, en façade. L'appareil photo doit rester allumé pendant l'opération, ce qui draine la batterie ou les piles.

  Les lecteurs de carte sont avantageux car la batterie de l'appareil photo n'est pas sollicitée pendant le transfert. Il suffit d'insérer la carte mémoire dans le lecteur, et copier ou déplacer son contenu comme vous le feriez pour n'importe quel autre fichier informatique. Il existe des lecteurs de carte indépendants tandis que d'autres sont incorporés à l'ordinateur.

- Il est possible d'imprimer directement depuis une carte mémoire, soit à l'aide d'une imprimante équipée d'un lecteur de carte, soit depuis une borne interactive dans une boutique photo. Certaines imprimantes autorisent même la connexion directe de l'appareil photo, par câble ou en Wi-Fi.
- D'autres appareils électroniques, comme les lecteurs MP3 ou certains téléphones mobiles, utilisent des cartes mémoire. Elles peuvent ainsi servir à plusieurs usages.

ATTENTION

Un dernier point concernant la mémoire : au moment d'acheter, vérifiez attentivement la capacité maximale de stockage annoncée par le fabricant, c'est-à-dire le nombre de photos que vous pouvez stocker. Le chiffre correspond en général au nombre d'images en basse résolution, ou compressée au maximum (ou les deux à la fois). De ce fait, si à capacité de mémoire égale, si un appareil A est censé stocker plus d'images qu'un appareil B, cela signifie tout simplement que l'appareil A propose une résolution moindre et un taux de compression plus élevé, ce qui n'est pas forcément un avantage, ainsi que nous l'avons vu précédemment.

L'écran à cristaux liquides

Tous les appareils photo sont dotés d'un écran LCD (*Liquid Crystal Display,* affichage à cristaux liquides). Sur les compacts, ils servent essentiellement à la visée et affichent aussi les menus de configuration. Sur les bridges et les reflex, ils affichent les menus et peuvent, sur certains modèles, servir à composer l'image (voir la Figure 3.7). Sur tous les modèles d'appareils photo, l'écran affiche aussi les photos prises afin de les évaluer.

TRUC

L'écran permet de visualiser les prises de vue pour effectuer une sélection. Vous effacerez les clichés ratés ou inintéressants afin de libérer de la place sur la carte mémoire.

Sur la plupart des appareils photo, l'écran affiche un aperçu de la prise de vue. La plupart des compacts sont hélas dépourvus d'un viseur, soit parce que la marque veut réduire les coûts de fabrication, soit pour des raisons esthétiques. Personnellement, j'estime que cadrer uniquement avec l'écran LCD est pénible, car il faut éloigner l'appareil de l'œil, ce qui compromet la stabilité. Or, quand l'œil est au viseur, l'appareil est calé contre le visage. De plus, quand la lumière ambiante est intense, l'image sur l'écran est très délavée, permettant à peine de distinguer ce que l'on photographie.

Figure 3.7 : L'écran à cristaux liquides, sous le viseur, permet de visionner immédiatement les photos qui viennent d'être prises.

Beaucoup d'utilisateurs sont satisfaits de l'écran seul, sinon, les fabricants ne continueraient pas de proposer cette formule. Sur les appareils récents, il est nettement

Figure 3.8 : L'écran orientable facilite la photo sous des angles difficiles.

amélioré, offrant une surface plus grande, une résolution intéressante et une meilleure vision en pleine lumière.

Choisissez de préférence un appareil équipé d'un stabilisateur d'image. Demandez aussi à essayer l'appareil en plein jour pour vérifier le rendu de l'affichage. De plus, certains modèles, comme celui de Figure 3.8, sont équipés d'un écran orientable permettant de cadrer sous des angles difficiles. Refermé, il protège aussi l'écran des chocs et des rayures pendant que l'on utilise le viseur optique.

Par ailleurs, si vous tenez au viseur, sachez qu'il existe sous plusieurs formes : le traditionnel viseur optique (appareils photo compacts, appareil photo à visée télémétrique), le viseur à prisme qui renvoie sur un mini-écran LCD incorporé (bridge) ou le reflex, dans lequel la lumière qui traverse l'objectif est renvoyée vers un verre dépoli incorporé à l'appareil, observé au travers d'un viseur à prisme. Le viseur optique offre une image plus claire mais affectée d'une parallaxe (voir Chapitre 7), et il ne consomme pas d'énergie. Le second montre exactement l'image cadrée, mais du fait de la pixellisation, elle est peu détaillée. De plus, le viseur électronique est inutilisable tant que l'appareil n'est pas en marche et, à l'usage, il consomme de l'énergie, réduisant l'autonomie. La visée réflexe ne consomme de l'énergie qu'au moment de la remontée du miroir, lorsqu'il doit permettre à la lumière d'atteindre le capteur. Il existe une variante à la visée reflex où le miroir basculant est remplacé par un miroir semi transparent fixe. Mais nous n'entrerons pas dans ces détails techniques.

Reflex et bridge

La plupart des appareils photo numériques sont entièrement automatiques. Ils sont de ce fait faciles à utiliser, notamment grâce à la mise au point et à l'exposition automatiques. Mais les photographes plus exigeants, désireux de contrôler l'image, opteront pour un reflex numérique ou un bridge.

Les reflex

Tous les grands noms de la photographie, dont Canon, Nikon, Olympus, Pentax, Sony et d'autres proposent un choix de boîtiers reflex. La Figure 3.9 en montre quelques-uns.

Figure 3.9 : Quatre reflex numériques grand public proposés par quatre grandes marques : Canon, Pentax, Nikon et Olympus.

Un reflex numérique offre les mêmes caractéristiques qu'un reflex argentique, y compris les objectifs interchangeables, la mise au point et l'exposition manuelles et la connexion avec un flash externe. De plus, ils sont équipés d'automatismes débrayables, fort commodes pour la photo d'action, par exemple.

Bien sûr, un reflex est onéreux. Comptez un minimum de 500 ou 600 euros rien que pour le boîtier (ne rêvez même pas aux limites supérieures !), et un budget assez conséquent pour les objectifs.

NOUVEAUTÉS 9

Si vous avez des objectifs provenant d'un équipement argentique, vous devriez pouvoir les utiliser sur un boîtier numérique. Généralement, les problèmes ne se posent pas au niveau de la baïonnette, mais des contacteurs électriques et des cames qui transmettent informations et réglages. Dans de nombreux cas, certains automatismes ne fonctionnent plus, ce qui incite à racheter du matériel récent. De plus, les dimensions du capteur photosensible étant différentes de celles d'une pellicule, le cadrage ne sera pas le même. Il faudra tenir compte d'un coefficient d'équivalence par lequel vous multiplierez la focale de l'objectif pour trouver la focale équivalente dans le format utilisé, le 24 x 36 par exemple. Un objectif de 50 mm dont le coefficient d'équivalence est de 1,5 (pour un Nikon, ou de 1,6 pour un Canon) aura, monté sur un boîtier numérique, le même champ qu'un 75 mm. Autrement dit, votre objectif standard sera devenu un petit téléobjectif (la longueur focale est expliquée un peu plus loin dans ce chapitre).

Les micro 4/3

Une nouvelle génération d'appareils numériques se fait jour : les micro 4/3, ou µ 4/3 (ou encore hybrides). De quoi s'agit-il ? On pourrait dire qu'il s'agit d'une passerelle entre reflex et bridges qui conserve le meilleur des premiers (objectifs interchangeables, capteur de grande taille, grand choix de réglages, etc.) tout en abandonnant la visée reflex pour se rapprocher des technologies employées dans les bridge. Le grand promoteur de cette nouvelle voie est Panasonic avec sa série G (voir Figure 3.10).

Figure 3.10 : Le Lumix GH1 est un modèle hybride fabriqué par Panasonic.

Les bridges

Extérieurement, un appareil numérique de type « bridge » ressemble à un reflex, mais en un peu plus compact (voir Figure 3.11). Dans un bridge, le délicat et compliqué mécanisme de visée qui relève le miroir au moment de la prise de vue et l'abaisse ensuite est remplacé par un écran LCD. Les coûts de fabrication sont de ce fait réduits.

Un bridge n'est cependant pas un « reflex à écran LCD », un hybride donc. Il est en effet équipé d'un objectif fixé à demeure, donc non interchangeable. L'incorporation de l'écran LCD présente deux avantages sur l'écran de contrôle placé sur le dos de l'appareil : la visée est confortable même dans un environnement très lumineux, et comme l'écran est à l'intérieur du boîtier, il est à l'abri des rayures et des chocs.

Figure 3.11 : Le Lumix DMC-FZ38 est un bridge également fabriqué par Panasonic.

Par contre, la visée ne pouvant se faire que sur écran – l'appareil étant inévitablement en marche –, les bridges sont de gros consommateurs d'énergie.

Les cousins

La photographie n'est plus l'apanage des seuls appareils photo. Plusieurs équipements permettent d'en faire :

- **Webcam :** devenues très abordables, les webcams sont des caméras vidéo conçues pour la vidéoconférence et la téléphonie sur l'Internet. Assis devant votre webcam, votre visage est visible sur l'ordinateur de tous ceux qui sont connectés avec vous.

  Quelques webcams, peuvent devenir autonomes et être utilisées comme des appareils numériques classiques. Malgré cette souplesse d'utilisation, n'espérez pas obtenir de superbes clichés. De plus, vous ne disposez pas d'un moniteur LCD pour revoir et sélectionner vos photographies, et il est généralement impossible d'adjoindre une carte de stockage amovible.

- **Caméscope numérique :** ce sont de fabuleux petits bijoux, qui filment remarquablement, mais n'espérez pas une qualité photo comparable à celle fournie par un appareil photo numérique. À ce sujet, sachez que beaucoup d'appareils photo sont capables d'enregistrer des séquences vidéo sonorisées (y compris en mode Full HD), mais sans offrir toutes les fonctionnalités d'un caméscope. En particulier, un caméscope est nettement plus performant dans des conditions de faible éclairage.

  Ceci dit, la convergence de ces technologies s'est améliorée. Si la vidéo numérique vous tente plus que la photo, pourquoi ne pas opter pour un caméscope capable de prendre des photos ?

  Si la vidéo numérique vous intéresse, reportez-vous à l'ouvrage *La Vidéo numérique Pour les Nuls*, édité bien entendu par First Interactive.

- **Photophone :** la plupart des téléphones mobiles récents sont capables de prendre des photos et les envoyer par courrier électronique. Ou encore, si le correspondant possède lui aussi un photophone, il peut recevoir l'image directement sur son écran. Le modèle Nokia N8 que montre la Figure 3.12 est équipé d'un capteur de 12 mégapixels et d'un objectif de très bonne qualité.

  Figure 3.12 : Les photophones sont commodes pour envoyer immédiatement les photos.

  La possibilité d'envoyer aussitôt la photo prise avec un téléphone mobile n'est pas un gadget. Un agent immobilier pourra ainsi alimenter sa base de données de biens en temps réel. N'attendez cependant pas la même qualité qu'avec un appareil photo. Même si un modèle tel que le Nokia N8 présenté sur l'illustration atteint une résolution impressionnante et un très bon rendu des images, la qualité optique n'est généralement pas au rendez-vous.

Le flash

Numérique ou argentique, la photo exige de la lumière. Le flash est le moyen le plus commode de la produire lorsqu'elle vient à manquer. Mais il peut aussi servir à déboucher les ombres en extérieur, compenser un contre-jour ou donner du modelé à un sujet à l'ombre.

Presque tous les appareils photo numériques sont équipés d'un flash incorporé, mais les options varient d'un modèle à un autre. Voici les principales :

- **Différents modes :** en général, trois modes sont proposés : *automatique* (activation du flash si la lumière est insuffisante), *flash d'appoint* (pour déboucher les ombres) et *flash désactivé*.
- **Atténuation des yeux rouges :** les yeux rouges sont produits par la réflexion du flash sur la rétine, lorsque la pupille est dilatée (ce qui est le cas quand la lumière est faible). Le flash est déclenché en deux temps, une fois pour obtenir, par réflexe, la contraction de la pupille et atténuer la réflexion, puis une deuxième fois, plus puissamment, pour éclairer le sujet. Le résultat n'est pas toujours à la hauteur des espérances, mais il reste possible d'éliminer cet effet indésirable dans un logiciel de retouche.
- **Les fonctions avancées :** les appareils photo haut de gamme sont équipés d'une synchro flash lente, ce qui permet d'obtenir un arrière-plan moins sombre qu'avec un flash standard. Certains appareils permettent d'augmenter ou de réduire l'intensité du flash, ce qui est commode pour doser la lumière lorsque les conditions d'éclairage sont délicates.

- **Le flash externe :** les appareils reflex et certains appareils automatiques haut de gamme sont équipés d'une griffe porte-accessoires visible sur la Figure 3.13, ou d'une prise pour le flash. Ces éléments intéressent le photographe professionnel et l'amateur averti, mais sont de peu d'utilité pour le photographe occasionnel, qui utilise plus volontiers le flash incorporé. Notez que si votre appareil est dépourvu de connecteur pour flash externe, il reste la possibilité d'utiliser un *flash asservi;* c'est un flash autonome qui se déclenche dès qu'il détecte l'éclair du flash incorporé.

Figure 3.13 : La griffe porte-accessoires permet de brancher un flash externe.

Nous reviendrons sur les problèmes du flash au Chapitre 6.

À travers l'objectif

Quand on achète un appareil numérique, on se préoccupe des résolutions, du nombre de prises de vue, et j'en passe. Mais qui se soucie de l'objectif ? C'est pourtant un composant essentiel, puisque c'est par lui qui constitue le premier rempart entre l'appareil et le sujet photographié.

L'objectif est l' « œil » de l'appareil. Composé d'un ou de plusieurs groupes de lentilles, il projette l'image sur la surface photosensible, c'est-à-dire le film ou le capteur.

À propos de la longueur focale

La longueur de la focale, plus simplement appelée « focale » par les photographes, détermine l'angle de vue de l'objectif – ou « angle de champ » – ainsi que la taille du sujet dans le viseur, et donc sur le capteur.

- **Grand-angulaire :** une courte focale se caractérise par un angle de prise de vue très étendu. Vous pouvez donc photographier plus large sans trop vous éloigner des objets ou du sujet.
- **Téléobjectif :** son champ étroit donne l'impression de se rapprocher du sujet.
- **L'objectif normal :** ni grand-angulaire, ni téléobjectif, l'objectif normal correspond, sur la plupart des appareils photo numériques grand public, à une focale de 35 mm.
- Le zoom intégré à l'objectif de nombreux appareils permet de varier la longueur focale vers le mode téléobjectif ou grand-angulaire.
- Examinez la Figure 3.14 pour vous rendre compte du champ couvert par différentes focales. Toutes les photos ont été prises du même endroit.
- Notez que les focales mentionnées ici ne sont pas les vrais chiffres, mais des *équivalences* d'objectifs 24 x 36. En raison de la diversité des tailles de capteurs, il n'est plus possible de se fier uniquement à la longueur focale pour se faire une idée du champ

couvert. C'est pourquoi les fabricants ont recours à des « équivalents 24 x 36 », une notion plus parlante pour les photographes éclairés.

Dans cet ouvrage, quand une focale est mentionnée, c'est toujours un « équivalent 24 x 36 ».

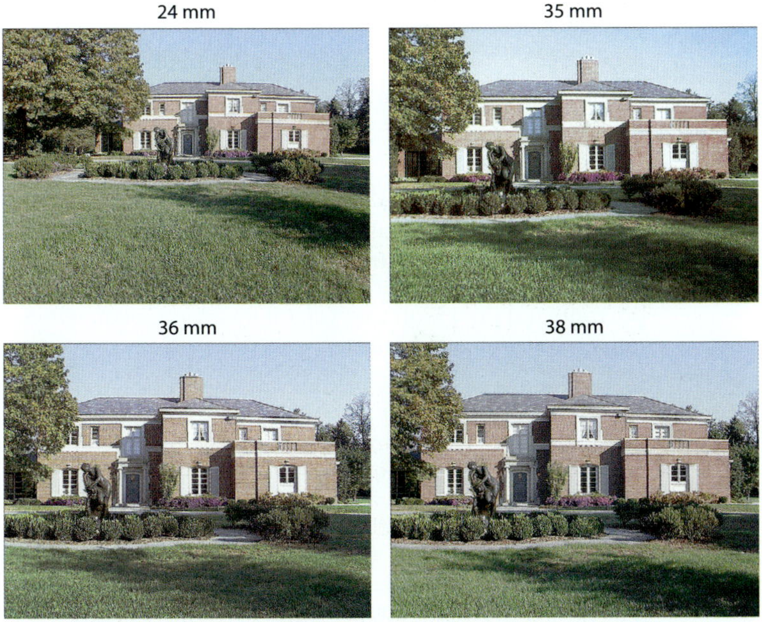

Figure 3.14 : Plus la focale est longue, plus le sujet est cadré serré.

Maintenant que vous savez à quoi correspond le chiffre associé à l'objectif, vous pouvez choisir un appareil numérique offrant des possibilités proches de celles des appareils argentiques. Comme je l'ai dit, un « équivalent 35 mm » est parfait pour des clichés ordinaires. Si vous envisagez les grands espaces, il faudra une focale plus courte couvrant un champ plus large. Un grand-angulaire est judicieux pour photographier dans de petites pièces ; un 35 mm vous placerait trop près du sujet pour le cadrer en pied. Les zooms sont appréciables, et équipent la plupart des modèles.

Au moment de choisir un appareil, intéressez-vous à la valeur de focale la plus courte. Au-dessus de 28 mm, vous pourriez bien risquer la déception. Moins, c'est encore mieux.

Avec un grand-angulaire, les lignes de fuite se manifestent d'autant plus que le champ est large. La convergence des lignes qui résulte, par exemple, de la photo d'un immeuble en légère contre-plongée, n'est pas très esthétique. Mais un bon logiciel de retouche permet de redonner du parallélisme aux lignes.

Zoom optique et zoom numérique

Comme cela est expliqué dans la précédente section, le zoom permet de varier le champ sans changer de place. Il est indispensable pour les photos de vacances et les portraits, ou pour isoler un sujet d'un arrière-plan, comme nous le verrons au Chapitre 7.

Si le zoom est pour vous un élément important, préférez le zoom optique, qui est un véritable zoom, au zoom numérique, qui n'est rien d'autre qu'un recadrage effectué à la prise de vue. Alors que le zoom optique utilise tous les pixels du capteur, le zoom numérique ne conserve que la partie centrale de l'image, prélevée directement sur le capteur, et l'agrandit. Il agit exactement comme vous le feriez dans un logiciel de retouche, en rognant l'image et en la redimensionnant ensuite (ou, avec certains appareils photo, en recadrant directement l'image dans la carte mémoire). La qualité de l'image s'en ressent évidemment. Vous avez dit « arnaque » ? On peut le dire…

Pour plus de renseignements sur la résolution, reportez-vous au Chapitre 2. Pour en savoir plus sur les zooms optiques et numériques, lisez le Chapitre 7.

Les aides à la mise au point

Certains appareils ont une mise au point fixe, ce qui empêche tout réglage. Les images ainsi produites sont généralement nettes de un ou deux mètres jusqu'à l'infini.

D'autres appareils disposent d'une mise au point manuelle : un mode Macro pour les plans rapprochés, un mode Portrait pour les sujets situés à 4 ou 5 mètres de l'appareil et un mode Paysage pour les sujets éloignés.

Les plages de mise au point changent d'un appareil à un autre. C'est un détail important à ne pas négliger. Certains modèles permettent de photographier de très près, d'autres sont un peu moins performants de ce point de vue. Si la photo rapprochée vous intéresse, vérifiez soigneusement la distance de mise au point minimale. En raison de la très courte focale des appareils numériques compacts, ils bénéficient d'une très grande profondeur de champ, d'où une zone de netteté plus vaste qu'en photo argentique.

Les appareils dits *autofocus* opèrent une mise au point automatique. Cette fonction est généralement accompagnée d'un verrouillage de la mise au point : après avoir mesuré la distance sur le sujet centré dans le viseur, ce verrouillage permet de conserver le point pendant que vous changez le cadrage. Même si le sujet est à présent au bord du cadre, la mise au point reste bonne car elle a été mémorisée.

Les appareils haut de gamme permettent de débrayer l'autofocus. Vous disposez alors d'un contrôle total sur la mise au point. Celle-ci se fait en fonction de la distance qui sépare l'appareil du sujet. Vous sélectionnez cette distance, soit sur la bague des distances gravée sur l'objectif d'un appareil reflex, soit dans un menu affiché par le moniteur LCD.

Mais la mise au point manuelle n'intéresse que les photographes avertis qui tiennent à contrôler étroitement le point. Les autres utilisateurs s'en remettront à l'automatisme de l'appareil. Il peut arriver que la mise au point automatique soit difficile. Prenons l'exemple d'un tigre tournant inlassablement dans sa cage (comme vous, juste avant l'achat de votre nouvel appareil numérique). En général, l'autofocus fait le point sur les barreaux de la cage, laissant le tigre flou. Dans ce cas, débrayez l'autofocus et procédez à une mise au point manuelle.

Pour plus de détails sur la mise au point, reportez-vous au Chapitre 6.

Objectifs et filtres interchangeables

Un appareil photo numérique accepte la même diversité d'objectifs, de filtres et d'accessoires qu'un appareil argentique.

Si vous êtes passionné de photographie mais pas au point d'investir dans un reflex, optez pour un appareil de type bridge hybride à objectifs interchangeables, ou acceptant des filtres. Beaucoup peuvent recevoir un élément optique additionnel – grand-angulaire et très grand-angulaire, téléobjectif ou macro – que l'on peut visser sur l'objectif de base.

N'OUBLIEZ PAS

De nombreux filtres sont disponibles, notamment des filtres correcteurs qui compensent la température de couleur. Ils ne sont toutefois pas indispensables car cette compensation s'effectue en modifiant la balance des blancs, comme nous le verrons au Chapitre 5. Des filtres logiciels permettent eux aussi d'appliquer des effets photographiques. Le seul filtre que vous ne pourrez pas simuler avec un logiciel est le filtre polarisant.

L'exposition exposée

Comme nous l'expliquions au Chapitre 2, l'exposition dépend de la vitesse, du diaphragme et de la sensibilité ISO. Le Chapitre 6 explique comment régler l'exposition, mais ce réglage dépend aussi des commandes de l'appareil, dont voici un rapide aperçu :

- **L'exposition automatique :** l'exposition est totalement prise en charge par l'appareil qui sélectionne la vitesse et le diaphragme.
- **Priorité à l'ouverture** : vous réglez l'ouverture (le diaphragme) et l'appareil définit la vitesse d'obturation appropriée. Ce choix permet de définir

la profondeur de champ. Les appareils d'entrée de gamme ne proposent que deux réglages : l'un pour la lumière atténuée, l'autre pour la lumière vive.

- **Priorité à la vitesse :** vous réglez la vitesse en laissant à l'appareil le soin de régler le diaphragme. Vous privilégiez notamment cette fonction pour photographier des sujets en mouvement, et ainsi figer l'action.
- **Exposition manuelle :** elle permet de régler aussi bien la vitesse que l'ouverture. Cette possibilité est appréciée des photographes avertis.
- **Compensation de l'exposition :** vous décalez le couple diaphragme-vitesse – appelé « indice de lumination » – déterminé par l'exposition automatique. Ce réglage fort utile est présent sur presque tous les appareils.
- **Le bracketing** (exposition multiple) : elle permet de prendre une série de photos à différentes expositions, comme le montre la Figure 3.15. Quand la lumière est difficile à mesurer, c'est un bon moyen pour s'assurer que dans la série, une photo au moins est parfaitement exposée. Il existe des logiciels de retouche qui permettent de combiner une série de photos afin de conserver, pour chacune d'elles, la partie qui est la mieux exposée. Cela permet d'obtenir une photo dans laquelle les ombres denses et les très hautes lumières sont restituées avec un maximum de détails (c'est ce que par exemple Photoshop CS5 appelle la Fusion HDR, pour *High Dynamic Range*, ou grande gamme dynamique). La Figure 3.16 illustre ce qu'il est possible de faire à partir de ce type de technique (avec un matériel haut de gamme, un logiciel spécialisé et pas mal de travail).
- **Les modes de mesure :** ils quantifient la lumière disponible en fonction de l'exposition souhaitée. Les principaux modes sont :
  - La mesure centrale : la lumière est mesurée dans la zone centrale de l'image.

- La mesure centrale pondérée : l'ensemble de la lumière est mesuré, avec une prépondérance à la partie centrale de l'imageMesure matricielle ou multizone : la lumière est mesurée sur la totalité de l'image, puis pondérée par la mesure dans les zones les plus claires et les zones les plus foncées.

Figure 3.15 : Le système d'expositions multiples automatique enregistre une série d'images dont chaque exposition est légèrement différente des autres.

Les appareils d'entrée de gamme ne disposent généralement que de la mesure multizone, parfaite pour les photos au quotidien. Les appareils plus perfectionnés proposent la mesure centrale et la mesure centrale pondérée, plus adaptées à la mesure des éclairages complexes.

- **Les modes Scène :** ce sont des modes d'exposition qui imposent la vitesse et le diaphragme selon l'option choisie. Par exemple, le mode Portrait règle l'appareil au mieux pour photographier des visages, tandis que le mode Neige corrige l'extrême luminosité des paysages d'hiver, le mode Sport privilégiant, lui, une vitesse élevée.

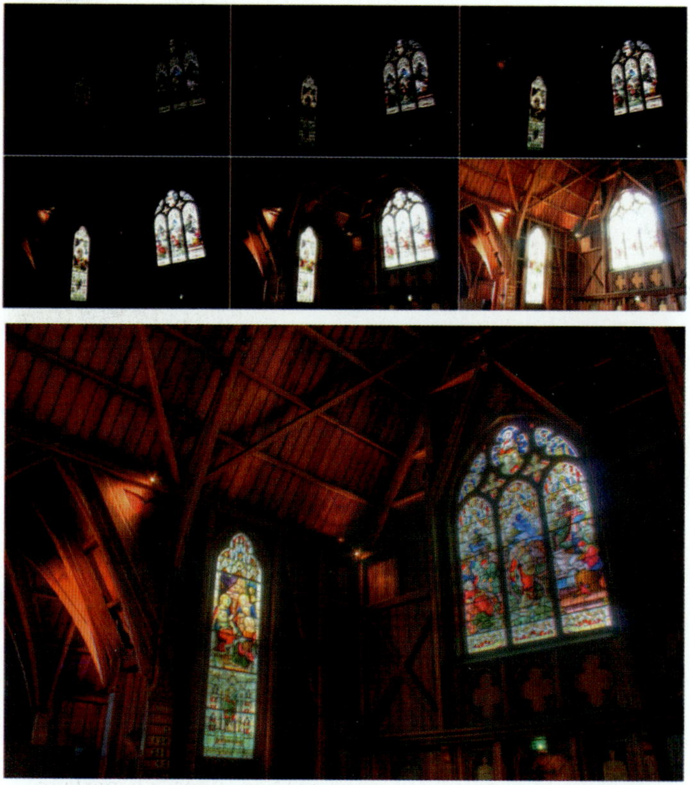

Figure 3.16 : La photographie du bas a été obtenue en composant les six images successives du haut, prises par un appareil disposant d'une fonction de bracketing évoluée.

- **La sensibilité ISO :** plus elle est élevée, plus il est possible de travailler dans des conditions d'éclairage faible. Malheureusement, plus le réglage ISO est élevé, plus le capteur produit un bruit optique, c'est-à-dire des pixels colorés aléatoires. Ce problème est difficile à déceler sur l'écran LCD. Vous devrez faire des essais pour évaluer la tendance au bruit.

N'OUBLIEZ PAS

Le bazar : est-ce vraiment une bonne affaire ?

Vous farfouillez dans l'un de ces bazars qui vendent n'importe quoi à vil prix et, entre un réveil qui ânonne l'heure avec l'accent chinois et des sets de table antidérapants, vous dénichez un appareil photo numérique à un prix défiant toute concurrence. Est-ce l'affaire du jour ?

Peut-être… Mais vous devez aussi savoir que c'est dans ces boutiques que des fabricants se débarrassent de leurs anciens modèles devenus invendables dans le circuit commercial habituel. Bien que l'appareil ne soit pas foncièrement mauvais, il est sans doute dépassé et le rapport fonctionnalités-prix n'est plus à son avantage.

Des caractéristiques supplémentaires

Nous venons de voir les fonctions liées à la structure et au fonctionnement des appareils. Ajoutons-y quelques caractéristiques plus ou moins anecdotiques, mais qui ont le mérite d'exister.

Je passe à la télé !

Les appareils numériques possèdent, pour la plupart d'entre eux, une sortie vidéo. Elle permet de raccorder votre appareil à un téléviseur pour y contempler les photographies, voire les enregistrer sur cassette vidéo.

La sortie vidéo est une fonction sympathique, mais vous pourrez aussi acheter un périphérique capable de lire les images directement depuis la carte mémoire. Le

Chapitre 10 en présente un. Des lecteurs de DVD sont équipés de lecteurs de carte mémoire.

TRUC

Certains appareils récents disposent aussi d'une sortie HDMI permettant de les relier à l'entrée correspondante d'un téléviseur. C'est un sérieux progrès en termes de qualité et de rapidité, et certainement une tendance qui devrait se développer rapidement.

En plus de ces performances vidéo, quelques appareils sont capables d'enregistrer du son pendant la prise de vue, mais bien peu hélas disposent d'une prise pour raccorder un micro externe. À vous les commentaires enthousiastes sur cette belle vacancière qui oubliait systématiquement de mettre le haut de son bikini !

Retardateur et télécommande

Quoi de plus frustrant que de ne jamais être sur la photo ! Evidemment, il faut que quelqu'un soit derrière l'appareil et c'est toujours vous ! Le retardateur, bien connu sur les appareils classiques, existe aussi sur la plupart des appareils numériques.

Quelques rares appareils sont même équipés d'une télécommande : pratique pour déclencher depuis le groupe de joyeux drilles dans lequel on s'est glissé, ou pour photographier des animaux sans les effaroucher.

Il y a un ordinateur dans mon appareil !

Tous les appareils photo numériques et les ordinateurs ont des composants similaires, ne serait-ce que pour l'acquisition et le stockage des images. Les modèles les plus récents proposent cependant des fonctionnalités dignes d'un ordinateur :

- **La temporisation des prises de vue :** quelques appareils permettent de photographier à intervalles de temps définis par l'utilisateur. Commode pour enregistrer toutes les phases d'une floraison, ou le déplacement apparent du soleil vers l'horizon.

- **La correction d'image intégrée :** de plus en plus fort, la correction des images à la volée. Plus besoin de transférer vos images sur ordinateur, c'est l'appareil lui-même qui les corrige. Ces fonctions de correction concernent le renforcement de la netteté, la correction chromatique, la balance de la luminosité, etc.

  Je ne suis pas un adepte de cette fonction ; le contrôle sur la correction est rudimentaire. J'admets cependant que les fonctions de correction intégrées peuvent sauver la mise à ceux que les logiciels de retouche impressionnent, et dont l'appareil se connecte directement à une imprimante. Dans ce cas, le traitement intégré peut sensiblement améliorer la qualité d'impression, ce qui est toujours mieux que rien.

- **PictBridge :** cette technologie permet à l'appareil photo de communiquer directement avec une imprimante, à condition que tous deux soient compatibles PictBridge, et même s'ils sont de marques différentes. L'ordinateur n'est dès lors plus nécessaire.

- **Live View :** c'est la vidée directe des scènes sur l'écran LCD qui se trouve au dos de l'appareil numérique. Sur les modèles compacts, la question ne se pose même pas, puisqu'il n'y a pas de viseur séparé. Ce sont les grands constructeurs de reflex, pour qui seule la visée directe comptait et dont l'écran LCD ne servait autrefois qu'aux réglages qui ont inventé ce terme. Juste pour ne pas avoir l'air de reconnaître qu'ils s'alignaient sur ces petits frères si méprisés…

- **DPOF** *(Digital Print Order Format) :* format de pilotage de l'impression numérique). Cette fonction permet de définir une tâche d'impression à partir des menus de l'appareil photo, et de marquer des photos afin de les imprimer ultérieurement. Un appareil offrant la technologie DPOF ne propose pas forcément, en plus, la technologie PictBridge.

TRUC

Si votre objectif est d'imprimer vos photos le plus rapidement possible, partez à la recherche d'un appareil qui s'interface sans problème avec une imprimante. Il faut également trouver une imprimante qui peut se connecter avec l'appareil, ou qui dispose d'un lecteur de carte mémoire adapté. De nombreux modèles à jet d'encre offrent aujourd'hui une telle fonctionnalité. Le Chapitre 9 aborde ces notions plus en détail.

Un peu d'action !

Il n'est pas toujours facile de photographier des sujets en mouvement. La difficulté s'accentue lorsque vous souhaitez prendre plusieurs clichés successifs. Les fabricants viennent à votre secours avec le mode Rafale : les déclenchements se succèdent tant que le déclencheur est enfoncé. C'est parfois le seul moyen de contourner l'affichage systématique de l'image après chaque prise de vue.

N'OUBLIEZ PAS

Avec ce système, vous pouvez généralement prendre de deux à quatre clichés par seconde (jusqu'à neuf pour les plus performants des reflex). C'est une bonne cadence qui reste malgré tout insuffisante pour saisir tous les mouvements d'un sujet mobile.

Attention, le mode rafale est souvent limité aux résolutions les plus basses de l'appareil! Comme le flash n'a généralement pas le temps de se recharger entre les prises de vue, il faudra presque certainement vous en passer. Nous y reviendrons au Chapitre 7.

La mode est aussi à l'enregistrement de séquences vidéo au format MPEG ou MOV (QuickTime). Vous pourrez ensuite visionner vos films sur un téléviseur ou sur l'écran de l'ordinateur, à condition de disposer des logiciels requis pour lire ce type de fichier.

TRUC

L'excellent programme VLC Media Player de Videolan sait tout lire (`vlc-media-player. org`). Il le fait remarquablement bien, et il est en plus totalement gratuit (avec des versions pour Windows et Mac). N'hésitez pas une seconde!

Quelques détails à ne pas négliger

Un bon appareil ne se résume pas à ses possibilités graphiques, encore faut-il qu'il soit accompagné d'un équipement efficace :

- **L'alimentation :** penser que l'alimentation d'un appareil est un élément insignifiant est une profonde erreur. Son autonomie est primordiale, surtout s'il est équipé d'un écran à cristaux liquides.

  L'alimentation peut être assurée par des piles AA au lithium (voire NiMh, NiCad), qui garantissent une autonomie trois fois supérieure à celle des piles alcalines. Leur prix est en rapport avec leur grande autonomie. Le mode de fonctionnement « normal » est assuré par une batterie rechargeable. À vous de vérifier ce qui est fourni avec l'appareil (piles ou batterie), et si un chargeur est inclus ou non dans le paquet. Sinon, c'est un achat indispensable à prévoir.

  TRUC

  Une batterie, c'est bien. Une seconde batterie de secours, c'est encore mieux. Voyez ce que propose le constructeur de l'appareil. Et méfiez-vous tout de même des batteries « compatibles » un peu trop bon marché. Votre appareil photo pourrait ne pas aimer du tout.

  Les piles ou les batteries sont un peu comme les cartouches d'encre des imprimantes. Du nombre de pages imprimées dépend l'économie substantielle réalisée. Aussi, essayez de savoir combien de photographies peuvent être prises avec le type d'alimentation fourni avec votre appareil photo numérique.

- **Adaptateur secteur :** beaucoup d'appareils acceptent un adaptateur secteur qui permet de soulager les piles en le branchant sur une prise de courant. C'est notamment intéressant lors du transfert des images sur ordinateur. Comme l'adaptateur est trop souvent livré en option, il faudra envisager de mettre une fois de plus la main à la poche.

- **L'ergonomie :** c'est une caractéristique essentiellement liée au design et à la disposition des différentes commandes. Observez si la personne qui vous montre le maniement de l'appareil est ou non à l'aise pour déclencher telle ou telle commande. La prise de vue est-elle intuitive? La visualisation des images est-elle facile? La résolution et la compression sont-elles aisément ajustables? Une fois que vous éteignez l'appareil, tous les réglages sont-ils ou non réinitialisés? Si vous ne vous sentez pas à l'aise avec votre appareil, il deviendra très vite un fardeau.
- **Un trépied :** les mouvements disgracieux provoqués par une maladie de Parkinson précoce (ou, plus simplement, par un zoom mal maîtrisé) ont tous le même effet : une photo floue, donc ratée (et ne prétendez pas qu'il s'agit d'un flou artistique). Pour assurer une parfaite stabilité, il est utile de fixer l'appareil sur un trépied. Ce matériel est optionnel (encore un achat supplémentaire à envisager). N'oubliez pas de vérifier que l'appareil dispose d'un pas de vis pour fixer un trépied! La Figure 3.17 montre son emplacement.

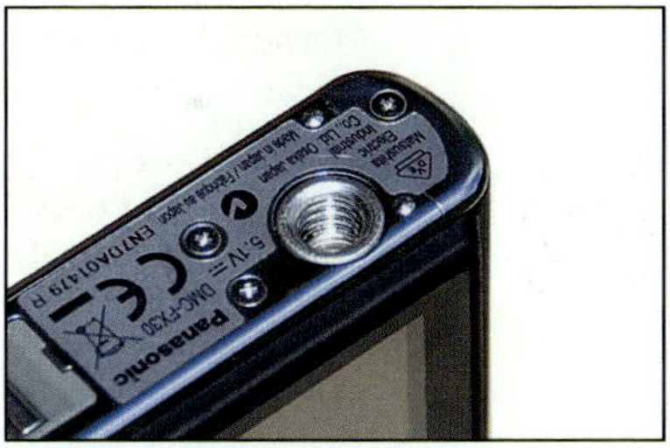

Figure 3.17 : Cet orifice fileté sert à fixer l'appareil sur un trépied.

- **La robustesse :** l'appareil est-il en plastique métallisé ou en métal massif? La trappe d'accès à la batterie et à la carte mémoire semble-t-elle solide? Les mécanismes d'extraction de l'objectif et de zoom fonctionnent-ils en douceur et sans à-coups?

- **La connectique :** les appareils photo se connectent au port USB de l'ordinateur, plus rarement à un port FireWire. Si votre PC de bureau ou portable en est dépourvu, son grand âge et votre grande envie de faire de la photographique numérique devraient vous inciter à le remplacer. Sinon, sachez qu'il est possible d'installer une carte USB/FireWire pour un prix modique.

  Les appareils pour débutants proposent parfois un « transfert d'une seule touche », à partir d'une station d'accueil. Le même système permet d'envoyer facilement les images à des correspondants *via* le Web.

  Quoi qu'il en soit, assurez-vous toujours que l'ordinateur est équipé de la connectique requise par le matériel photo. Le cas échéant, des cartes d'extension peuvent être installées. D'autres appareils sont livrés avec une station d'accueil branchée à demeure à l'ordinateur, qui prend en charge les transferts, le rechargement de la batterie et propose même un diaporama du contenu de la mémoire. La station d'accueil est parfois intégrée à une imprimante photo.

  Le transfert des photos peut s'effectuer à partir d'un lecteur de carte connecté ou intégré à l'ordinateur. Le cas échéant, vous aurez aussi à connecter de temps en temps l'appareil photo à l'ordinateur pour télécharger une nouvelle version du *firmware*, le logiciel interne de l'appareil qui régit ses fonctions. Mais c'est là une procédure qui réclame un peu de doigté…

- **Le logiciel :** la plupart des appareils sont fournis avec un logiciel de transfert d'images. Vous disposerez parfois d'un programme de retouche tel que Photoshop Elements. Une pareille offre logicielle n'est pas à négliger et peut même s'avérer déterminante dans votre prise de décision finale.

- **Garantie et retour :** comme pour tout achat, vous devez vous renseigner sur la garantie et sur les modalités de retour en cas d'incident durant la période de garantie.

Quelques conseils d'achat

Ce chapitre vous a donné les bases d'un jugement « objectif » sur le ou les équipements à acquérir. Comme notre propos n'est pas d'établir un comparatif entre les différents modèles présents sur le marché, je vous engage à vous documenter sur les produits qui vous intéressent.

De nombreux magazines et sites spécialisés traitent de la photographie numérique, avec des comparatifs poussés. Vous pourrez aussi approfondir vos connaissances *via* des pages d'information consacrées partiellement ou totalement à l'actualité de la photo numérique, avec des tests extrêmement détaillés et instructifs.

ATTENTION

Ne vous cantonnez pas à ce que vous lisez dans un journal ou sur un site. Forgez-vous une opinion en comparant les résultats de plusieurs essais, mais aussi en demandant à vos relations ce qu'elles pensent de leur propre appareil photo.

Enfin, si votre curiosité n'est pas satisfaite, allez faire un tour sur les sites Internet des différents fabricants. Vous y découvrirez les caractéristiques « officielles » des modèles présents et même à venir.

4

Des accessoires supplémentaires

Dans ce chapitre :

- Acheter et utiliser une carte mémoire.
- Transférer facilement les images dans l'ordinateur.
- L'archivage.
- Rechercher le meilleur logiciel de retouche.
- Stabiliser et éclairer.
- Protéger l'appareil photo.
- Quand la souris se fait stylet.

L'achat d'un appareil photo n'est souvent que le premier pas qui prélude à l'achat d'une foultitude d'accessoires et d'équipements plus ou moins indispensables. Ce chapitre présente tout ce que vous devez savoir sur le sujet pour mieux préparer votre prochaine commande au Père Noël.

Notez que les prix mentionnés ne sont qu'indicatifs et, comme c'est la règle en photographie numérique et en informatique, susceptibles d'une baisse rapide. Ce dont personne ne se plaindra.

Les cartes mémoire et autres supports

Votre appareil numérique va plus que certainement stocker ses images sur un support amovible. Il est d'ailleurs peut-être livré avec une carte mémoire bon marché.

À l'époque où la résolution des images était relativement faible, 256 ou 512 Mo étaient largement suffisants. Mais aujourd'hui, avec des appareils qui affichent de 8 à 12 mégapixels et plus, il a bien fallu franchir un grand pas.

La bonne nouvelle est que le prix de ces cartes a considérablement baissé. On trouve à présent des cartes mémoires de 2 Go pour une poignée d'euros.

Combien d'images peut contenir une carte mémoire ? La réponse dépend de la résolution et du format de fichier. Tous deux contribuent en effet à rendre le fichier plus volumineux, et donc à accroître son encombrement en mémoire. Reportez-vous au Chapitre 3 pour les détails.

Tableau 4.1 : Contenance approximative d'une carte mémoire.

Résolution	*2 Go*	*4 Go*	*8 Go*	*16 Go*
4 mégapixels	768	1536	3072	6144
5 mégapixels	614	1228	2456	4912
8 mégapixels	384	768	1536	3072
10 mégapixels	307	614	1228	2456
12 mégapixels	256	512	1024	2048
15 mégapixels	204	409	818	1637

Le Tableau 4.1 indique le nombre approximatif d'images selon la taille de la carte mémoire. Les photos sont censées être au format JPEG, modestement compressées afin de préserver leur qualité. Si vous préférez photographier aux formats TIFF ou Raw, sachez que les fichiers seront notablement plus volumineux. Et si vous optez pour un format JPEG plus compressé, ils seront encore moins volumineux (mais avec une dégradation visible des images).

Vous voyez qu'il y a de quoi faire!

Le manuel de votre appareil contient sans doute un tableau à peu près équivalent à celui du Tableau 4.1, mais adapté aux spécificités de votre équipement. En emportant une ou deux cartes mémoire supplémentaires, vous bénéficierez d'une plus grande autonomie.

Quelques conseils d'achat

Voici quelques recommandations utiles lors de l'achat d'une carte mémoire :

- Normalement, les appareils photo n'acceptent qu'un seul type de carte mémoire. Reportez-vous au manuel pour le connaître (reportez-vous au Chapitre 3 pour tout savoir sur les cartes mémoire les plus courantes). Vous n'êtes pas obligé de vous en tenir à une marque. En revanche, vous devez respecter le type : SD, SD-HC, CompactFlash, Memory Stick…

- TRUC : Certaines cartes sont plus rapides que d'autres. La photo est enregistrée plus vite, ce qui est un avantage pour les photographes d'action. Leur prix plus élevé n'est cependant pas toujours justifié pour un usage courant. De plus, l'appareil photo doit être capable d'exploiter cette vitesse accrue, ce qui n'est pas le cas de la plupart des compacts. Ensuite, vous ne décèlerez peut-être pas la différence. Visitez le site du fabricant avant d'opter pour ce genre de carte mémoire.

- En règle générale, le prix au méga-octet baisse lorsque la capacité s'accroît. Il est plus avantageux pour une carte de 8 Go que pour une carte de 4 Go.

- La carte SD (*Secure Digital*), de la taille d'un timbre-poste mais capable de contenir de 2 Go à 32 Go de données, s'est incontestablement imposée dans le monde des appareils photo numériques compacts. Elle existe en deux versions : standard et à grande vitesse de transfert. N'achetez ces dernières que si votre appareil photo est techniquement capable d'exploiter cette fonctionnalité (le manuel le stipule clairement). Autrement, elles ne seront pas plus rapides que des cartes mémoire normales.

Précautions d'usage sur l'utilisation des cartes mémoire

La fiabilité des cartes miniatures n'est plus à démontrer. Cependant, pour assurer leur pérennité, il est préférable de se conformer aux règles d'utilisation ci-dessous :

- Une carte mémoire doit parfois être formatée avant sa première utilisation. C'est assez rare, mais si vous devez le faire, la procédure est décrite dans le manuel de votre appareil photo numérique.

  Veillez à ne pas formater une carte contenant des photos, car elles seraient irrémédiablement effacées.

- Ne retirez jamais une carte mémoire pendant que l'appareil prend une photo, filme ou accède aux données. Bon nombre d'appareils disposent d'un voyant lumineux qui témoigne de l'activité de la carte mémoire.

- Ne coupez pas l'alimentation de votre appareil pendant qu'il accède aux données de la carte mémoire.

- Ne touchez pas les connecteurs de vos cartes. Ce sont généralement des contacteurs plaqués or.

- Nettoyez une carte avec un chiffon doux et sec. La saleté et les empreintes digitales peuvent compromettre la fiabilité et les performances d'une carte mémoire.

- Evitez de stocker vos cartes dans un endroit ensoleillé, poussiéreux ou humide. Attention aussi à l'électricité statique.
- Oubliez la rumeur selon laquelle les scanners à rayons X des aéroports détruiraient les données contenues dans les cartes mémoire.
- Pour conserver les cartes mémoire dans de bonnes conditions, rangez-les dans l'étui ou le boîtier d'origine. Pour transporter plusieurs cartes, achetez un porte-carte. Celui de Lowepro (voir Figure 4.1) est équipé d'emplacements pour des cartes et pour des piles (`www.lowepro.com`).

LowePro USA

Figure 4.1 : Un étui pour cartes mémoire et piles supplémentaires.

Les périphériques de transfert

Le transfert des photos de l'appareil vers un ordinateur s'effectue généralement au travers d'un câble USB. Vous devez toutefois l'avoir sous la main chaque fois que vous comptez faire des transferts. Sachez qu'un câble prévu pour une marque d'appareil photo ne fonctionne pas forcément avec une autre, et qu'il en va de même des câbles USB d'un lecteur MP3 ou autre périphérique. C'est dire si vous devez prendre soin du câble et ne pas l'égarer (il est heureusement possible d'en racheter). L'appareil photo doit être allumé au cours du processus, ce qui pompe la batterie, à moins de disposer d'une alimentation externe.

Une meilleure solution consiste à recourir à l'un de ces accessoires :

- **Lecteur de cartes mémoire :** branché à l'ordinateur, ce dernier le considère comme n'importe quel autre lecteur (disque dur externe, clé USB...) connecté à un port USB. Ensuite, vous manipulez les fichiers de vos photos comme n'importe quel autre fichier informatique, par des glisser-déposer d'un dossier à un autre.

Figure 4.2 : Un lecteur de cartes mémoire facilite le transfert des images.

  Pour une bonne vingtaine d'euros, vous obtiendrez un lecteur polyvalent comme celui de Sandisk, illustré à la Figure 4.2, qui accepte tous les types de cartes. Commode si des invités équipés d'un autre matériel que le vôtre vous proposent de laisser chez vous une copie des photos de la soirée, ou encore pour une séance de photos entre amis.

- Beaucoup d'ordinateurs récents sont équipés en standard de lecteurs de cartes mémoire intégrés à l'unité centrale.

- **Adaptateur de PC Card :** les PC portables sont parfois équipés d'un connecteur PC Card (anciennement PCMCIA) qui permet de brancher des cartes spéciales – les PC Card – qui ajoutent une fonctionnalité nouvelle : disque dur, modem, carte réseau, ports USB rapide, mais aussi lecteur de carte mémoire. Je le signale ici, mais c'est tout de même une espèce en voie de disparation.

- **Station d'accueil :** quelques fabricants proposent des *stations d'accueil*, c'est-à-dire un périphérique qui peut rester connecté en permanence au port USB de l'ordinateur, voire à une imprimante. Pour transférer des photos, placez l'appareil dans sa station d'accueil et appuyez sur un ou deux boutons pour lancer la procédure de transfert qui s'effectue automatiquement.

  La plupart des stations d'accueil (Figure 4.3) rechargent aussi la batterie de l'appareil, et quelques-unes offrent une fonction d'envoi des photos par courrier électronique.

Figure 4.3 : Certains appareils photo compacts peuvent être placés en permanence sur une station d'accueil.

  Peu d'appareils sont livrés avec la station d'accueil. Vendue séparément, elle coûte de 50 à 150 euros. Elle est propre à votre matériel photo. Plusieurs modèles d'appareils peuvent être connectés à une même station, à condition qu'ils soient de la même marque et compatibles. Visitez le site Web du fabricant pour vous informer à ce sujet. Mais sachez que le jour où vous changerez de marque d'appareil, la station d'accueil ne vous servira plus à rien.

- **Imprimante photo avec connecteur de carte mémoire :** si vous disposez d'une imprimante capable d'imprimer les images depuis la carte mémoire de votre appareil, vous pouvez peut-être l'utiliser pour transférer vos photos dans l'ordinateur. La présence de connecteurs pour cartes ne signifie pas que cette option de transfert est proposée. La plupart des imprimantes se contentent en effet d'afficher les images présentes sur la carte sur un mini-écran ou d'imprimer une planche, un index et bien sûr des tirages. Vérifiez bien l'existence de la fonction de transfert avant d'acheter, si vous y tenez.

L'archivage des photos

La gestion des archives numériques – vos photos, en l'occurrence – ne doit pas être négligée. En effet, s'il était de bon ton, par le passé, d'engranger films et tirages dans des boîtes à chaussures, cette désinvolture n'est plus de mise pour les fichiers d'image. Si vous tenez à conserver vos précieux souvenirs, vous devez vous en occuper.

Les solutions de stockage à long terme ne manquent pas. Vous choisirez celle qui correspond le mieux à vos exigences et à votre budget. Pour commencer, envisagez l'ajout d'un deuxième disque dur à votre ordinateur ou mieux, un disque dur externe de 750 gigaoctets, voire un téraoctet (soit mille milliards d'octets, excusez du peu) ou plus. Profitez-en : les prix se sont effondrés ces derniers temps.

Examinons les supports de stockage les plus utilisés actuellement par les particuliers et dans les petites entreprises. Nous aborderons les logiciels d'archivage au Chapitre 8.

- **Le disque dur externe :** c'est le support de stockage de prédilection, à condition – ce point est impératif – que les photos soient aussi sauvegardées ailleurs, dans le disque dur de l'ordinateur par exemple, ou dans un second disque dur externe. Autrement, en cas de panne du disque dur externe, vous risqueriez tout simplement de perdre toute votre photothèque : des dizaines de milliers de photos et de précieux souvenirs ou documents volatilisés en un clin d'œil ! Le téraoctet se vend sensiblement en dessous des 100 euros ces temps-ci. Il serait dommage de s'en priver.

- **La clé USB :** cet accessoire connaît un succès qui ne se dément pas en raison de sa compacité – une « sucette » de quelques centimètres –, de sa fiabilité et de sa capacité phénoménale, qui ne cesse de s'accroître. Celle des clés les plus courantes est de 4 ou 8 Go, et la capacité maximale est actuellement de 64 Go. Leur contenu peut être protégé par un mot de passe et/ou crypté. Pour fonctionner, une clé USB ne nécessite aucun logiciel.

- **DVD :** proche cousin du bientôt défunt CD-ROM, le DVD offre une capacité bien plus élevée que celui-ci. Tous les ordinateurs récents sont capables de les lire et d'en graver. C'est un support plutôt bon marché, surtout s'il est acheté en quantité. Reportez-vous à l'encadré « DVD-R ou DVD-RW ? » pour en savoir plus sur les types de DVD (et de CD).

  La capacité d'un DVD de base (simple couche) est de 4,7 Go, soit à peu près l'équivalent d'une clé mémoire USB standard. Un DVD double couche affiche environ 9 Go. À titre indicatif, vous placerez environ 1 900 photos fournies par un compact de 10 mégapixels, et quelques petites centaines de photos au format Raw produites par un reflex de 14 mégapixels.

  La gravure d'un DVD n'a rien de compliqué, mais elle n'est pas aussi simple que la copie sur une clé USB. En effet :

  - Des problèmes de compatibilité peuvent empêcher les vieux ordinateurs de lire tel ou tel type de DVD ou de CD-ROM.

  - Pour le choix des « galettes », vous serez confronté à des notions techniques pas toujours évidentes.

- La gravure a parfois tendance à échouer pour des raisons pas très évidentes, ce qui oblige à recommencer avec un autre disque.

N'OUBLIEZ PAS

Juste pour fixer les idées, et pour donner une échelle de prix, comptez environ 50 centimes pour un CD, moins de 2 euros pour un DVD simple couche, et environ 4 euros pour un disque Blu-ray inscriptible de 25 Go.

ATTENTION

Comme toutes les données informatiques, l'image numérique se dégrade avec le temps. À quelle échéance? Tout dépend du support. Sur les supports magnétiques, comme les disques durs et clés USB, cette dégradation risque de se manifester après une dizaine d'années. Autrement dit : n'archivez pas à long terme sur ces supports.

R ou RW ?

Il existe deux types de CD et de DVD : les CD-R et DVD-R, où le « R » signifie Recordable, enregistrable, et les CD-RW et DVD-RW, où « RW » signifie ReWritable, réinscriptible. La plupart des graveurs de CD et de DVD s'accommodent des deux.

Un CD-R ou un DVD-R peut être gravé et regravé jusqu'à ce qu'il soit plein. Mais il est impossible de supprimer des fichiers pour libérer de la place. L'avantage est que les fichiers ne risquent pas de disparaître accidentellement. Les CD-R et DVD-R sont bon marché. Je vous conseille toutefois de ne pas acheter les produits sans marque, certes bon marché mais peu fiables.

Un peu plus cher, le CD-RW ou DVD-RW s'utilise comme le R, mais si son contenu ne vous intéresse plus, vous pouvez l'effacer entièrement et graver de nouvelles données (l'effacement partiel n'est pas possible). En raison des risques d'effacement accidentel – confondre un CD avec un autre est vite fait –, CD-RW et DVD-RW ne se prêtent pas à l'archivage à long terme. De plus, ils vieillissent plus vite que le CD ou le DVD seulement inscriptible.

Enfin, il faut noter que les CD-RW ne sont pas lisibles sur la plupart des vieux lecteurs (sauf ceux qui sont conformes à la norme Multiread).

Le stockage sur DVD ou CD-ROM est plus sûr. Certains fabricants annoncent une durée de vie de plus de 100 ans, celle des supports réinscriptibles (DVD-RW ou CD-RW) se limitant à 30 années (mais personne ne sait ce qu'il en est en réalité, l'invention du CD-ROM par Philips datant de la première moitié des années 1980). Ces chiffres ne sont valables que si les conditions de stockage (température, hygrométrie, lumière…) sont idéales. Mais la controverse n'est pas close. Ce type de disque est fragile, se raye facilement et son substrat acrylique tend à jaunir et se craqueler. Pour plus se sécurité, gravez toujours deux DVD (ou deux CD) : l'un pour l'archivage à long terme, l'autre pour être manipulé au quotidien.

TRUC

Pour encore plus de sécurité, imprimez vos photos. Ainsi, en cas d'incident avec l'informatique, il vous restera la possibilité de numériser les tirages avec un scanner – la qualité ne sera plus tout à fait celle des originaux – et obtenir ainsi de nouveaux fichiers. Le Chapitre 9 explique comment imprimer.

Stockage et visualisation

Même si vous possédez plusieurs cartes mémoire de grande capacité, vous les aurez rapidement remplies si vous travaillez au format Raw. Nombre de fabricants proposent des disques durs multimédias, qui n'ont pas besoin d'un ordinateur pour fonctionner, et dans lesquels vous transférerez vos images, libérant ainsi vos cartes pour de nouvelles aventures.

Un modèle comme l'Epson P-7000, illustré à la Figure 4.4, est équipé d'un écran de visualisation.

Figure 4.4 : Cette unité de stockage autonome d'Epson est équipée d'un confortable écran de visualisation.

Pour montrer les photos à votre entourage, cette option est plus commode que faire passer l'appareil photo de main en main pour que chacun puisse voir. La plupart des disques durs multimédias peuvent être branchés directement sur un téléviseur, ce qui est autrement plus confortable pour regarder les photos, et aussi être connectés à une imprimante pour tirer les meilleures images.

Les solutions logicielles

Beaux et séduisants, les appareils photo tiennent la vedette dans le monde de l'imagerie numérique. Mais, sans un logiciel qui permette d'intervenir sur les images, votre appareil serait bien moins attrayant. C'est pourquoi les sections qui suivent sont consacrées aux logiciels qui vous aideront à mieux l'exploiter.

Les logiciels de retouche

Un logiciel de retouche – qui appartient à la famille des logiciels graphiques – permet de faire quasiment ce que vous voulez de vos images : corriger la luminosité, le contraste, la température de couleur, recadrer l'image, appliquer des effets spéciaux et des filtres, faire des montages photo, etc. La Quatrième partie de ce livre est consacrée aux manipulations que vous pouvez infliger à vos photos.

Les logiciels de retouche ne manquent pas. Certains sont destinés aux débutants, d'autres aux utilisateurs plus avertis. Les sections qui suivent vous aideront à déterminer ceux qui correspondent à vos besoins.

Les logiciels déjà installés dans votre ordinateur

TRUC

La Galerie de photos Windows Live et iPhoto, les logiciels de gestion de photos qui accompagnent respectivement Windows 7 (après téléchargement des compléments Windows Live) et Mac OS X, possèdent des fonctions de retouche simples comme le réglage du contraste et de la luminosité, le recadrage ou encore la correction des yeux rouges (Figure 4.5).

Ces logiciels offrent des outils de correction de base ainsi que bon nombre de fonctions de prise en main. Dans certains cas, des assistants vous guident, étape par étape, pour réaliser de tâches comme la création de cartes de visite, de calendriers ou de cartes postales virtuelles.

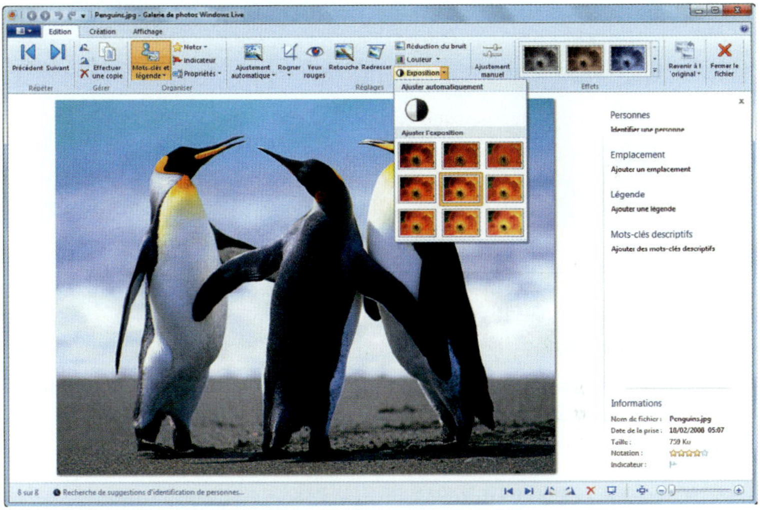

Figure 4.5 : Des programmes compagnons de Windows, comme la Galerie de photos Windows Live, permettent de classer et améliorer les photos.

Chaque programme essaie bien sûr de se distinguer des autres par sa simplicité ou par des fonctions inédites. Mais tous poursuivent le même but : améliorer la qualité des photographies.

Les logiciels perfectionnés

Plus performants, mais d'un prix abordable (moins d'une centaine d'euros) voire gratuits, comme le remarquable The Gimp (`www.thegimp.fr`), ils offrent de vastes possibilités de retouche et de montage grâce à des calques et des outils sophistiqués. Photoshop Elements, dont vous découvrirez les vastes possibilités dans les prochains chapitres, s'inscrit très bien dans cette catégorie (Figure 4.6). Son concurrent direct, PaintShop Photo Pro (`www.corel.fr`) est lui aussi tout à fait digne d'intérêt.

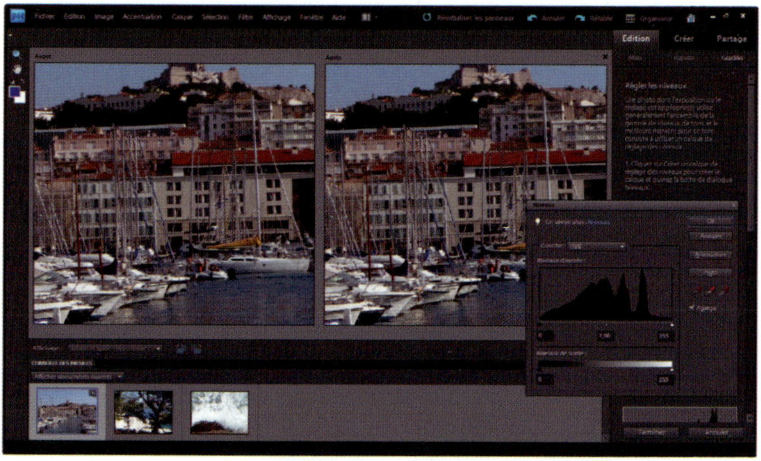

Figure 4.6 : Pour environ 100 euros, Photoshop Elements 9 répond aux besoins des photographes numériques débutants.

Les logiciels professionnels

Conçus pour les graphistes travaillant dans des studios de publicité ou dans des maisons d'édition et aussi pour les photographes professionnels, les logiciels haut de gamme sont plus puissants et offrent des fonctions graphiques inégalées par les logiciels grand public, mais ils sont aussi beaucoup plus cher : plus d'un millier d'euros, par exemple, pour Adobe Photoshop, le grand frère de Photoshop Elements.

Prenons un exemple significatif avec la retouche d'une photo surexposée. Dans un programme d'entrée de gamme, vous réduirez l'exposition sur la totalité des couleurs de l'image. Dans un logiciel professionnel, vous pourrez modifier les tonalités claires, sombres ou intermédiaires, indépendamment les unes des autres.

De plus, des outils de modification de la densité permettent d'appliquer à une photo le même traitement que sous l'objectif d'un agrandisseur : des parties de l'image peuvent être « retenues » afin qu'elles ne soient pas trop denses ou au contraire, on peut « donner de la lumière » pour éclaircir des ombres bouchées.

Avec Photoshop, il est possible de définir des scripts permettant d'appliquer automatiquement des modifications et des effets spéciaux sur un lot de nombreuses images, ce qui évite la répétition d'opérations fastidieuses.

Si les fonctions de tels programmes sont impressionnantes, il faut avouer que leur interface l'est aussi. Ne comptez pas sur des assistants, absents dans ce genre de logiciel. La seule manière de les maîtriser, c'est d'apprendre et de pratiquer. La Figure 4.7 montre l'interface de Photoshop (`www.adobe.fr`), le logiciel de retouche le plus connu. Ce n'est pas exactement ce qu'il y a de plus intuitif… Prévoyez l'achat d'ouvrages techniques.

Figure 4.7 : Photoshop est le logiciel de prédilection des photographes exigeants.

TRUC

Avant de commander ou d'acheter un logiciel graphique, faites un tour sur le Web et téléchargez des versions d'évaluation. Vous pourrez ainsi essayer les produits, généralement pendant 30 jours, vous faire une idée précise de leurs fonctionnalités et opter pour celui qui vous convient le mieux.

Les logiciels spécialisés

En plus d'un logiciel destiné à la correction et la retouche des photos, vous en trouverez d'autres concernant la photographie numérique. En voici quelques-uns :

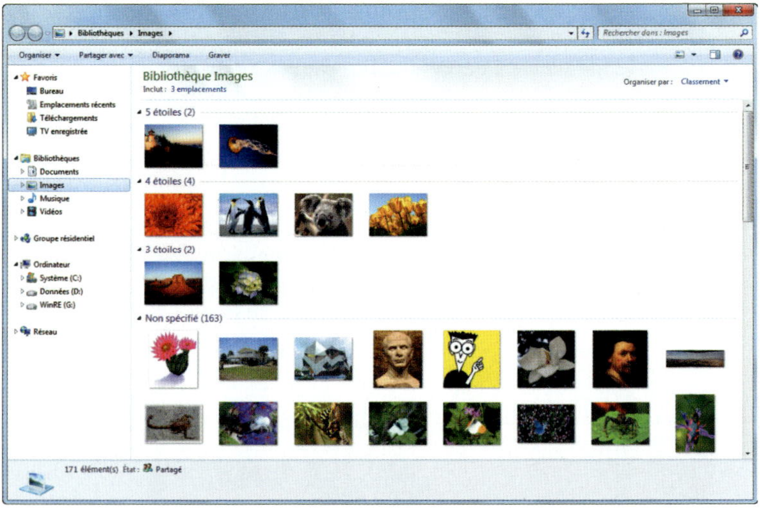

Figure 4.8 : L'Explorateur de Windows 7 permet de gérer directement des bibliothèques de documents multimédias et autres.

- **Les logiciels d'archivage :** ils servent à classer rationnellement les photos et les visionner confortablement. Windows et Mac OS X sont équipés de leurs propres applications : l'Explorateur de Windows 7 et ses bibliothèques (Figure 4.8) ou encore Galerie de photos Windows Vista (Figure 4.9), et iPhoto chez Apple (Figure 4.10). Tous sont parfaits pour classer les photos et les retrouver rapidement grâce à l'insertion de mots-clés directement dans les fichiers d'image, mais ils ne sont pas aussi puissants que des logiciels spécialisés comme ACDSee (`www.avanquest.fr`), qui permettent entre autres d'accéder aux métadonnées EXIF ou IPTC (ces notions sont expliquées plus loin dans ce chapitre).

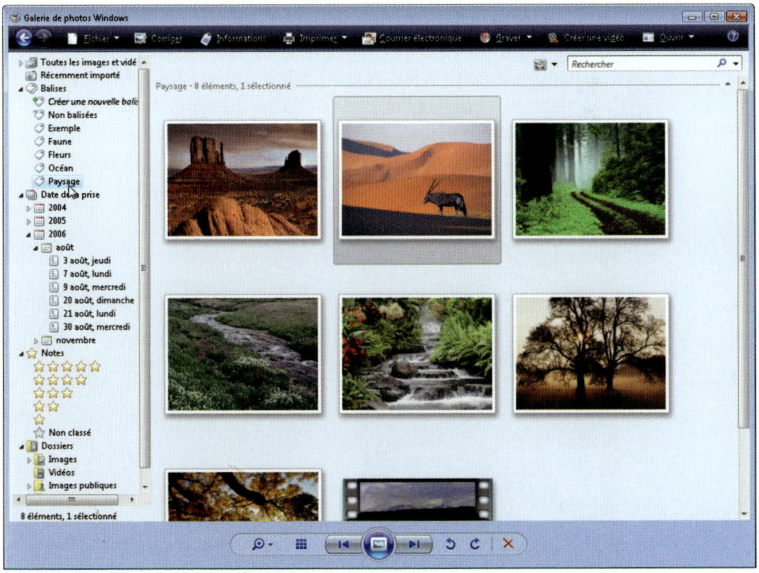

Figure 4.9 : Galerie de photos Windows est le gestionnaire de photos de Windows Vista.

- **Les logiciels d'optimisation :** assez récents, ce ne sont pas exactement des logiciels de retouche (vous ne de ferez pas de montage avec et n'appliquerez aucun filtre d'effet), mais de puissants logiciels de correction principalement destinés aux photos au format Raw (bien que les fichiers JPEG et TIFF puissent en bénéficier dans une certaine mesure). Ils servent essentiellement à corriger les réglages qui n'étaient pas parfaits à la prise de vue (exposition, balance du blanc…) ou des problèmes liés aux objectifs (aberrations géométriques et chromatiques, vignettage, etc). Si Photoshop CS 5 dispose d'outils spécifiques à cet effet (notamment Camera Raw), les plus connus sont Lightroom, édité par Adobe pour Windows et Mac, Aperture, d'Apple, qui n'existe qu'en version Mac, Dxo Optics (du français Dxo Labs) ou encore le japonais Silkypix. Petit Cocorico : DxO Optics est accompagné de modules développés exactement pour tel ou tel objectif, et le DxO FilmPack du même éditeur peut même simuler les rendus des pellicules photos les plus connues, comme le Kodachrome de Kodak, la Velvia de Fujifilm et beaucoup d'autres. Sur le site (`www.dxo.com/fr/photo`) les démonstrations de DxO Optics et du FilmPack sont spectaculaires.

Figure 4.10 : iPhoto est le gestionnaire de photos de Mac OS X. Il permet même de retrouver des photos selon les lieux photographiés (par géolocalisation GPS) et les visages représentés sur les photos.

- **Les modules pour effets spéciaux :** ils ajoutent des fonctionnalités à un logiciel graphique. L'un de mes préférés est Nik Color Efex Pro (`www.nikmultimedia.com`), illustré sur la Figure 4.11. Utilisable avec Photoshop et Photoshop Elements, il applique des effets habituellement obtenus avec des pellicules spéciales ou des filtres d'effets.

Figure 4.11 : Des modules comme ceux de Nik Multimedia ajoutent des fonctionnalités spéciales au logiciel de retouche.

- **Les logiciels de peinture :** ils simulent les supports traditionnels (papier, toile…) ainsi que les instruments (pinceaux, fusains, couteaux…).

Enfin, vous pourrez envisager l'achat de logiciels carrément ludiques, comme BrainsBreaker (`www.brainsbreaker.com`), illustré sur la Figure 4.12. Ce programme transforme une photo en puzzle. Les pièces sont déplacées à la souris. Mais ce n'est qu'un exemple, et il existe bien d'autres applications de ce type.

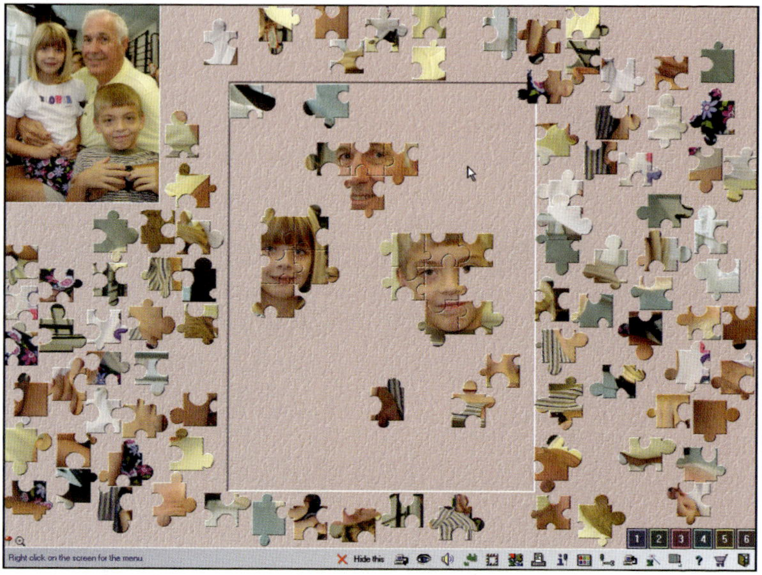

Figure 4.12 : BrainsBreaker transforme une photo en puzzle.

Quelques accessoires

Outre les éléments qui facilitent les échanges entre l'appareil et l'ordinateur, il existe des accessoires qui, sans être indispensables, sont utiles à un photographe avisé.

- **Objectifs supplémentaires :** améliorez vos prises de vue en investissant dans des objectifs : grand-angulaire, macro, téléobjectif, etc. Certains appareils acceptent des objectifs complémentaires : ce sont des éléments optiques vissés sur l'objectif fixe pour le convertir en grand-angulaire, téléobjectif ou objectif macro.
- **Trépied :** même avec un temps de pose normal, le moindre mouvement compromet la netteté de la photo. Pour réussir vos prises de vue, il est indispensable que l'appareil soit parfaitement

immobile. Si vous constatez que vos images semblent un peu enveloppées, investissez dans un trépied. Il assurera une stabilité parfaite lors de la prise de vue.

Voici un conseil pour tester la stabilité d'un trépied : déployez-le à sa hauteur maximale, rentrez la colonne centrale, puis essayez de pivoter la tête comme si elle était un bouton de porte. Si le trépied tout entier pivote aisément, il vaut mieux choisir un autre modèle plus robuste.

- **Pare-soleil pour écran LCD :** que ce soit en vidéo ou en photo, les écrans de contrôle sont illisibles en cas de luminosité intense. Un pare-soleil y remédiera. Plusieurs fabricants en proposent.
- **Une boîte à lumière :** si vous devez photographier des objets de petite taille sans qu'ils projettent des ombres disgracieuses et sans que l'environnement se reflète dedans (c'est le cas des bijoux, des articles chromés…) placez-les dans une sorte de tente qui diffuse la lumière. Des exemples sont montrés au Chapitre 6.
- **Un fourre-tout :** les appareils photo sont fragiles. Assurez leur sécurité et leur longévité en les transportant dans un sac prévu à cet effet. Vous pourrez, en outre, y ranger tous vos accessoires. Le sac de transport est le compagnon idéal du reporter numérique.

Quand la souris se fait stylet

Pour terminer ce chapitre, je vais parler d'un périphérique qui fait un peu bande à part : la tablette graphique.

Elle permet de dessiner à l'aide d'un stylet, restituant à l'utilisateur toutes les sensations qu'il peut avoir en maniant un crayon, un pinceau, un feutre ou un aérographe. L'essayer, c'est l'adopter.

Une tablette graphique pour professionnel est onéreuse, mais il existe des modèles grand public d'excellente qualité, comme la Bamboo Pen de Wacom (`www.wacom-europe.com/fr`).

Les infographistes utilisent des tablettes de grande dimension dont le prix dépasse allègrement plusieurs centaines, voire plusieurs milliers, d'euros. Le modèle de la Figure 4.13 est doté d'une zone active d'environ 15 x 20 cm. Il en existe de plus petits, avec une surface active d'environ 10 x 13 cm, largement suffisant pour un travail sporadique.

Figure 4.13 : Les retouches compliquées sont beaucoup plus faciles à réaliser avec une tablette graphique.

Wacon Technology

EXIF et IPTC

Peut-être pensez-vous que le fichier pondu par votre appareil ne contient que la photo que vous venez de prendre. Eh bien non. À condition de posséder un programme capable de lire les données qui s'y trouvent – Photoshop Elements 9 le fait, comme le montre la Figure 4.14 –, vous découvrirez de nombreuses informations fort utiles que l'appareil photo a enregistrées à votre insu, en même temps que l'image, lors de la prise de vue. Ce sont notamment la marque et le modèle de l'appareil photo, la vitesse d'obturation, l'amplitude du zoom et la focale utilisée, la date et l'heure de la prise de vue, la sensibilité ISO, etc. Plus d'une centaine de renseignements techniques peuvent ainsi être introduits dans le fichier, selon le type d'appareil (les moins sophistiqués se contentent d'enregistrer l'essentiel, ce qui n'est déjà pas mal). Ces informations sont des métadonnées EXIF (Exchangeable Image File, fichier d'image échangeable).

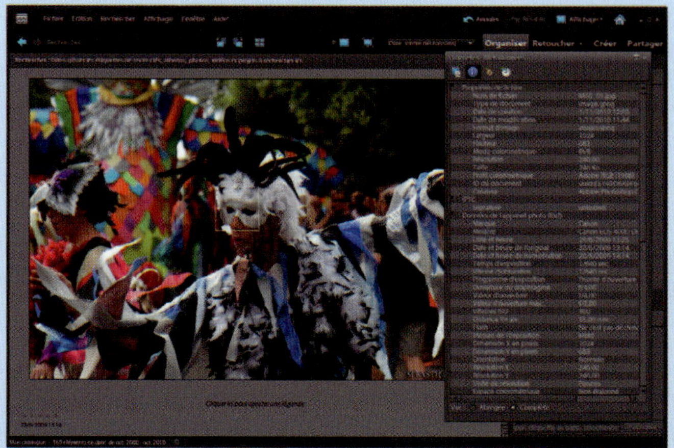

Figure 4.14 : À droite, une partie des métadonnées EXIF d'une photo affichée dans Photoshop Elements 9.

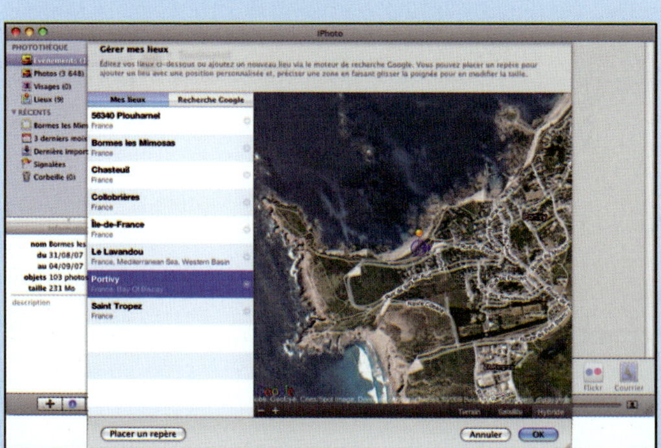

Figure 4.15 : Le logiciel iPhoto d'Apple est capable de montrer exactement où les photos ont été prises.

Grâce aux métadonnées, vous n'avez plus à emporter avec vous le carnet que les passionnés de photo trimballaient autrefois partout, notant scrupuleusement les réglages de la photo qu'ils venaient de faire. Si un module GPS peut être couplé à votre appareil photo, ou s'il intègre un GPS, les coordonnées géographiques de la prise de vue figureront dans le fichier de la photo. Un logiciel comme iPhoto 11, sur le Mac, saura même les exploiter pour géolocaliser la photo et montrer sur une carte où elle a été prise.

Contrairement aux métadonnées EXIF introduites dans chaque photo par l'appareil, les données IPTC (International Press and Telecommunications Council, conseil international de la presse et des télécommunications), elles, sont saisies par le photographe. Ces informations sont principalement des mots-clés qui facilitent l'identification des photos. Par exemple, pour une photo de la tour Eiffel la nuit, vous spécifierez les mots-clés « Paris », « Tour Eiffel » et « Nuit ». Dans votre logiciel d'archivage, vous pourrez ensuite sélectionner dans votre photothèque cette image parmi toutes les photos prises de nuit, ou parmi toutes celles de Paris, ou encore parmi toutes les photos de tour Eiffel que vous auriez prises. Dans les métadonnées IPTC, vous pouvez aussi indiquer le nom de l'auteur de la photo, une description détaillée et bien d'autres informations.

Deuxième partie

La prise de vue sans prise de tête

Dans cette partie...

La plupart des appareils photo numériques sont à automatisme intégral. Autrement dit, vous cadrez le sujet et vous appuyez sur le bouton.

Mais, comme pour la photo argentique, la prise de vue en numérique n'est pas aussi simple que les fabricants voudraient nous le faire croire. Avant de viser et de déclencher, vous devrez tenir compte de quelques paramètres, du moins si vous tenez à faire de belles images. C'est ce que nous verrons dans cette partie du livre.

Le Chapitre 5 explique les réglages de base d'un appareil photo. Au Chapitre 6, vous découvrirez ce qui fait une belle photo : une mise au point et une exposition précises. Le Chapitre 7 est consacré à la composition, la photo d'action, l'utilisation du zoom, etc.

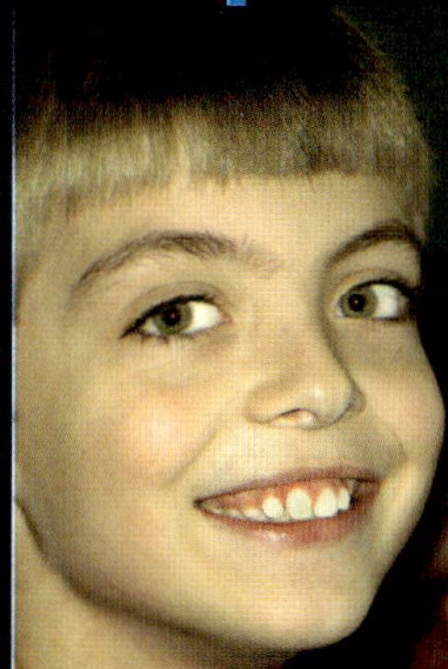

5

Savoir régler l'appareil photo

Dans ce chapitre :

- Les réglages initiaux.
- Choisir un format de fichier.
- Qualité et taille de l'image.
- La compression JPEG.
- Les options de balance des blancs.
- Les paramètres d'amélioration de l'image.

Les fabricants d'appareils photo s'efforcent de créer des appareils qui, sitôt sortis de leur boîte, sont faciles et agréables à utiliser. Dans ce but, le mode automatique est enclenché dès la première mise en route. Vous êtes ainsi censé obtenir de bonnes photos dès la première fois.

Les paramètres par défaut de l'appareil photo ne sont toutefois pas capables de produire la meilleure image dans toutes les conditions. Photographier un match de foot ou de handball en nocturne exige d'autres réglages que s'il se déroulait en plein soleil.

C'est pourquoi, après avoir cédé à l'excitation et pris quelques photos, plongez-vous dans le manuel et lisez-le attentivement afin de découvrir toutes les fonctionnalités de votre appareil. Pour vous aider à mieux comprendre ce qu'il dit, ce chapitre explique les bases de la prise de vue numérique, notamment les formats de fichiers, la résolution (le nombre de pixels) et la balance des blancs. Cet exposé se poursuit au Chapitre 6, largement consacré à l'exposition et à la mise au point.

Les réglages de base

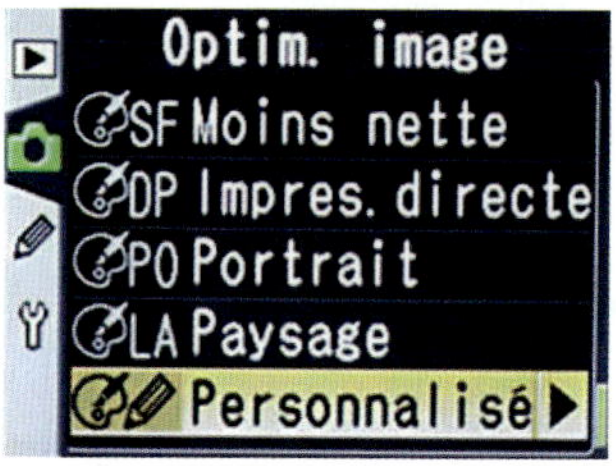

Figure 5.1 : Parcourez les menus pour découvrir les diverses options de l'appareil photo.

Au dos de l'appareil se trouve un bouton qui affiche un menu sur l'écran, comme le montre la Figure 5.1. En plus des options photo classiques, comme l'exposition et le flash, beaucoup d'appareils proposent les réglages de base suivants :

- **Date et heure :** ces paramètres d'horodatage sont plus importants qu'il n'y paraît car, au moment de la prise de vue, l'appareil photo inscrit non seulement les différents réglages dans le fichier d'image, mais aussi la date et l'heure. Ces informations, visibles dans un logiciel d'archivage ou de retouche, sont inscrites sous la forme de métadonnées EXIF (revoyez la fin du chapitre précédent).

  Régler correctement la date et l'heure permet d'utiliser la fonction de tri par date, dans un logiciel de retouche comme le montre la Figure 5.2.

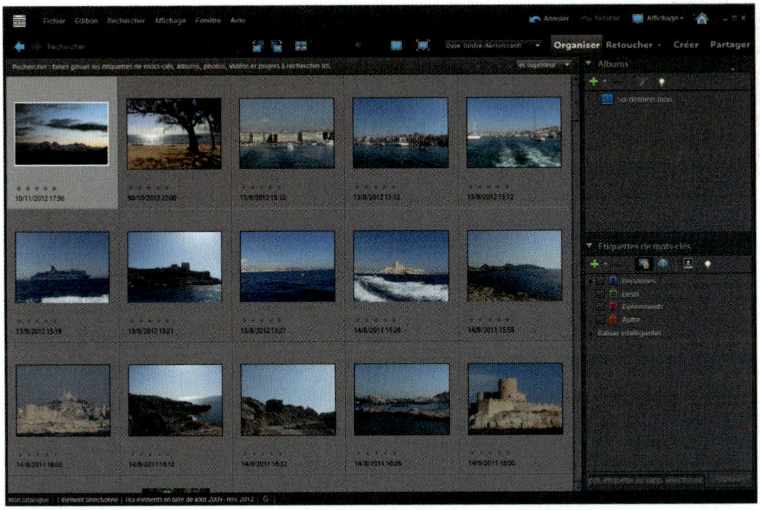

Figure 5.2 : La date étant enregistrée dans le fichier d'image et affichée sous chaque photo, il est facile de trouver les photos prises tel ou tel jour.

- **Arrêt automatique :** afin de préserver la batterie, beaucoup d'appareils photo s'arrêtent automatiquement après quelques minutes d'inactivité, au risque de manquer une opportunité : le temps de redémarrer l'appareil, le moment décisif est passé.

  TRUC

  Si l'arrêt automatique ne peut pas être désactivé, vous pouvez le réinitialiser en appuyant légèrement sur le déclencheur afin de mémoriser la mise au point et l'exposition (ces notions sont expliquées au prochain chapitre). Ou alors, si l'appareil est équipé d'un zoom, actionnez-le légèrement.

- **La visualisation immédiate :** après avoir pris une photo, l'appareil l'affiche pendant quelques secondes. Vous devrez désactiver cette fonction pour déclencher à un rythme soutenu car il est impossible de prendre une autre photo tant que cet affichage est en cours. Comme il consomme du courant, le désactiver augmente l'autonomie de l'appareil.

- **La luminosité de l'écran :** modifier la luminosité de l'écran facilite la lecture de l'image dans un environnement très clair. Mais attention : l'écran risque alors de fausser le rendu de l'exposition. Avant de ranger l'appareil, vérifiez les images avec la luminosité par défaut de l'écran.
- **La rotation automatique :** cette fonction pivote automatiquement le fichier d'image lorsque vous cadrez en hauteur, afin qu'elle soit affichée correctement lorsque vous visionnez vos photos. Comment le logiciel sait-il qu'une photo a été prise en hauteur ? Grâce à un capteur présent dans l'appareil photo et à une métadonnée EXIF. Que serait la photo numérique ces informations ?
- **Les normes télé/vidéo (PAL, NTSC) :** si votre appareil possède une sortie vidéo, qui permet de le connecter à un téléviseur, un magnétoscope ou un lecteur de DVD, vous aurez le choix entre deux types de sortie vidéo. La norme PAL est en vigueur en Europe et le NTSC est utilisé en Amérique du Nord et au Japon.
- **Les effets sonores :** les appareils photo numériques adorent couiner. Certains émettent un *jingle* à l'allumage, d'autres un bip pour signaler que la mise ou point ou l'exposition ont été mesurés, voire un bruit de déclencheur à rideaux au moment de la prise de vue. J'ai même entendu un appareil dire « au revoir » au moment où on l'éteignait ! Avant d'utiliser votre appareil dans une cérémonie ou dans un lieu où le silence est de mise, désactivez les options sonores, ou réduisez au moins le volume.

Certains appareils proposent un mode Musée. Il désactive les sons et le flash, interdit dans la plupart des musées.

Choisir un format de fichier

Votre appareil photo peut offrir un choix de type de fichiers, ou « format », en jargon infographique. Ce format définit comment chacun des éléments d'une image numérique est enregistré et stocké. Ces éléments sont les dimensions de l'image, sa qualité et le type de logiciel nécessaire pour la visionner et l'éditer.

Bien qu'il existe des dizaines, voire des centaines de formats d'image, les fabricants s'en sont tenus – du moins pour le moment – à trois : JPEG (pour tout le monde), TIFF (pour quelques uns) et Raw (pour les meilleurs). Chacun a ses avantages et ses inconvénients, qui dépendent du type de photos que vous faites.

Certains appareils ne proposent aucun choix de format de fichier. Ce qui signifie qu'il s'agit alors de JPEG. Ils permettent en revanche de choisir la résolution (nombre de pixels) et les dimensions de l'image. Reportez-vous au manuel pour en savoir plus.

Ne confondez pas la notion de « format de fichier » avec celle de « formatage » de la carte mémoire. Le formatage efface totalement son contenu. Mais pas de panique : avant de formater une carte mémoire, l'appareil vous met explicitement en garde et demande confirmation. En revanche, aucun message n'est affiché pour un changement de format de fichier.

JPEG

Ce format est devenu un standard sur tous les appareils photo. JPEG sont les initiales de *Joint Photographic Experts Group,* « groupe de travail d'experts en photographie », l'organisme qui a développé ce standard.

Le format JPEG s'est imposé en photographie pour deux importantes raisons :

- **Il est parfait pour le Web :** tous les navigateurs Web et tous les logiciels de messagerie sont capables d'afficher des images au format JPEG. De ce fait, vos photos peuvent être partagées sur l'Internet quelques secondes seulement après avoir été prises.

- **Il est compact :** les fichiers JPEG sont beaucoup moins volumineux que ceux enregistrés sous d'autres formats. Vous pouvez donc en stocker davantage dans la mémoire de l'appareil. De plus, un fichier de petite taille est plus rapidement transmis sur le Web.

L'inconvénient du JPEG est le compromis que vous devez faire entre la taille du fichier et la qualité de l'image. Pour rendre le fichier moins volumineux, le format JPEG applique une *compression à pertes de données* qui élimine des informations graphiques dans l'image originale.

Comparez le portrait non compressé de la Figure 5.3 avec celui, fortement compressé, de la Figure 5.4. Dans ce dernier, des agglomérats de pixels révèlent les pertes de données et les couleurs sont faussées. Remarquez les nuances bleutées autour des cils et autour du menton.

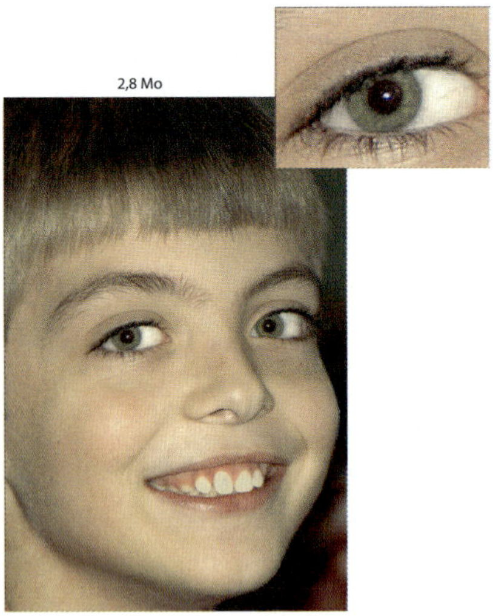

Figure 5.3 : L'absence de compression garantit une qualité maximale, mais le fichier est volumineux.

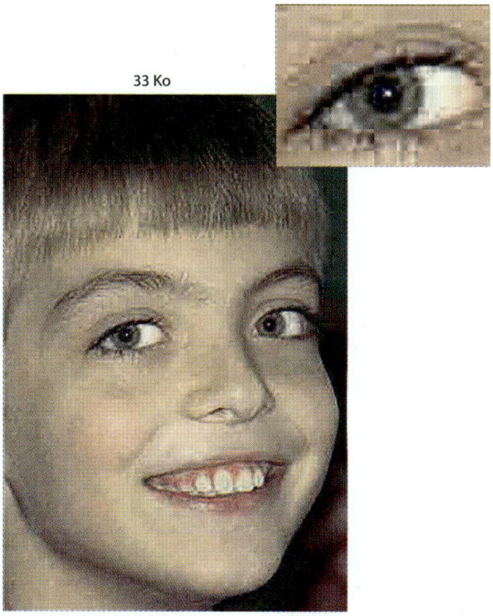

Figure 5.4 : Un taux de compression JPEG élevé dégrade l'image.

Fort heureusement, la compression JPEG appliquée par les appareils photo est faible, d'où une bonne réduction de la taille du fichier sans trop compromettre la qualité de l'image. Avec une compression minimale, le format JPEG est parfait pour la plupart des photographes, hormis les plus exigeants.

La Figure 5.5 montre une version peu compressée du portrait. Le fichier est passé de 2,8 Mo à 400 Ko, et il faut y regarder de près pour déceler une perte de données.

Pour régler les options JPEG de votre appareil, reportez-vous à son manuel. Généralement, elles sont indiquées par de vagues qualificatifs : Excellent, Normal, Réduit, par exemple.

Ces termes ne se rapportent pas au taux de compression, mais à la qualité d'image qui en résulte. En choisissant Excellent, la compression est moindre qu'en mode Normal, mais le fichier est plus volumineux. Vous stockerez moins d'images dans la mémoire de l'appareil.

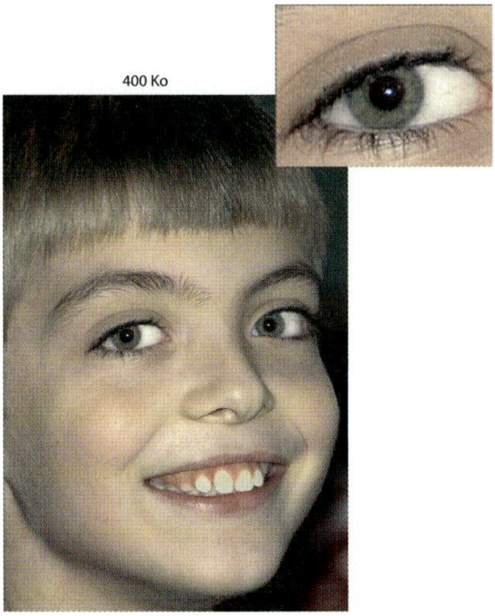

Figure 5.5 : Un taux de compression modéré réduit la taille du fichier sans trop dégrader l'image.

Le manuel contient sans doute un tableau indiquant combien d'images peuvent être stockées dans une mémoire de telle ou telle taille, selon le taux de compression. Vous devrez cependant procéder à des essais pour connaître les effets d'un réglage sur la qualité de l'image. Pour cela, photographiez un même sujet avec différents réglages.

Si votre appareil offre plusieurs réglages de la résolution, effectuez le test de compression pour chacun d'eux. Rappelez-vous que la qualité de l'image dépend à la fois du taux de compression et de la résolution. Une basse résolution associée à une forte compression produit une image où une chatte n'y retrouverait pas ses petits.

Quand vous éditez une photo dans un logiciel de retouche, vous avez la possibilité de l'enregistrer de nouveau au format JPEG, d'où une nouvelle compression à pertes de données. Comme chaque réenregistrement dégrade un peu plus la photo, le résultat final risque d'être affreux. Pour éviter cette dégradation, enregistrez le travail en cours dans un format sans perte de donnée, le TIFF par exemple, décrit à la prochaine section. Reportez-vous au Chapitre 11 pour en savoir plus sur l'enregistrement des photos modifiées, et au Chapitre 10 pour des détails sur l'enregistrement au format JPEG.

TIFF

TIFF sont les initiales de *Tagged Image File Format,* format de fichier d'image à balises. Il se caractérise par une compression sans perte de données.

Pouvoir discerner une différence qualitative significative entre une image TIFF et une image JPEG légèrement compressée dépend de l'appareil photo. La photo de la Figure 5.3 est en TIFF, et il serait bien difficile de faire la distinguer de celle en JPEG peu compressé, sur la Figure 5.5.

Un fichier TIFF est beaucoup plus volumineux qu'un fichier JPEG, et il ne peut pas être affiché par un navigateur Web ou dans un logiciel de messagerie. Pour cela, vous devez l'ouvrir dans un logiciel de retouche puis le convertir en JPEG. La procédure est expliquée au Chapitre 10.

Le JPEG est le choix le plus approprié, sauf si vous recherchez une qualité maximale. Vous risquerez ainsi moins de manquer de place en mémoire, et vous n'aurez pas à procéder à des conversions de formats.

Raw

Quand vous photographiez en JPEG ou en TIFF, l'appareil applique un traitement – correction de l'exposition et des couleurs, netteté… – aux données issues du capteur photosensible, avant d'enregistrer le fichier. Ces traitements sont basés sur des caractéristiques de l'imagerie qui, à en croire le fabricant, devraient plaire au plus grand nombre d'utilisateurs.

Le format Raw (« brut », en anglais) a été développé pour les puristes qui ne veulent pas des traitements imposés par le fabricant. Dans un fichier Raw, les données sont enregistrées telles qu'elles proviennent du capteur photosensible, sans aucun traitement ultérieur. Ce sont des données « brut de capteur ».

N'OUBLIEZ PAS

Contrairement aux formats JPEG et TIFF, le format Raw n'est pas standardisé. Chaque fabricant utilise ses propres spécifications et noms. Chez Nikon, par exemple, le format Raw s'appelle NEF et chez Canon, CR2 et CRW.

Les fichiers Raw n'étant pas compressés, ils sont nettement plus volumineux que des fichiers JPEG. De plus, pour les ouvrir, vous devez disposer d'un logiciel spécial, appelé Convertisseur Raw, qui permettra de les convertir au format TIFF ou JPEG afin de pouvoir travailler dessus. La Figure 5.6 montre le convertisseur Camera Raw d'Adobe Photoshop Elements 9. Le processus de conversion, ou « dérawtisation » en jargon photo, est expliqué au Chapitre 8.

Figure 5.6 : Les fichiers Raw ne peuvent être ouverts qu'avec un convertisseur spécial. Ici, celui de Photoshop Elements 9.

En raison du surcroît de complications engendré par le format Raw, je recommande de vous en tenir au JPEG (ou si possible au TIFF) si vous débutez en photo. Franchement, le traitement appliqué à ces fichiers d'image est au moins aussi efficace, sinon mieux, que celui que vous leur infligeriez avec un logiciel de retouche.

DNG

En réponse à la tendance des fabricants de matériel photo à ne concocter que leurs propres formats Raw, Adobe System a développé DNG (*Digital Negative*), un format qu'il espère imposer universellement. Il est vrai que cette tour de Babel des formats ne fait pas l'affaire des programmeurs de logiciels de retouche, qui doivent faire en sorte que leurs créations s'accommodent d'une multitude de formats, et elle ne fait pas davantage l'affaire des utilisateurs, pour qui cette diversité est source de complications. Le problème ne se pose pas véritablement pour l'utilisateur Lambda, mais bien plutôt pour les agences de photo ou de publicité qui doivent travailler sur des fichiers Raw de diverses provenances. De plus, le risque existe que les logiciels à venir ne supportent plus les premières versions de fichiers Raw, laissant leurs propriétaires avec des images qui ne peuvent plus être ouvertes (souvenez-vous du format vidéo Betamax et de l'enregistrement audio sur huit pistes, et plus récemment du format DVD-HD, évincé par le Blu-Ray).

L'objectif du DNG est d'imposer un standard de format de fichier de données brutes que tout fabricant de matériel photo pourra adopter. Plusieurs dizaines d'éditeurs de logiciels (Apple, Canto, Extensis…) l'ont déjà intégré à leurs produits et des fabricants comme Hasselblad, Leica, Ricoh et Samsung l'ont intégré à certains de leurs appareils. Si vous voulez convertir vos fichiers Raw en fichiers DNG, téléchargez l'outil gratuit DNG Converter depuis le site d'Adobe (`www.adobe.fr`). Il prend en charge les fichiers de la plupart des marques d'appareils photo. Mieux : le format Raw de l'appareil photo peut être incorporé à l'intérieur même du fichier DNG qui contient alors deux images, celle issue du capteur de l'appareil photo, exploitable aussi longtemps que le photographe le désire, et l'image convertie en DNG, qu'il utilisera le jour où le fabricant de matériel photo aura cessé de soutenir son format propriétaire.

Rien ne garantit que le format DNG existe encore dans un siècle, et pour le moment, certains logiciels ne savent pas encore ouvrir ce format. Mais quand on voit comment Adobe a réussi à imposer le PDF pour les documents textuels, on peut être optimiste pour le format DNG.

Pour ma part, je trouve le format Raw trop compliqué à gérer. Les seules fois où je l'utilise, c'est quand le résultat recherché ne peut être obtenu avec les formats JPEG ou bien TIFF. C'est le cas, par exemple, pour des éclairages particulièrement difficiles, quand il est quasiment impossible d'équilibrer à la fois la couleur, l'exposition et le contraste. Le format Raw permet de contrôler très étroitement ces paramètres en postproduction.

TRUC

Certains appareils photo proposent un choix JPEG + Raw. Dans ce cas, deux fichiers sont produits, dans chacun des formats. Cela est commode pour disposer à la fois d'une image brute et d'une autre, prête à être partagée sur le Web, mais bien sûr, cette option consomme beaucoup plus de place en mémoire.

Régler le nombre de pixels (résolution)

N'OUBLIEZ PAS

Selon le modèle d'appareil photo, vous aurez le choix entre deux résolutions, ou davantage. Cette option définit le nombre total de pixels de l'image, et non le nombre de pixels par pouce (ppp). Vous configurez ce dernier dans le logiciel de retouche, avant d'imprimer la photo (reportez-vous au Chapitre 2 pour en savoir plus).

Le choix de la résolution se présente différemment d'un appareil à un autre. Vous aurez soit un sélecteur de dimensions, comme sur l'illustration supérieure de la Figure 5.7, soit un indicateur de la quantité de pixels

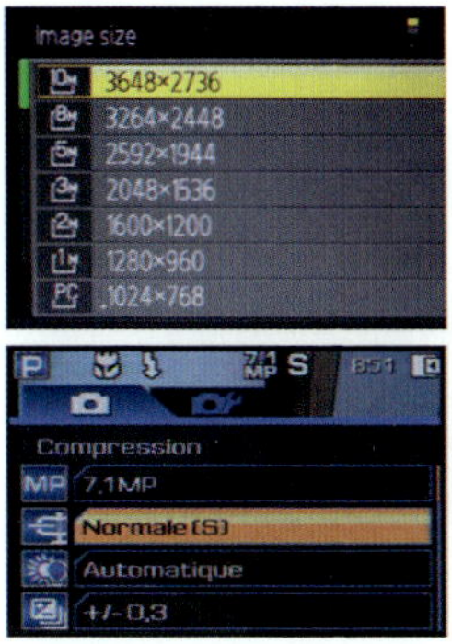

Figure 5.7 : Du nombre de pixels à la prise de vue dépend la taille maximale du tirage imprimé.

exprimée en mégapixels (MP), comme sur l'illustration inférieure. D'autres appareils affichent une indication plus vague, comme Normal, Fin ou Très fin, une notion qui englobe généralement le nombre de pixels, le format de fichier et le taux de compression. Le manuel de votre appareil devrait vous indiquer à quoi correspondent les résolutions ainsi que le nombre de pixels de chacune d'elles.

Pensez toujours à l'impression lorsque vous choisissez une résolution. Pour des images destinées au Web, 640 x 480 pixels, voire 320 x 240 sont suffisants. Mais si vous désirez les imprimer, choisissez la résolution la plus proche – en pixels par pouce, ou *ppp* – de celle recommandée par le manuel de l'imprimante (inutile cependant de dépasser 300 ppp).

Là encore, le Chapitre 2 explique tout ceci en détail, avec des illustrations démontrant l'effet du nombre de pixels sur la qualité finale. Le Tableau 5.1 indique le nombre de pixels minimal nécessaire pour produire un tirage de qualité acceptable aux dimensions d'impression standard. À cette fin, nous présumons que la résolution d'impression de l'image est de 200 points par pouce (elle peut même être inférieure; faites des essais). Pour vous rappeler combien un choix erroné de la résolution peut être dommageable, la Figure 5.8 montre des exemples de résolution faible, moyenne et élevée issus du Chapitre 2.

Tableau 5.1 : Combien de pixels pour une bonne impression ?

Dimensions du tirage (cm)	*Pixels à 200 ppp*	*Mégapixels (approximatif)*
10 x 15 800 x 1 200 1		
13 x 18 1 000 x 1 400	1,5	
20 x 25 1 600 x 2 000	3	
30 x 40 2 200 x 2 800	6	

Figure 5.8 : Une faible résolution produit un mauvais tirage.

Gardez ces quelques recommandations à l'esprit :

- Plus les pixels sont nombreux, plus le tirage peut être de grande taille et plus l'image consomme de la mémoire. Si la mémoire de votre appareil est limitée, et que vous photographiez en un lieu où il n'est pas possible de transférer les images, vous devrez choisir une résolution moindre afin d'arriver à stocker davantage de photos. Ou alors, vous devriez pouvoir réduire la taille des fichiers en choisissant un autre format d'image et en recourant à un taux de compression plus élevé, comme nous l'avons expliqué précédemment dans ce chapitre.
- Des appareils proposent un double enregistrement de la photo : en haute résolution pour l'impression et simultanément à une taille moindre pour le Web.
- Le réglage de la résolution de votre appareil ne correspondra peut-être pas exactement aux valeurs du Tableau 5.1, car le rapport largeur/hauteur des photos numériques est différent de celui de la photo

argentique. Le rapport classique largeur/hauteur d'une photo numérique est de 4:3 – soit quatre unités en largeur et trois en hauteur –, c'est-à-dire celui d'un écran informatique, alors que le rapport du film 24 x 36 est de 3:2, d'où le format standard des tirages de 10 x 15 cm. Pour la résolution à la prise de vue, efforcez-vous de choisir celle qui se rapproche au plus près des chiffres du Tableau 5.1.

Certains modèles d'appareils proposent cependant une résolution de 3:2 équivalente au 24 x 36. Les modèles récents proposent même une résolution en 16:9, qui est celle des écrans de télévision panoramiques.

- Les chiffres du Tableau 5.1 s'appliquent à l'impression de la totalité de l'image. Si vous la recadrez, il faudra une résolution plus élevée pour compenser la perte des parties éliminées.
- Quelques appareils réduisent automatiquement la résolution dans certaines conditions. Par exemple, beaucoup d'appareils proposent un mode Rafale permettant de photographier une succession rapide de vues (nous y reviendrons au Chapitre 7).

Couleurs et balance des blancs

Les sources de lumière se caractérisent par leur *température de couleur*. Cette dernière est la lumière émise par un corps noir lorsqu'il est chauffé. Elle est mesurée en Kelvin. Sur cette échelle, 0 Kelvin correspond au zéro absolu, soit -273, 15° Celsius.

L'échelle de la Figure 5.9 montre la température de couleur émise par diverses sources lumineuses. Celle du soleil à midi est de 5500 K. La température de couleur d'une ampoule à incandescence, qui est de 3000 K, tire sur l'orangé tandis qu'une température de couleur élevée, comme celle de la neige, est riche en bleu.

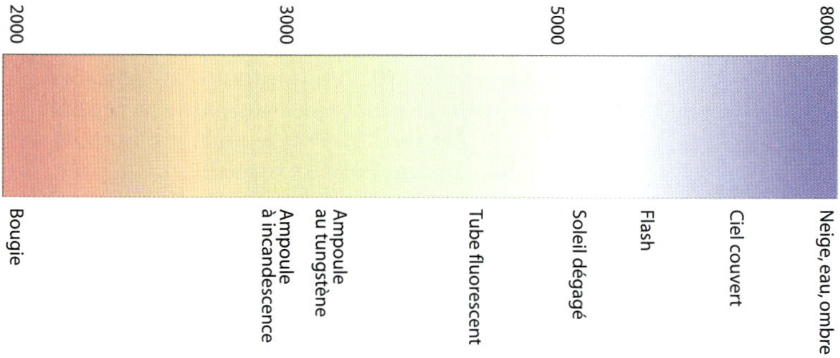

Figure 5.9 : Chaque source de lumière se caractérise par une dominante de couleur.

Ce qu'il faut retenir, à propos de la température de couleur, est qu'elle se manifeste sur les photographies, alors que l'œil, lui, compense naturellement la dominante correspondante. Par exemple, si vous lisez sous un éclairage fluorescent, les pages vous paraissent blanches. Mais si vous prenez une photo, vous remarquerez une dominante verte, qui découle de la température de couleur de ce type d'éclairage.

En photographie argentique, il existe des films équilibrés pour telle ou telle température de couleur ou corrigés par des filtres. En revanche, en photo numérique, la correction de la dominante de couleur s'effectue en réglant la *balance des blancs.* Ce procédé consiste à fausser la perception du rouge, du bleu et du vert par le capteur photosensible afin de compenser la dominante introduite par la température de couleur. Ainsi, toutes les couleurs de la scène sont fidèlement restituées.

La plupart des appareils photo numériques règlent automatiquement la balance des blancs, mais beaucoup permettent aussi de la contrôler manuellement. Pourquoi ? Parce qu'il arrive parfois que cette balance automatique ne soit pas suffisante pour supprimer la dominante de couleur. Si vous remarquez qu'un blanc n'est pas véritablement blanc, ou qu'une teinte uniforme apparaît sur toute l'image, un autre réglage de la balance du blanc pourra y remédier. Le Tableau 5.2 montre les réglages les plus courants.

Tableau 5.2 : Les modes de balance du blanc.

Option	*Utilisation*
Jour	Extérieur par temps clair.
Nuageux	Extérieur par temps couvert.
Fluorescent	Intérieur. Eclairage par des tubes à fluorescence.
Lumière artificielle	Intérieur. Eclairage par des ampoules à incandescence.
Flash	Flash intégré ou couplé.

La Figure 5.10 montre l'effet des réglages de la balance des blancs. Les photos ont été prises avec un appareil Nikon. Normalement, comme sur tous les appareils, le réglage automatique fonctionne parfaitement. Mais cette scène pose un problème à l'appareil car elle est éclairée par trois sources différentes : un plafonnier fluorescent, de la lumière du jour qui arrive par une fenêtre située à droite de l'image et, histoire de compliquer la situation, l'éclair du flash intégré.

En mode Automatique, l'image présente une légère dominante jaunâtre. Elle tient au fait que, dans ce mode, l'appareil que j'ai utilisé sélectionne la balance du blanc pour le flash. C'est ce qui explique la similitude des résultats des modes Flash et Automatique. Le mode Flash ne corrige cependant le blanc que pour la lumière du flash, sans tenir compte des deux autres sources qui éclairent le sujet. De tous les modes, Fluorescent est le plus approprié car il restitue le plus fidèlement les couleurs, suivi de près par le mode Lumière du jour.

N'OUBLIEZ PAS

Bien que la balance des blancs serve avant tout à améliorer le rendu des couleurs, certains photographes s'en servent pour imiter les effets d'un filtre classique, par exemple pour réchauffer les couleurs. Comme le montre la Figure 5.10, il est possible de créer diverses atmosphères en variant simplement cette balance. Le résultat final dépend des conditions d'éclairage.

Si votre appareil ne permet pas de choisir la balance des blancs, ou si vous avez oublié de la régler au moment de la prise de vue, vous pourrez, au moment de l'édition de la photo, éliminer la dominante, ou encore réchauffer ou bien refroidir les couleurs. Le Chapitre 11 est consacré à la correction des couleurs.

Figure 5.10 : La balance des blancs affecte la perception de la couleur.

Traiter l'image à la prise de vue

Vous découvrirez sans doute, en parcourant les menus de votre appareil, un réglage de la saturation des couleurs, du contraste et d'autres aspects de l'image. En photo argentique, ces paramètres sont contrôlés lors du développement du film et du tirage. En photo numérique, ils sont appliqués directement à l'image, sauf si vous avez opté pour le format Raw, décrit précédemment dans ce chapitre.

Comme chaque appareil applique ces traitements différemment, vous devrez procéder à des essais pour voir quels avantages ils apportent. Personnellement, je préfère intervenir par la suite, dans le logiciel de retouche, d'une part parce que je bénéficie d'un plus grand contrôle sur les opérations, et d'autre part parce que l'écran de l'appareil n'affiche pas toujours une image exacte de la photo.

ATTENTION

L'une des options dont vous devez particulièrement vous méfier est le mode Netteté, qui renforce le contraste pour donner l'illusion d'une meilleure définition. Si vous y tenez, sachez que cet effet est facile à appliquer dans un logiciel de retouche. En revanche, corriger une photo prise en mode Netteté – qui présente du grain – est difficile.

Enfin, de nombreux appareils proposent des modes noir et blanc ou sépia (Figure 5.11). Ces options fonctionnent bien, mais vous ne pourrez plus obtenir la photo en couleurs. Dans le doute, photographiez systématiquement en couleurs, puis convertissez-les en noir et blanc ou en sépia à l'aide de votre logiciel de retouche. La plupart proposent des filtres qui réalisent cette opération d'un seul clic.

Figure 5.11 : Beaucoup d'appareils photo permettent de photographier en noir et blanc et en sépia.

6

L'exposition et la mise au point

Dans ce chapitre :

- Régler la sensibilité ISO.
- Mieux utiliser l'exposition automatique.
- Priorité à la vitesse et priorité à l'ouverture.
- Les modes de mesure de l'exposition.
- La compensation IL.
- Utiliser différemment le flash.
- Eclairer des objets brillants.
- La mise au point.
- La profondeur de champ.
- Savoir exploiter les modes Scène.

Comprendre les aspects numériques de votre appareil – la résolution, la balance des blancs… – est important, mais cela ne saurait vous dispenser d'acquérir les bases de la photo, notamment l'exposition et la mise au point. Tous les mégapixels du monde ne pourront rien si votre image est trop sombre, trop claire ou floue.

Nous avons vu au Chapitre 2 les bases de l'exposition et étudié les interactions entre la vitesse d'obturation, l'ouverture et la sensibilité ISO. Au Chapitre 3, vous avez appris ce qu'est une mise au point. Ce chapitre fournit des conseils et des astuces qui vous permettront de mieux contrôler l'exposition et la mise au point. Lorsque vous maîtriserez ces notions, vous pourrez donner libre cours à votre créativité.

La sensibilité ISO

Comme vous l'avez appris au Chapitre 2, la quantité de lumière qui pénètre dans l'appareil dépend de l'ouverture du diaphragme et de la vitesse d'obturation. La quantité de lumière nécessaire pour obtenir une photo correctement exposée dépend, elle, de la sensibilité de la surface : le film en photo argentique, le capteur en photo numérique.

La sensibilité d'un film est indiquée par sa valeur ISO. Plus elle est élevée, plus le film réagit à la lumière, permettant de photographier en lumière faible, ou avec un diaphragme très fermé, ou encore à une vitesse très élevée.

Presque tous les appareils numériques, sinon la totalité, sont dotés d'un réglage ISO qui, théoriquement, octroie la même souplesse que le travail avec des films de différentes sensibilités. Je dis « théoriquement » car l'augmentation de la valeur ISO présente un sérieux inconvénient, à savoir l'apparition d'un *bruit* optique. Il se manifeste par des pixels colorés aléatoires qui donnent un aspect granuleux à l'image. Les films présentent un phénomène apparenté, appelé grain, lui aussi d'autant plus marqué que la sensibilité est élevée, mais il est plus régulier et plus esthétique que le bruit optique, qui salit littéralement la photo.

La Figure 6.1 montre l'effet du réglage ISO sur la qualité. Les quatre photos ont été prises en mode automatique mais avec une sensibilité de 200, 400, 800 et 1 600 ISO (avec un appareil haut de gamme, car le résultat risquerait d'être encore bien pire avec un compact ou un bridge). L'intervalle entre les valeurs – remarquez la progression arithmétique – correspond à une valeur standard de diaphragme ou de vitesse.

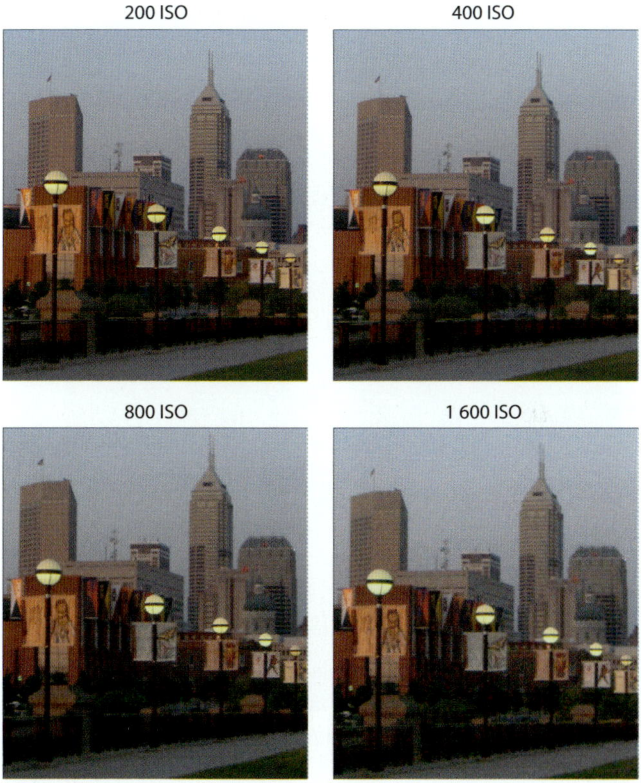

Figure 6.1 : Augmenter la valeur ISO augmente la sensibilité à la lumière, mais produit un défaut appelé « bruit ».

Quand une photo est tirée en petit format, le bruit est à peine décelable. L'image paraît seulement un peu enveloppée, comme sur la Figure 6.1. En revanche, comme le révèle la Figure 6.2, le bruit est apparent lorsqu'elle est agrandie.

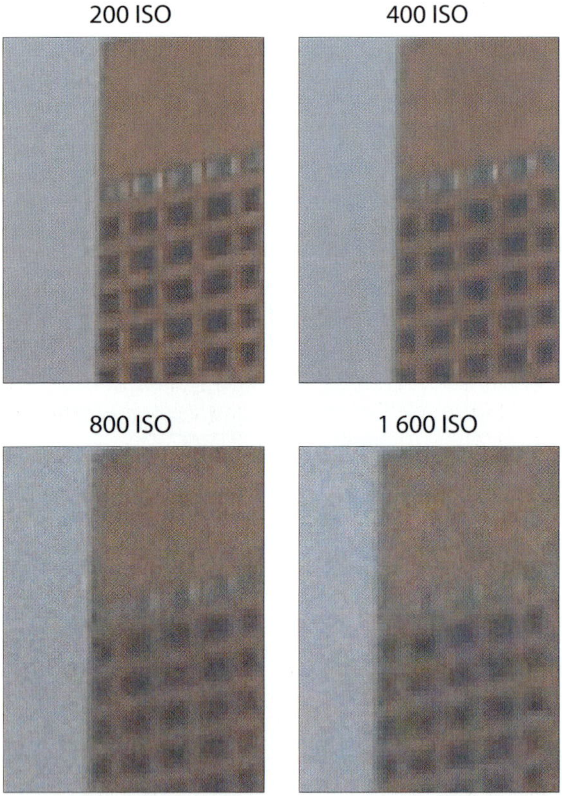

Figure 6.2 : Le bruit est surtout visible sur les forts agrandissements.

Dans certaines conditions, vous êtes obligé d'augmenter la sensibilité. Si j'avais attendu que le crépuscule soit plus avancé, il aurait été impossible de travailler avec les sensibilités les plus faibles. Pour photographier un sujet en mouvement, vous devez aussi augmenter la sensibilité afin de pouvoir utiliser une vitesse d'obturation élevée capable de figer l'action.

Faites des essais à diverses sensibilités ISO et ne choisissez les plus élevées que si vous n'avez pas d'autre choix. Pour une qualité optimale, travaillez avec une valeur ISO faible (typiquement 100 ISO).

ATTENTION

Je déconseille le réglage automatique de la sensibilité ISO, car l'appareil risque de choisir une valeur produisant beaucoup trop de bruit. Il est préférable de contrôler vous-même ce paramètre.

L'exposition automatique

La plupart des appareils photo numériques, du plus rudimentaire au reflex le plus perfectionné, offrent un mode d'exposition automatique : l'appareil règle tout seul la quantité de lumière nécessaire.

ATTENTION

Le système d'exposition automatique des appareils récents produit de très bons résultats, à condition toutefois de procéder comme suit :

1. **Cadrez le sujet.**

2. **Appuyez très légèrement sur le déclencheur, à mi-course.**

   L'appareil analyse la scène et règle l'exposition. Si la mise au point automatique est enclenchée (voir la section « La mise au point automatique »), le réglage de distance s'effectue simultanément. Généralement, un voyant lumineux ou un petit signal sonore indique que la photo peut être prise (à moins qu'un signal ne vous informe que les conditions de prise de vue sont trop mauvaises pour espérer réussir quoi que ce soit). Les paramètres de prise de vue sont mémorisés pendant tout le temps que le déclencheur est maintenu à mi-course.

3. **Appuyez complètement sur le déclencheur pour prendre la photo.**

Sur les appareils bon marché, il n'existe que deux modes d'exposition automatique : l'un pour la photo en lumière forte, l'autre pour la photo en lumière moyenne. Sur les appareils haut de gamme, vous disposez d'un meilleur contrôle de l'exposition.

Choisir un mode de mesure

La Figure 6.3 montre des exemples de mesures de l'exposition. À gauche, la photo a été prise en mesure matricielle. Comme le fond est très sombre et que l'appareil a tenté de l'éclaircir, la rose est d'autant plus surexposée. Tous les détails sont perdus dans les pétales.

Figure 6.3 : Optez pour la mesure ponctuelle ou la mesure centrale pondérée si le sujet est beaucoup plus clair ou plus foncé que l'arrière-plan.

Choisir la mesure ponctuelle expose correctement la rose blanche, mais la rose rouge est trop sombre. La meilleure exposition est produite par la mesure centrale pondérée. Mais si la rose rouge ne faisait pas partie de l'image, j'aurais préféré la mesure centrale car elle donne plus de profondeur au sujet.

Vous pouvez tirer parti de la mesure ponctuelle ou de la mesure centrale pondérée même si le sujet n'occupe pas le centre de l'image. Commencez par centrer le sujet et appuyez sur le déclencheur à mi-course afin de mesurer la lumière puis cadrez à votre guise. Tant que le déclencheur est légèrement enfoncé, l'appareil conserve les mêmes réglages.

Bien sûr, opter pour la mesure ponctuelle ou pour la mesure centrale pondérée peut assombrir ou éclaircir le fond. Pour corriger cet inconvénient, reportez-vous à la section « Compenser le contre-jour », plus loin dans ce chapitre.

Sachez que de légers problèmes d'exposition peuvent aussi être corrigés dans un logiciel de retouche. En règle générale, il est plus facile de corriger une photo trop sombre qu'une photo surexposée, trop claire (car cette dernière contiendra moins d'informations utiles). De ce fait, si vous avez le choix, optez plutôt pour une sous-exposition.

Le mode semi-automatique

Les appareils perfectionnés permettent de privilégier le diaphragme ou la vitesse lors des prises de vues. Ces options autorisent un meilleur contrôle de l'image.

- **La priorité à l'ouverture :** vous gardez le contrôle sur le diaphragme. Après l'avoir réglé, vous cadrez puis vous appuyez sur le déclencheur afin que l'appareil fasse la mise au point et définisse l'exposition, comme vous le feriez en mode automatique. Mais cette fois l'appareil est assujetti à l'ouverture que vous imposez. Il sélectionne alors la vitesse d'obturation appropriée.

  En modifiant l'ouverture, vous contrôlez la profondeur de champ. Cette importante notion est expliquée à la fin de ce chapitre.

- **La priorité à la vitesse :** vous choisissez la vitesse d'obturation. L'appareil se base sur ce réglage pour définir automatiquement l'ouverture appropriée.

Théoriquement, l'exposition devrait être identique, que vous optiez pour la priorité à la vitesse ou pour la priorité à l'ouverture. En principe. Mais n'oubliez pas un détail : vous travaillez avec une plage limitée de vitesses d'obturation et d'ouvertures. Ainsi, selon les conditions d'éclairage de la scène, l'appareil sera ou non capable de compenser correctement la vitesse d'obturation ou l'ouverture.

Supposons que vous preniez des photographies à l'extérieur par une belle journée ensoleillée. Vous enregistrez votre premier cliché à une ouverture de f/11. L'image est géniale. Vous prenez une seconde photo, avec cette fois une ouverture de f/4. Résultat : l'appareil sera incapable de compenser cette grande ouverture faute de disposer d'une vitesse d'obturation suffisamment élevée, et l'image sera de ce fait surexposée.

1/60e   1/300e

Figure 6.4 : Avec une faible vitesse d'obturation, les sujets en mouvement sont flous (à gauche) tandis qu'une vitesse plus élevée les fige.

Voici un autre exemple : vous essayez de photographier un joueur de tennis en pleine action. Ce jour-là, le temps est maussade, la lumière plutôt grise. Vous savez que la netteté ne sera acquise qu'avec une vitesse d'obturation très rapide, puisque les sujets sont en mouvement. Vous donnez alors la priorité à la vitesse en sélectionnant 1/500e de seconde. Mais, au regard des conditions d'éclairage, l'appareil sera incapable de compenser par une ouverture de diaphragme suffisante. Résultat : l'image sera sous-exposée.

Tant que vous tenez compte de la plage disponible pour les rapports entre vitesse d'obturation et diaphragme, le choix entre les deux sera bénéfique dans les situations suivantes :

- **Vous essayez de photographier une scène d'action, mais la vitesse d'obturation imposée par le mode automatique est trop faible.** Sur la Figure 6.4, une vitesse de 1/60e de seconde est insuffisante : les enfants sont flous. En donnant priorité à la vitesse, l'obturateur a été réglé au 1/300e, ce qui a permis de figer les mouvements (Notez que la vitesse appropriée dépend de la rapidité à laquelle le sujet bouge).

Figure 6.5 : Une faible vitesse d'obturation, à droite, donne à l'eau un aspect filandreux.

- **Vous souhaitez volontairement utiliser une vitesse d'obturation plus faible pour obtenir un effet de flou** – un filé – qui renforce l'impression de mouvement. Par exemple, photographier une cascade à faible vitesse produit un effet filandreux comme le montre la Figure 6.5. À gauche, la photo a été prise au 1/200e, à droite au 1/20e.
- **Vous désirez régler la profondeur de champ.** Plus l'objectif est ouvert, plus la profondeur de champ est réduite. Reportez-vous à la dernière section de ce chapitre pour plus de détails.

Compenser l'exposition

Que vous travailliez en mode automatique ou semi-automatique, vous pouvez corriger l'exposition en modifiant l'indice de lumination (IL). Cet indice correspond à un couple vitesse-diaphragme.

La correction de l'exposition est définie par une échelle graduée ainsi : -0.7, -0.3, 0.0, +0.3, +0.7, où 0.0 représente la valeur d'exposition par défaut, par tiers de stop (un *stop* est un intervalle entre deux diaphragmes ou deux vitesses standard).

Figure 6.6 : L'exposition automatique produit une image un peu trop claire à mon goût.

N'OUBLIEZ PAS

Quel que soit le mode choisi, la correction de l'exposition fonctionne toujours de la même manière :

- Pour éclaircir l'image, augmentez l'indice de lumination.
- Pour assombrir l'image, réduisez l'indice de lumination.

La plage des indices de lumination – et par conséquent les possibilités de correction – est différente d'un appareil à un autre. Les Figures 6.6 à 6.8 montrent les effets de la correction.

Figure 6.7 : Pour assombrir l'image, réduisez la correction.

La photo de la bougie met en évidence les avantages de la compensation de l'exposition. Je voulais obtenir une exposition suffisamment sombre pour mettre en valeur la flamme et pour souligner le contraste entre les rais de lumière et d'ombre filtrés par un store en bois. L'exposition normale (0.0) était un peu trop claire. J'ai donc joué sur l'indice de lumination jusqu'à ce que j'obtienne la densité d'ombre et de lumière désirée, c'est-à-dire une correction de -0.3.

Figure 6.8 : Pour éclaircir l'image, augmentez la correction.

Si l'appareil offre des modes de mesure, n'hésitez pas à les tester au même titre que la compensation. Un mode de mesure indique sur quelle partie de l'image la mesure doit être effectuée. Pour la photo de la bougie, j'ai utilisé la mesure matricielle, qui prend en compte la totalité du champ.

Utiliser un flash

Si les techniques précédentes ne permettent pas d'exposer correctement le sujet, vous devrez apporter la lumière manquante. Le choix évident est alors le flash.

La plupart des appareils sont équipés d'un flash incorporé fonctionnant en plusieurs modes. En plus du mode automatique où l'appareil définit la durée de l'éclair selon l'éclairage ambiant et la distance du sujet, vous avez généralement le choix entre les modes Flash d'appoint ou de remplissage, Flash désactivé, Réduction des yeux rouges et Synchronisation lente (pour la photo de nuit). Les appareils les plus perfectionnés permettent d'utiliser un flash externe.

Flash d'appoint (ou forcé)

Ce mode déclenche le flash indépendamment de la lumière existante. Il est particulièrement utile pour les portraits en extérieur, comme celui de la Figure 6.9. Comme la photo est prise en plein jour, l'appareil estime que le flash n'est pas nécessaire. Or, une ombre très dense marque le regard. Le mode Flash d'appoint a débouché l'ombre, dévoilant les yeux du sujet.

Figure 6.9 : Un flash d'appoint débouche les ombres.

Flash inactif

Choisissez cette option lorsque vous désirez ne pas utiliser le flash. Par exemple, le flash est à proscrire lorsqu'un élément réfléchissant (vitre, verre recouvrant un tableau…) ou très brillant se trouve dans le champ, car la réflexion crève littéralement l'image, ne laissant qu'une tache toute blanche à cet endroit. La section « Éclairer des objets brillants », un peu plus loin, explique comment résoudre ce problème.

Vous désactiverez aussi le flash lorsque vous désirez préserver l'atmosphère d'une scène, comme ce fut le cas pour la photo de la bougie à la Figure 6.6. Les jeux d'ombre et de lumière, qui donnent tout son charme à cette image, auraient été écrasés. Utilisez le flash, et vous n'aurez plus qu'une photo sans intérêt.

ATTENTION

Quand le flash est désactivé, l'appareil risque de réduire la vitesse d'exposition si la lumière est insuffisante. Dans ce cas, vous devrez l'immobiliser, soit en le plaçant sur un trépied, soit en le calant fermement contre votre visage.

Réduction des yeux rouges

Tous les utilisateurs d'appareils à flash incorporé, qu'ils soient argentiques ou numériques, ont été confrontés à ce problème. Ce phénomène est dû à la réflexion de la lumière du flash sur la rétine du sujet. La technique utilisée pour le réduire est simple : un ou deux préflashs atténués provoquent la contraction de la pupille, réduisant le risque de réflexion, aussitôt suivi de l'éclair du flash.

Ce système, s'il est performant, n'est pas infaillible. C'est pour cela qu'il est question de *réduction* et non de *suppression* du phénomène des yeux rouges. Pire, le sujet croit parfois, dès les préflashs, que la photo est prise et se détourne. C'est pourquoi, quand vous activez le dispositif anti-yeux rouges, il vaut mieux prévenir ceux que vous photographiez.

Comme vous photographiez en numérique, la correction peut s'effectuer directement sur l'image. Certains appareils sont dotés d'une fonction de réduction automatique des yeux rouges qui traite l'image après la prise de vue. Sinon, vous pouvez aussi corriger l'effet avec un logiciel de retouche.

Figure 6.10 : Une synchronisation lente du flash permet de mieux exposer l'arrière-plan.

Flash à synchronisation lente

Il augmente le temps d'exposition normalement défini pour une prise de vue avec flash.

Avec un flash classique, le sujet est éclairé, mais l'arrière-plan, qui est hors de portée de l'éclair, reste dans le noir comme le montre l'illustration du haut, sur la Figure 6.10. Une durée d'exposition plus lente permet de laisser pénétrer plus de lumière ambiante dans l'appareil, d'où un environnement plus clair. C'est ce vous pouvez constater sur l'illustration du bas, toujours sur la Figure 6.10.

Savoir s'il faut exposer aussi pour l'arrière-plan dépend de l'atmosphère que vous désirez donner à la photo. Sachez toutefois que la pose longue qu'impose la synchro lente risque de produire une image floue. Le sujet et l'appareil doivent tous deux être parfaitement immobiles durant l'exposition. À titre indicatif, les photos de la Figure 6.10 ont été prises, l'une au 1/60e, l'autre à cinq secondes de pose. De plus, les couleurs de la photo prise en synchro lente risquent d'être un peu plus chaudes en raison de la température de couleur de l'environnement, un phénomène évoqué au Chapitre 5.

Flash externe

Les appareils haut de gamme permettent d'utiliser un flash séparé. Dans ce cas, le flash incorporé est désactivé. Cette possibilité est très prisée par les amateurs avertis et les professionnels, car elle permet de travailler parfaitement l'éclairage.

TRUC

Si votre appareil n'est pas équipé d'une griffe ou d'une prise pour un flash externe, vous pourrez néanmoins utiliser un flash asservi. Placé à l'endroit qui vous convient, il est automatiquement déclenché par le flash incorporé de l'appareil photo. Vous l'utiliserez par exemple pour produire un éclairage indirect, en l'orientant vers le plafond ou un mur clair. Mais attention à bien vérifier, avant tout achat, que tel ou tel modèle de flash asservi est bien compatible avec votre appareil photo.

ATTENTION

Mais c'était parfait sur l'écran LCD !

L'écran de contrôle de l'appareil donne une bonne idée de l'exposition de votre image, mais ne vous y fiez pas entièrement car le rendu n'est pas très fidèle. Bien souvent, la photo sera plus claire ou plus sombre que ce qui apparaît dans le petit moniteur, surtout si votre appareil permet de régler sa luminosité.

Pour être certain d'obtenir au moins une photo correctement exposée, prenez-en plusieurs en activant l'exposition multiple, si votre appareil le permet. Il suffira alors d'appuyer longuement sur le déclencheur pour prendre plusieurs fois la même photo mais à différentes valeurs d'exposition.

Les éclairages auxiliaires

Bien que le flash soit commode, il n'offre pas que des avantages. À faible distance, il a tendance à surexposer complètement le sujet, d'où les portraits du genre « fromage blanc ». Sans parler des yeux rouges…

Certains appareils acceptent un flash auxiliaire qui, placé à bonne distance, réduira le risque de surexposition. Si le vôtre n'offre pas cette option, il sera préférable de désactiver le flash et d'éclairer la scène avec une autre source.

Les photographes avertis ou les professionnels ont la chance de disposer d'un studio équipé de projecteurs et de réflecteurs. Mais si vous n'avez pas cet équipement, songez à investir dans un ou deux projecteurs à lampe survoltée, semblables à ceux utilisés pour la vidéo.

Pour autant, la plupart d'entre vous n'ont comme seul studio que leur cuisine, leur salon ou leur salle à manger. Il va falloir bricoler. Souvent, un simple morceau de carton blanc fera office de réflecteur de fortune. La Figure 6.11 montre un studio improvisé.

Figure 6.11 : Avec quelques lampes de bureau, un trépied et du carton, vous pouvez improviser un studio.

TRUC

Evitez d'orienter les projecteurs directement sur le sujet. Placez-les toujours de manière à obtenir un éclairage indirect. Par exemple, dans une configuration comme celle de la Figure 6.11, la lumière doit être dirigée vers les panneaux réflecteurs. Vous obtiendrez ainsi un meilleur modelé du sujet et des ombres très douces.

ATTENTION

Si vous placez votre ministudio près d'une fenêtre, rappelez-vous que la température de couleur de la lumière artificielle est différente de celle de la lumière du jour. Faites quelques tests et, si les photos présentent une dominante de couleur indésirable, réglez la balance des blancs. Une autre solution consiste à utiliser des ampoules de type « lumière du jour ». Le Chapitre 5 donne des précisions sur la balance des blancs.

Éclairer des objets brillants

Lorsque vous photographiez des objets qui brillent, comme des bijoux, du verre, du chrome ou de la porcelaine, la lumière est un vrai problème. Toute source lumineuse qui frappe directement l'objet produit une zone de réflexion intense comme sur l'image de gauche de la Figure 6.12. De plus, d'autres objets peuvent se refléter à la surface de l'objet photographié.

Figure 6.12 : Un éclairage direct produit des reflets crevés (à gauche), tandis qu'un éclairage diffus produit un beau modelé.

Pour éviter ces problèmes, les photographes professionnels ont recours à des éclairages très sophistiqués. Si vous n'avez pas les moyens de vous équiper, voici quelques conseils pour photographier des objets brillants (avant par exemple de les mettre en vente sur eBay) :

- **Désactivez le flash intégré et éclairez les objets autrement.** Le flash incorporé produit une lumière dure et puissante, source de problèmes. Consultez les précédentes sections de ce chapitre pour savoir comment obtenir une bonne exposition sans recourir au flash.

- **Essayez de diffuser la lumière.** Par exemple, placez un voile ou une feuille blanche entre la source de lumière et l'objet, pour adoucir son impact et prévenir tout effet étincelant ainsi que les réflexions parasites.
- **Si vous photographiez fréquemment des objets brillants,** achetez une boîte à lumière semblable au Cloud Dome que montre la Figure 6.13. Placez l'objet dessous puis fixez l'appareil photo sur le support situé au sommet. Le dôme diffuse la lumière dirigée dessus, et empêche l'environnement de se refléter sur le sujet.

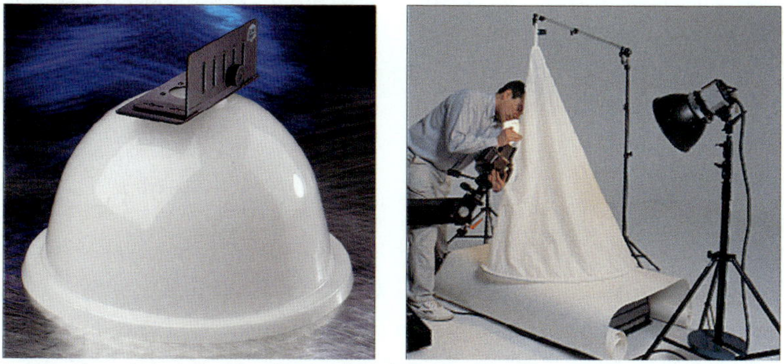

Avec l'aimable autorisation de Cloud Dome, Inc et Lastolite Limited.

Figure 6.13 : Des dispositifs comme le Cloud Dome (à gauche) ou la tente Lastolite (à droite) facilitent la photographie des objets brillants.

Une boîte à lumière telle que le Cloud Dome (`www.cloudome.com`) est vendue à partir de 200 dollars. Des extensions permettent par exemple de photographier des objets plus gros. Une autre option consiste à recourir à une sorte de tente conique, à travers laquelle vous photographiez. Lastolite (`www.lastolite.com`) propose différents modèles, à partir de 65 dollars pour celle de 50 cm de diamètre. Vous pouvez également trouver pour des tables photographiques, qui sont des sortes de fauteuils hauts pour y placer les objets (à partir d'une centaine d'euros).

Compenser le contre-jour

Un *contre-jour* se produit lorsque le sujet est placé devant une source de lumière. Cet éclairage fausse la mesure automatique de la lumière, assombrissant ainsi le sujet. La première des photos de la Figure 6.14 est un exemple classique. Elle a été prise au milieu de la matinée, alors que le soleil était encore derrière la statue, comme le révèlent les reflets sur les épaules.

Figure 6.14 : Un éclairage à contre-jour risque d'entraîner une sous-exposition du sujet (à gauche). Choisissez un autre mode de mesure (au milieu), ou corrigez l'exposition, ou bien utilisez un flash d'appoint. Ou les trois à la fois (à droite).

Excusez-moi, vous pourriez éteindre le soleil ?

Ajouter de la lumière est plus facile que d'en enlever. En extérieur, atténuer la lumière du jour n'est pas envisageable. Vous devrez trouver d'autres solutions : placer le sujet à l'ombre, où vous utiliserez un flash d'appoint ou encore, corriger l'exposition. De grands panneaux de carton gris neutre, tenus par un ou deux assistants entre le sujet et le soleil, peuvent être utiles. En les orientant judicieusement, vous pourrez même travailler la lumière.

Pour remédier à cette situation, je vous propose plusieurs solutions :

- **Déplacez le sujet de telle sorte que la source de lumière ne se trouve plus derrière lui.** Mais pour la statue de la Figure 6.14, ce n'est pas envisageable.
- **Placez-vous ailleurs pour changer d'angle de prise de vue.** Là encore, pour la statue, c'est raté…
- **Si l'appareil photo le permet, choisissez la mesure ponctuelle ou centrale pondérée.** Pour la photo du milieu, sur la Figure 6.14, j'ai choisi la mesure ponctuelle. L'image est meilleure mais la statue est encore un peu sous-exposée.
- **Leurrez l'exposition automatique.** Visez un élément relativement sombre, appuyez légèrement sur le déclencheur pour mémoriser la valeur d'exposition ainsi calculée par votre appareil, cadrez le sujet et prenez la photo.

  ATTENTION

  N'oubliez pas que la mise au point est aussi réglée lorsque vous appuyez légèrement sur le déclencheur. Il est impératif de viser un élément situé à la même distance que le sujet à photographier, sinon ce dernier sera flou.
- **Utilisez le flash.** Vous déboucherez ainsi le sujet, à condition cependant qu'il se trouve à portée du flash. Or, la portée de la plupart des flashs incorporés est extrêmement faible.

Pour la photo de droite de la Figure 6.14, j'ai opté pour la mesure ponctuelle, poussé l'IL à +0.3 et utilisé le flash. Notez qu'en plein jour, le flash peut réchauffer légèrement les couleurs, en raison du réglage de la balance des blancs évoqué au Chapitre 5. L'appareil le choisit en effet en fonction du flash, qui est plus froid (il tire sur le bleu) que la lumière du soleil.

Le point sur la mise au point

La plupart des appareils disposent d'une mise au point automatique qui permet d'obtenir des images nettes dans la majorité des conditions. Dans les sections qui suivent, nous examinerons les différents types de mesure de la distance.

La mise au point fixe

Comme son nom l'indique, la mise au point fixe ne peut pas être modifiée. L'appareil est préréglé à quelques mètres. Les éléments placés trop près sont flous tandis que ceux situés au loin, jusqu'à l'infini, sont suffisamment nets.

Reportez-vous au manuel de l'appareil pour connaître la distance de netteté maximale.

La mise au point automatique

N'OUBLIEZ PAS

Beaucoup d'appareils numériques disposent d'une *mise au point automatique*. Vous ne pouvez cependant pas vous y fier aveuglément (eh oui…). Voici comment procéder pour que la mise au point soit irréprochable :

1. **Visez le sujet.**
2. **Appuyez sur le déclencheur jusqu'à mi-course et maintenez-le dans cette position.**

   L'appareil analyse et mesure la distance et effectue la mise au point. Souvent, l'exposition automatique est réglée simultanément. Un signal sonore et/ou visuel prévient généralement que la photo peut être prise.
3. **Appuyez complètement sur le déclencheur pour prendre la photo.**

ATTENTION

Pour mieux tirer profit de la mise au point automatique, je vous propose d'en résumer brièvement les caractéristiques :

- Il existe deux méthodes de mise au point automatique :
  - Mise au point centrale : l'appareil lit la distance qui le sépare de l'élément situé au centre de l'image pour faire la mise au point.
  - Mise au point multizone : l'appareil mesure la distance de plusieurs éléments, dans le viseur, et fait la mise au point sur le plus proche.

  Comme la mise au point s'effectue lorsque vous appuyez à mi-course sur le déclencheur, il est important de comprendre ce mécanisme afin d'éviter d'obtenir des images dont le sujet est flou alors qu'un élément inintéressant, lui, est net. Une fois la mise au point bloquée, vous pouvez recadrer la photo à votre convenance. Tant que vous maintenez votre doigt appuyé à mi-course sur le déclencheur, la mise au point reste bloquée. Assurez-vous toujours que la distance entre l'appareil et le sujet ne change pas. Sinon vous devrez refaire le point.
- Dans le viseur d'un appareil à mise au point centrale, des repères indiquent la zone prise en compte. Reportez-vous au manuel pour savoir à quoi ils correspondent. Parfois, ce sont des repères de compensation de la parallaxe, une notion décrite au prochain chapitre.
- Des appareils à mise au point automatique disposent également de réglages manuels. Il s'agit généralement d'un réglage en *mode Macro* pour les prises de vue très rapprochées et d'un réglage en *mode Paysage* ou *Infini* pour les photos d'ensemble. Lorsque vous commutez l'appareil sur l'un de ces réglages, la mise au point automatique est désactivée.

N'OUBLIEZ PAS

Gardez ceci en mémoire

Une image floue n'est pas toujours due à une mise au point hasardeuse. Elle peut l'être à cause d'une vitesse d'obturation insuffisante. Dans le premier cas, il s'agit d'un flou de mise au point, dans le deuxième d'un flou de mouvement. Le flou de bougé, lui, est dû au déplacement de l'appareil au moment du déclenchement. Même avec les systèmes de stabilisation incorporés dans la plupart des appareils modernes, il reste très difficile d'éviter les flous de bougé lorsque l'on utilise des valeurs de zoom élevées. Dans ce cas, rien ne remplace un bon trépied.

Quelles que soient les circonstances, il faut impérativement que votre appareil soit immobile. Cette affirmation est encore plus vraie lorsque la lumière ambiante est faible. La durée d'exposition est alors plus longue, et le moindre mouvement risque de provoquer du flou.

Voici quelques bonnes habitudes à prendre :

- Plaquez votre coude contre votre buste pendant que vous déclenchez.
- Appuyez doucement sur le déclencheur afin d'éviter un flou de bougé.
- Placez l'appareil sur un élément stable : un trépied ou alors un sac de microbilles, comme le Pod vendu par Photim (`www.photim.com`).
- Si votre appareil est équipé d'un retardateur, utilisez-le lorsque vous photographiez sur pied. Vous éviterez ainsi de bouger l'appareil par inadvertance en appuyant sur le bouton.

Si vous avez la chance de posséder un déclencheur télécommandé, ne vous privez pas de l'utiliser, même si vous êtes à proximité de l'appareil.

La mise au point manuelle

Des appareils grand public proposent la mise au point automatique et une ou deux options de mise au point manuelle. Sur les modèles bas de gamme, la mise au point automatique n'est pas toujours débrayable.

Certains appareils haut de gamme disposent d'une mise au point manuelle sophistiquée. Ici, vous sélectionnez dans un menu la distance qui sépare l'appareil du sujet, au lieu de la régler avec la traditionnelle bague de mise au point.

Ce réglage prend toute sa signification lorsque vous devez prendre plusieurs photos d'un sujet immobile. Vous n'êtes plus contraint de débrayer la mise au point automatique à chaque prise de vue. Assurez-vous simplement que la distance est correctement mesurée.

Si vous utilisez la mise au point manuelle pour photographier en gros plan, mesurez la distance précise qui sépare l'objectif de l'objet, et ne vous fiez surtout pas à ce que montre l'écran de contrôle, car il est trop imprécis.

La profondeur de champ

La Figure 6.15 montre l'incidence du diaphragme sur la profondeur de champ. Pour ces deux images, j'ai utilisé le mode Macro de l'appareil. Les photographies ont été prises avec une ouverture de 3.4 à gauche, et de 11 à droite.

f/3.4 f/11

Figure 6.15 : À une ouverture f/3.4 (à gauche), l'arrière-plan est plus flou qu'à f/11 (à droite).

Sur l'image de gauche, seuls les objets les plus proches sont nets. En d'autres termes, la profondeur de champ est très faible. Réduire l'ouverture augmente la profondeur de champ, ce qui englobe davantage d'éléments dans la zone dite de netteté (souvenez-vous que plus la valeur du diaphragme est élevée, plus l'ouverture est petite).

Si votre appareil photo numérique ne permet pas de contrôler l'ouverture ou ne possède pas de zoom, sachez que la profondeur de champ peut être simulée avec un logiciel de retouche, comme vous le découvrirez au Chapitre 11. Vous pouvez aussi recourir à un des modes Scène pour imposer une ouverture de diaphragme.

Exploiter les modes Scène

Pour un débutant, se souvenir de toutes les règles qui régissent la sensibilité, la vitesse, le diaphragme et la mise au point peut être ardu, pour ne pas dire plus. C'est pourquoi beaucoup d'appareils proposent des *modes Scène.* Ce sont des réglages prédéfinis selon diverses conditions de prise de vue.

Tableau 6.1 : Les modes Scène.

Mode	*Ce qu'il fait*
Portrait	Ouvre le diaphragme au maximum afin de réduire la profondeur de champ et rendre l'arrière-plan flou. L'appareil augmente la vitesse pour compenser la grande ouverture.
Paysage	Réduit le diaphragme au minimum afin d'étendre la profondeur de champ. Comme l'appareil est obligé de réduire la vitesse en raison du diaphragme fermé, il doit être particulièrement stable. La mise au point est parfois automatiquement réglée à une distance proche ou égale à l'infini.
Action	Sélectionne une vitesse rapide afin de figer le mouvement. Le diaphragme risque d'être grand ouvert, d'où une profondeur de champ réduite.
Nuit	Utilise le flash associé à une vitesse faible pour éclaircir l'arrière-plan. N'utilisez pas ce mode si vous tenez à avoir un arrière-plan bien noir.

Prenons par exemple le portrait. Les gens aiment bien que l'arrière-plan soit légèrement flou. À cette fin, le mode Portrait ouvre automatiquement le diaphragme afin de réduire la profondeur de champ.

Le Tableau 6.1 énumère quatre modes Scène courants. Reportez-vous au manuel de votre appareil pour savoir combien il en propose. Vous en découvrirez sans doute beaucoup d'autres, pour bien d'autres types de photo.

7

Optimiser vos prises de vue

Dans ce chapitre :

- Plus de force grâce à la composition.
- Eviter les problèmes de parallaxe.
- De la bonne utilisation du zoom.

Les Chapitres 5 et 6 étaient consacrés aux notions techniques de la photographie numérique, comme la résolution, l'ouverture, la vitesse d'obturation, etc. Mais la photographie est aussi et avant tout un art. Car après tout, une image inintéressante reste une image inintéressante, même si elle est techniquement parfaite.

Ce chapitre vous aidera à prendre des photos plus fortes, plus captivantes. Que vous preniez des instantanés de vos enfants ou que vous ayez à photographier des objets pour les exposer dans votre boutique en ligne, ces techniques vous seront utiles. Avec un peu de talent artistique, vos photos cesseront d'être banales et attireront l'attention.

La composition d'une image

Regardez la photo de la Figure 7.1. L'exposition, la mise au point et les autres aspects sont corrects. Quant au sujet, une statue à la base du Monument aux soldats et aux marins, à Indianapolis, elle est intéressante mais… l'image manque de force.

Figure 7.1 : Cette photo est insipide à cause d'un angle de prise de vue très banal.

Regardez maintenant la Figure 7.2, qui montre deux autres photos du même sujet, mais plus intéressantes. Qu'est-ce qui fait la différence ? La *composition.* Un autre angle et un cadrage plus serré rendent l'image autrement plus intéressante.

Il n'existe pas de règle absolue, incontournable, sur l'art de composer une image. Cependant, il est possible de rendre vos photographies plus vivantes en appliquant les quelques conseils qui suivent :

Figure 7.2 : Dynamisez vos photos en faisant varier l'angle de prise de vue et en zoomant sur le sujet.

- **Souvenez-vous de la règle des tiers.** Pour un impact maximal, ne centrez pas le sujet comme sur la Figure 7.1. Je vous recommande de diviser mentalement l'image en tiers, comme l'illustre la Figure 7.3. Placez les éléments forts du sujet à l'intersection des lignes. C'est le cas, ici, de la tête du chevreuil.

Figure 7.3 : L'une des règles de la composition consiste à diviser l'image en tiers et à placer le sujet principal sur l'une des intersections.

TRUC

Ce chevreuil était si occupé à brouter le feuillage que j'ai largement eu le temps de bien cadrer. Mais si vous n'en avez pas la possibilité, prenez un plan large puis recadrez l'image avec un logiciel de retouche, comme nous le verrons au Chapitre 11.

- **Photographiez sous des angles inattendus.** Revenez à la Figure 7.1. La photo reproduit fidèlement la statue, mais elle n'est pas aussi intéressante que celle de la Figure 7.2, qui montre le même sujet sous des angles plus originaux.
- **Tenez compte du parcours des yeux.** Pour rendre une image plus dynamique, composez la scène de manière à ce que l'œil de celui qui regarde la photo suive naturellement une ligne de force, comme à la Figure 7.4. La statue semble s'élancer dans le bleu du ciel. La flamme abaissée et le mouvement de la robe soulignent cette impression.
- **Restez proche du sujet.** La photo qui fait la différence est souvent celle mettant en évidence un détail qui a échappé à tout le monde, comme la petite ride d'expression du grand-père ou la goutte de rosée sur une fleur au petit matin. N'ayez pas peur de vous approcher des sujets photographiés. La règle qui recommande de « laisser de l'air » autour du sujet doit parfois être transgressée.

Figure 7.4 : Pour rendre une photo dynamique, cadrez-la de telle sorte que l'œil suive naturellement le mouvement en se portant d'un bord de l'image à l'autre.

- **Ne négligez pas l'arrière-plan.** Assurez-vous que des éléments inopportuns, comme la fleur et l'écran d'ordinateur à la Figure 7.5, ne gênent pas.

  Pour photographier des enfants sans montrer la pagaille qui règne souvent dans leur chambre, photographiez-les pendant qu'ils sont vautrés sur le sol et regardent vers vous, comme sur la Figure 7.6.

- **Essayez d'exprimer la personnalité de vos sujets.** Trop souvent, les photographies qui mettent en scène des personnes et même parfois des modèles sont fort ennuyeuses. Pourquoi ? Parce que la mise en scène est affligeante. Plutôt que de faire poser les personnes qui vous entourent et les voir se figer, tentez de les saisir sur le vif. Les photos seront plus naturelles et surtout plus vivantes.

Figure 7.5 : Un sujet plaisant sur un fond affreux.

Figure 7.6 : Pour éviter un arrière-plan encombré de meubles et d'objets, prenez la moquette ou le tapis comme toile de fond.

Du côté de la parallaxe

Vous composez parfaitement l'image, vous déclenchez et, sur l'écran de contrôle, la photo est décadrée, comme si vous vous étiez légèrement décalé lors de la prise de vue.

Figure 7.7 : L'erreur de parallaxe a coupé les oreilles de ce petit chien photographié de près.

Le viseur optique d'un appareil est une petite fenêtre placée au-dessus ou à côté de l'objectif. Ce petit écart est suffisant pour que l'angle sous lequel le sujet est vu diffère légèrement. L'image photographiée est légèrement décalée par rapport à l'image cadrée dans le viseur. Le sujet est « coupé », comme sur la Figure 7.7.

Dans le viseur, des repères affichent parfois la limite du cadrage qui sera effectivement pris en compte. Respectez-les pour cadrer correctement vos photos lorsque vous photographiez à courte distance. Reportez-vous au manuel de votre équipement pour en savoir plus.

Avec un écran LCD, l'erreur de parallaxe – en fait, ce n'est pas une erreur mais un phénomène physique – est inexistante puisque l'image qu'il affiche est celle transmise par le capteur. Sur certains appareils, l'écran de contrôle est automatiquement allumé lorsque vous choisissez le mode Macro.

Composer pour des montages

Issues de la peinture, les règles de composition sont plus anciennes que la photographie. Mais, quand vous créez des photos numériques, un autre aspect doit être pris en compte : la finalité de l'image. Si vous désirez ôter l'arrière-plan d'une photographie – une opération appelée « détourage » – afin de coller le sujet dans une autre image, vous devez accorder une attention particulière à l'environnement et au cadrage.

Supposons que vous désiriez montrer dans un catalogue quatre objets sur une même photo. Pour vous faciliter l'existence, vous les photographierez sur un fond uni. Il sera ainsi très facile de les détourer puis les monter.

Comme nous le verrons au Chapitre 12, vous devez *sélectionner* dans le logiciel de retouche l'élément à copier. En quoi un fond uni facilite-t-il le travail ? Tout simplement parce que la plupart des logiciels disposent d'un outil qui, d'un seul clic, sélectionne la totalité d'une zone de couleur à peu près unie. Il suffit ensuite d'intervertir la sélection pour que ce ne soit plus le fond, mais le sujet, qui soit sélectionné.

Figure 7.8 : Evitez un fond trop chargé lorsque vous envisagez de détourer un objet.

Les Figures 7.8 et 7.9 illustrent ce processus. Le tissu ancien, à l'arrière-plan de la Figure 7.8, met l'appareil de collection (un Argus C3 de la fin des années 1940) en valeur. Comme le contraste est assez faible entre le tissu et les parties chromées du boîtier, la sélection automatique du fond ne pourra pas être utilisée. Vous devrez tracer manuellement le contour de sélection autour de l'appareil.

Pour le moment, retenez ceci : si vous envisagez de détourer un objet dans un logiciel graphique, vous devrez le photographier sur un fond à peu près uni, comme sur la Figure 7.9. Assurez-vous que sa couleur soit très différente de celle des contours de l'objet (peu importe celle de l'intérieur) afin de faciliter la sélection automatique du fond dans le logiciel.

Figure 7.9 : Choisissez un fond uni et cadrez aussi serré que possible.

Une autre règle pour le détourage : le sujet doit être cadré aussi serré que possible, comme sur l'exemple de la Figure 7.9. Le maximum de pixels sera ainsi consacré à l'objet, et non au fond qui disparaîtra. Plus une image comporte de pixels, plus grande vous pourrez l'imprimer, comme nous l'avons expliqué au Chapitre 2.

Gros plan sur les zooms

Beaucoup d'appareils disposent d'un zoom pour cadrer plus large ou plus serré à partir d'un même endroit.

N'OUBLIEZ PAS

La plupart des appareils sont munis d'un *zoom optique* qui est un véritable objectif. D'autres (ou les mêmes) disposent d'un *zoom numérique* qui effectue un simple recadrage de l'image au moment de l'enregistrement de celle-ci.

Le zoom optique

Si votre appareil est équipé d'un zoom optique, sachez que :

- Plus vous êtes proche de votre sujet, plus l'effet de la parallaxe est important.
- Lorsque vous zoomez sur un sujet, l'arrière-plan est plus réduit que lorsque vous vous déplacez physiquement vers lui. Les deux images de la Figure 7.10 illustrent ce principe dont la cause est toute simple : dans le premier cas, vous photographiez au téléobjectif, avec un angle de champ étroit. Dans le second cas, vous photographiez au grand-angulaire avec un champ large.

Figure 7.10 : Zoomer sur un objet (à gauche) diminue le champ. Se rapprocher du sujet donne une vue plus étendue (à droite).

- Zoomer avec un téléobjectif rend l'arrière-plan plus flou. Ceci est dû à la *profondeur de champ* (voir le Chapitre 6), qui est d'autant plus faible que la focale est longue. Cette profondeur de champ définit la zone de mise au point en deçà et au-delà de laquelle une image est considérée comme floue. Avec une profondeur de champ étroite, le sujet proche, sur lequel le point a été fait, est net, et l'arrière-plan flou. Lorsque le zoom est en position grand-angulaire, la profondeur de champ est plus étendue, procurant une meilleure netteté générale quelle que soit la distance des éléments.

N'OUBLIEZ PAS

- N'oubliez pas que l'ouverture du diaphragme affecte elle aussi la profondeur de champ. Consultez la dernière section du Chapitre 6 pour en savoir plus à ce sujet. Sur la Figure 7.10, l'ouverture est la même pour les deux photos. La différence de netteté de l'arrière-plan est uniquement due à la profondeur de champ.

Le zoom numérique

Quelques appareils recourent à un traitement numérique à défaut d'un véritable zoom optique. Dans bien des cas, vous avez le choix entre les deux techniques. Avec le zoom numérique, l'appareil recadre la partie centrale de l'image pour donner l'*illusion* du zoom en avant.

Par exemple, si vous zoomez numérique sur un bateau naviguant au milieu d'un lac, votre appareil cadrera le bateau au niveau du capteur et redimensionnera – agrandira – l'image. Ce procédé ne donne rien de plus que ce que vous obtiendriez avec un logiciel de retouche. Vous pouvez l'utiliser si vous ne disposez pas de logiciel, mais sachez que, quoi qu'il en soit, la qualité de l'image sera très amoindrie.

En résumé, le mieux à faire avec le zoom numérique, c'est de l'oublier.

La photo d'action

Voici un genre de photo qui a longtemps été bien difficile à réaliser avec un appareil photo numérique à cause du temps de latence entre le moment où vous appuyez sur le déclencheur et celui où la photo est réellement prise (voir le Chapitre 6). Résultat : l'action était passée quand le déclenchement s'effectuait.

Un appareil photo nécessite de toute façon quelques instants pour faire la mise au point et régler l'exposition automatique. Après le déclenchement, il enregistre l'image dans la mémoire, ce qui exige aussi un peu de temps. Si vous photographiez au flash, son condensateur doit être rechargé avant de pouvoir prendre une nouvelle photo. Toutes ces actions entravent le photographe désireux de réagir en une fraction de seconde à l'événement. Les appareils photo numériques sont devenus très réactifs, mais certains sont encore indolents. C'est un paramètre à vérifier si vous envisagez d'acheter un appareil pour faire du reportage sur le vif.

Figure 7.11 : Le mode Rafale, réglé ici à trois photos par seconde, permet de décomposer une action.

La plupart des appareils disposent aujourd'hui d'un mode *Rafale* permettant de prendre une série de photos à intervalle très rapproché en maintenant le doigt sur le déclencheur. Le nombre total d'images dépend de la cadence de prises de vue possible et de la capacité mémoire de votre matériel. Les modèles bas de gamme limitent le nombre de photos à quelques-unes, au maximum cinq ou six seulement, les modèles haut de gamme à plusieurs dizaines de vues. Les cinq photos de la Figure 7.11 ont été prises en mode Rafale.

Vérifiez si votre appareil permet de régler la cadence de prise de vue. Pour les photos de la Figure 7.11, elle est de trois images par seconde.

N'OUBLIEZ PAS

Quand vous photographiez une scène en mouvement, n'oubliez pas les préconisations suivantes :

- **Bloquez la mise au point et l'exposition.** Appuyez jusqu'à mi-course sur le déclencheur pour effectuer la mise au point, fixer l'exposition, cadrer et être ainsi prêt au moment décisif. Reportez-vous au Chapitre 6 pour en savoir plus sur le verrouillage de la mise au point et de l'exposition.
- **Anticipez la prise de vue.** Un bref délai s'écoule toujours entre le moment où vous appuyez sur le déclencheur et celui où l'appareil enregistre la photo. Essayez, dans la mesure du possible, d'appuyer sur le bouton un peu *avant* que l'action ne survienne. Il faut de la pratique pour évaluer efficacement ce temps de latence (qui était quasiment inexistant sur les appareils argentiques).
- **Activez le flash.** L'utilisation du flash, y compris en plein jour, augmente parfois la vitesse d'obturation et contribue ainsi à figer l'action. Dans ce cas, utilisez si possible le mode Flash d'appoint ou de remplissage, comme expliqué au Chapitre 6. Rappelez-vous que le flash a besoin de recharger son condensateur avant de pouvoir prendre une nouvelle photo.
- **Enclenchez la priorité à la vitesse** (si votre appareil le permet). Sélectionnez la vitesse d'obturation la plus rapide et prenez quelques photos de test. Si l'image est trop sombre, sélectionnez une vitesse

plus faible et faites un nouvel essai. Souvenez-vous qu'en mode priorité à la vitesse, l'appareil analyse la lumière ambiante et règle ensuite le diaphragme selon la vitesse d'obturation. Si l'éclairage est insuffisant, la compensation ne sera pas efficace. Pour plus d'informations, reportez-vous au Chapitre 6.

Si votre appareil ne permet ni la priorité à la vitesse ni les réglages manuels, choisissez le mode de scène Sport ou Action, qui augmente la vitesse d'obturation. Reportez-vous à votre manuel pour plus de détails.

- **Optez pour une résolution réduite.** Plus la résolution est faible, plus l'image est rapidement enregistrée. L'appareil sera ainsi de nouveau prêt plus rapidement.
- **Désactivez la visualisation instantanée.** Beaucoup d'appareils affichent la photo pendant quelques secondes, juste après l'avoir prise. Tant que l'image est affichée, vous ne pouvez pas en prendre une autre.
- **Laissez toujours votre appareil allumé.** Comme ils consomment énormément d'énergie, nous avons tendance à éteindre au plus vite les appareils numériques. Or, les appareils d'entrée de gamme exigent un certain délai, après allumage, pour être opérationnels. N'éteignez que le viseur LCD afin de préserver l'autonomie de la batterie.

Troisième partie

De l'appareil photo à l'ordinateur

Dans cette partie...

Cette partie du livre vous apprendra tout ce qu'il faut savoir pour extraire les photos de l'appareil et en faire profiter votre entourage. Le Chapitre 8 est consacré au transfert et des images et au classement des fichiers. Le Chapitre 9 décrit les diverses options d'impression. Le Chapitre 10 vous explique les diverses manières de distribuer électroniquement les images – publication sur le Web, courrier électronique... – et propose d'autres idées d'utilisation des images à l'écran.

Parce qu'il y a une vie après la prise de vue numérique, plongez-vous sans attendre dans les délices de cette partie.

8

Constituer votre photothèque

Dans ce chapitre :

- Transférer les images vers son ordinateur.
- Convertir des fichiers Raw.
- Travailler avec des formats propriétaires.
- Organiser les fichiers d'image.

Ce chapitre explique comment transférer rapidement et facilement les photos vers l'ordinateur. Vous découvrirez aussi comment exploiter les fichiers Raw et comment organiser rationnellement les images (l'archivage, quant à lui, est expliqué au Chapitre 4).

N'OUBLIEZ PAS

Si vous n'y connaissez rien aux ordinateurs, je vous encourage à acheter l'un des titres de la collection *Pour les Nuls* consacré à Windows 7 ou au Mac car sans notions de base en informatique, la photo numérique risque d'être quelque peu ardue.

Transférer les images

Votre appareil numérique regorge de photos ? Il est temps de les transférer sur votre ordinateur.

Les options de transfert

Le transfert des images dépend à la fois des caractéristiques de votre appareil numérique et de la méthode que vous préférez employer. Faisons le tour des possibilités :

- **Transfert depuis la carte mémoire :** votre appareil utilise une carte mémoire. Votre ordinateur est peut-être aussi équipé d'un lecteur de cartes. Vous devez donc vérifier si les deux sont compatibles. Si ce n'est pas le cas, vous devrez lire cette carte avec un lecteur ou un adaptateur prévus à cet effet. Consultez le Chapitre 4 pour tout connaître sur ces périphériques.
- **Transfert par câble :** il s'agit de la méthode la plus courante. En connectant l'appareil à votre ordinateur à l'aide du câble livré avec votre appareil, vous disposez d'un moyen simple et économique pour récupérer vos images. Tous les appareils photo numériques disposent d'un port USB (*Universal Serial Bus*).
- **Transfert sans fil :** quelques modèles d'appareils numériques disposent d'une liaison WiFi (voire Bluetooth) permettant de transférer les photos sans câble, mais ce procédé est plus lent qu'une connexion USB.

Vous trouverez dans les prochaines sections des détails complémentaires sur le transfert depuis une carte mémoire ou par câble. Comme le paramétrage d'une liaison sans fil varie selon la technologie (WiFi, Bluetooth…), l'appareil et l'ordinateur, je vous renvoie au manuel. La vitesse de transfert dépend de plusieurs paramètres, notamment le type de liaison sans fil utilisé.

Le logiciel livré avec votre appareil photo et certains lecteurs de cartes comportent une fonction d'automatisation du transfert qui facilite sa mise en œuvre. Dès que l'appareil ou le lecteur de carte est connecté, un programme apparaît et vous guide dans les diverses étapes du transfert. Des logiciels de retouche démarrent automatiquement dès qu'un appareil ou une carte est détecté. La Figure 8.1 montre l'utilitaire de transfert (ici, en mode Avancé) de Photoshop Elements qui apparaît spontanément quand vous vous apprêtez à télécharger.

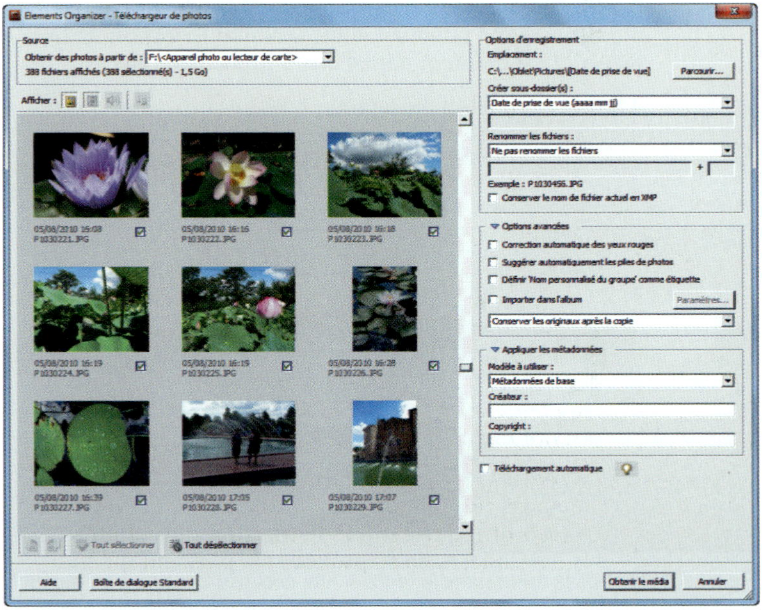

Figure 8.1 : Photoshop Elements démarre automatiquement cet utilitaire de transfert chaque fois que vous connectez un appareil photo ou une carte mémoire à l'ordinateur.

Comme ces utilitaires fonctionnent différemment, consultez leur manuel. Si vous ne voulez plus que l'utilitaire de transfert apparaisse automatiquement, vous pouvez désactiver son affichage dans Options ou dans

Préférences (pour Photoshop Elements, il faut accéder aux préférences du module Organiser).

Utiliser un lecteur de carte mémoire

Un lecteur de carte mémoire se présente soit sous la forme d'un boîtier à brancher à l'ordinateur, soit sous la forme d'un lecteur incorporé à l'ordinateur (ou même à l'imprimante). Dans ce cas, plusieurs fentes de différentes dimensions permettent de recevoir les divers types de cartes. Si vous optez pour un lecteur indépendant, lisez attentivement le manuel afin d'installer le logiciel et le matériel exactement dans l'ordre préconisé.

Après avoir installé le lecteur, insérez la carte mémoire dans le connecteur approprié, comme le montre la Figure 8.2. L'ordinateur reconnaît la carte, permettant d'accéder aux fichiers qu'elle contient.

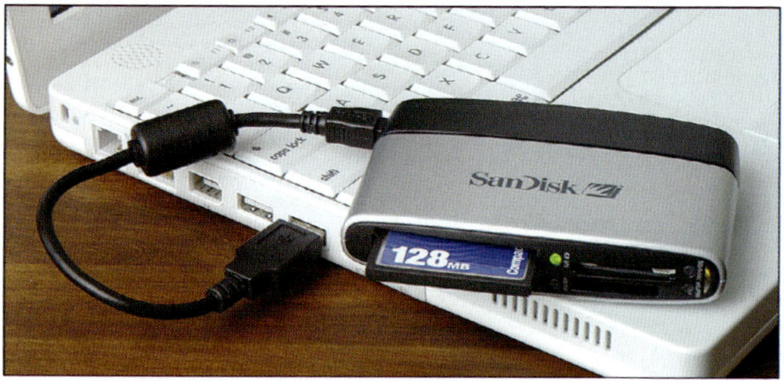

Figure 8.2 : Insérez la carte dans le lecteur. Elle dépasse toujours légèrement.

Sous Windows, elle est considérée comme un stockage amovible, avec sa propre lettre de lecteur. Il suffit d'ouvrir les dossiers de la carte pour accéder aux fichiers d'image. Windows devrait d'ailleurs ouvrir automatiquement une fenêtre vous proposant diverses options pour ouvrir simplement le dossier ou ouvrir son contenu dans tel ou tel programme (voir Figure 8.3). Ils se trouvent généralement dans le dossier DCIM (*Digital Camera IMage,* images d'appareil photo numérique) ou dans un sous-dossier de DCIM.

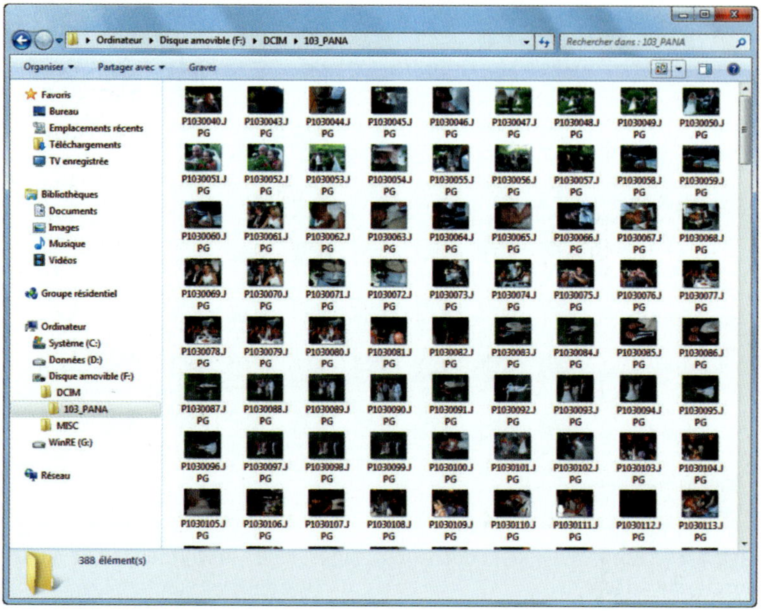

Figure 8.3 : La carte mémoire est un lecteur comme un autre.

Sur un Mac, le lecteur apparaît en tant que lecteur sur le Bureau, au même titre qu'un CD ou un DVD, mais avec une icône différente. Double-cliquez sur l'icône (visible à la Figure 8.7, plus loin) pour accéder à son contenu.

Après avoir ouvert le dossier contenant les images, sélectionnez celles que vous désirez transférer puis faites-les glisser jusque sur un dossier du disque dur (ou tout autre emplacement), comme le montre la Figure 8.4. Le petit signe « + » à côté du pointeur indique que vous déplacez et déposez une *copie* des fichiers. Les originaux restent dans la carte. Après avoir copié les fichiers à leur nouvel emplacement, vous pouvez effacer le contenu de la carte.

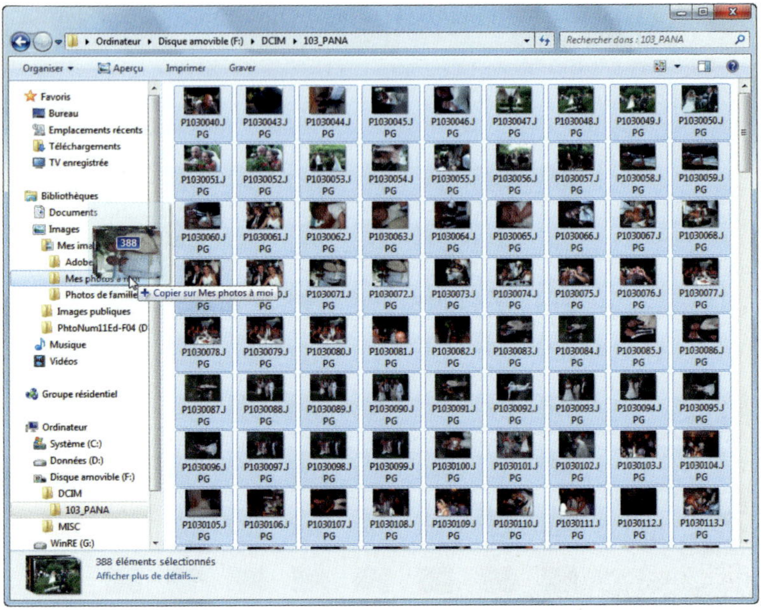

Figure 8.4 : Après avoir sélectionné les images, faites-les glisser jusque sur le dossier de destination.

ATTENTION

Assurez-vous que tout s'est bien passé en ouvrant le dossier de destination.

Ce procédé de déplacement est identique avec les lecteurs de carte intégrés à l'ordinateur ou à une imprimante.

TRUC

Vous n'êtes pas obligé de recourir à l'Explorateur Windows ou au Finder du Mac pour transférer les photos. Cette opération peut être effectuée directement depuis votre logiciel d'archivage ou de retouche.

Les câbles de transfert

Pour connecter votre appareil photo à l'ordinateur, vous devrez peut-être installer quelques programmes livrés avec votre matériel. Mais, normalement, tout système d'exploitation moderne est conçu de manière à reconnaître automatiquement le type et le nom du matériel que vous branchez sur un port USB. Consultez le manuel de l'appareil photo numérique pour plus d'informations à ce sujet.

Un transfert par câble USB – le moyen le plus courant en photographie numérique – s'effectue de la manière suivante :

1. **Insérez une des extrémités du câble dans l'appareil et l'autre dans un port USB de l'ordinateur, comme le montre la Figure 8.5.**

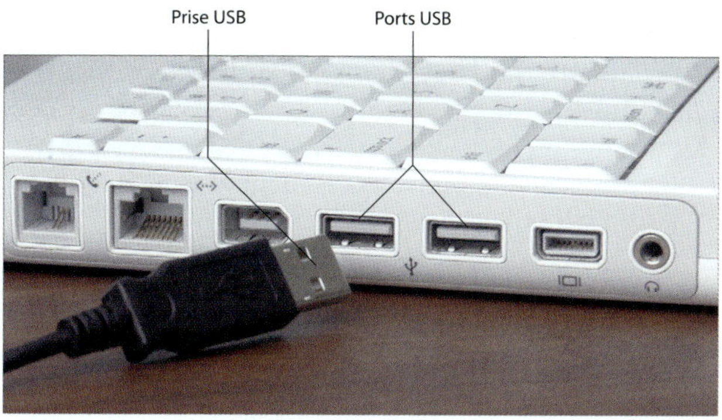

Figure 8.5 : La plupart des appareils photo récents se connectent à un port USB.

   Il s'agit de la grosse prise plate que montre l'illustration. Une astuce pour trouver facilement le bon sens d'introduction : si la prise femelle USB est à l'horizontale, la prise mâle est dans le bon sens lorsque le symbole USB, lui aussi visible sur la photo, est sur le dessus. Mais si la prise est verticale, il n'existe hélas pas de règle bien établie.

2. **Insérez ensuite l'autre extrémité du câble dans la prise USB de l'appareil.**

   Il s'agit d'une minuscule prise de quelques millimètres à peine, généralement protégée par une trappe en métal ou en caoutchouc.

Si vous avez perdu le câble de transfert, rachetez le même modèle que celui préconisé par le fabricant. Tous les câbles ne sont en effet pas compatibles entre eux, et si vous avez en avez un d'une autre marque, ou générique, le risque existe pour qu'il ne fonctionne pas avec votre appareil. Si le câble semble introuvable en boutique, optez pour un lecteur de cartes mémoire.

3. **Allumez l'ordinateur le cas échéant, et aussi l'appareil photo.**

   Tant que vous n'avez pas allumé l'appareil photo, vous aurez beau attendre devant l'ordinateur, il ne se passera rien.

5. **(Facultatif) Sur l'appareil photo, choisissez le mode de transfert approprié.**

   Certains appareils disposent de plusieurs modes de téléchargement. Consultez le manuel d'utilisation pour vérifier la manipulation appropriée.

6. **Démarrez le logiciel de transfert.**

   Dès que la présence de l'appareil est détectée, le logiciel de transfert démarre de lui-même. L'appareil Photo est souvent livré avec un logiciel de transfert d'images, comme celui qui est illustré sur la Figure 8.6. Le dossier par défaut proposé par le logiciel peut être remplacé par un autre.

7. **Démarrez le transfert.**

   À partir de maintenant, les manipulations dépendent de votre matériel et du logiciel utilisé. En cas de difficulté, jetez un œil sur le manuel de votre appareil photo. Une barre de progression indique généralement l'avancement des opérations. L'une d'elles est visible sur la Figure 8.6, sous l'aperçu de l'image en cours de transfert.

Figure 8.6 : La plupart des appareils photo sont livrés avec un logiciel de transfert.

L'appareil photo est un lecteur

Les fabricants fournissent généralement un logiciel spécial qui permet au système d'exploitation (Windows ou Mac OS) d'identifier l'appareil comme s'il s'agissait d'un lecteur amovible. Dans ce cas, vous pouvez utiliser la même procédure que celle décrite précédemment dans la section « Utiliser un lecteur de carte mémoire ».

L'identification du matériel établie, il apparaît sous forme d'icône dans l'Explorateur Windows ou, comme le montre la Figure 8.7, dans le Finder du Macintosh. Par défaut, dans ce cas, l'icône de l'appareil photo porte le nom No Name, « sans nom », mais vous pouvez la renommer comme cela a été fait ici. Par la suite, l'icône de votre appareil photo sera toujours affichée par son nom, ce qui est moins impersonnel. Utilisez la technique traditionnelle du glisser-déposer pour transférer rapidement vos images de l'appareil photo vers un des dossiers du disque dur.

Figure 8.7 : Sur un Mac, l'appareil photo apparaît sur le Bureau comme s'il était un lecteur (ici, l'icône No name, en haut à droite, a été renommée Lumix).

Quelques conseils pour faciliter les transferts

Pour de nombreuses (et incompréhensibles) raisons, le transfert est parfois l'un des aspects parmi les plus compliqués de la photographie numérique (du moins tant que l'on ne se lance pas dans des travaux d'édition un tant soit peu sophistiqués). L'apparition des cartes que l'on peut insérer directement dans l'ordinateur a facilité cette opération, mais tout le monde ne bénéficie pas encore de cette technologie. Et, par expérience, insérer à l'envers une carte mémoire dans le lecteur d'un ordinateur portable est parfois un peu trop facile. Par contre, la récupérer l'est beaucoup moins…

Ces quelques conseils pratiques devraient vous aider :

- Si un message d'erreur signale que le logiciel ne peut pas communiquer avec votre appareil numérique, assurez-vous que ce dernier est sous tension et que le mode de transfert est correctement sélectionné.
- Sur Macintosh, vous devrez désactiver AppleTalk, Express Modem et/ou GlobalFax, qui entrent souvent en conflit avec le programme de transfert. Consultez à ce sujet la documentation de votre appareil photo numérique.
- Rendez-vous sur le site Web du fabricant de votre appareil pour consulter la FAQ (foire aux questions) qui fournit souvent la réponse aux problèmes rencontrés par les néophytes. N'hésitez pas le cas échéant à télécharger la dernière version du pilote de votre appareil. Visitez également le site du fabricant de l'ordinateur ou de sa carte mère ainsi que celui de l'éditeur des logiciels que vous utilisez, afin de télécharger les dernières mises à jour.
- ATTENTION — Pendant un transfert, il peut arriver qu'une option de conversion de format de fichier et de compression soit proposée. Sauf si vous acceptez une perte de qualité en raison d'une compression plus élevée, restez-en à l'imagerie sans compression. Ces notions sont développées au Chapitre 5.
- ATTENTION — L'appareil photo nomme vos images, par exemple DCS008.JPG, DCS009.JPG (fichiers PC) ou IMAGE 1, IMAGE 2 (fichiers Mac). Si vous avez déjà téléchargé des images ayant ces mêmes noms, les nouvelles risquent de s'y substituer ; les anciennes photos sont alors irrécupérables. Pensez à nommer vos anciennes photos différemment ou, ce qui est plus simple, mais peu recommandé car un peu plus risqué (il vaut toujours mieux que des fichiers différents aient des noms différents), à les déplacer dans un autre dossier pour éviter de les écraser lors d'une prochaine session de transfert.

Le logiciel de transfert vous alertera du risque d'écrasement et vous demandera si vous désirez vraiment remplacer les images existantes par les nouvelles. Dans la majorité des cas, vous choisirez de créer un nouveau dossier pour y enregistrer vos images.

- Si votre appareil dispose d'un adaptateur secteur, utilisez-le. Le processus de transfert pouvant être assez long, il économisera la batterie.

Horreur ! J'ai effacé toutes mes photos !

Nul n'est à l'abri de l'effacement accidentel d'une photo importante, ou pire, d'un dossier plein d'images. Pas de panique car rien n'est perdu.

Tout d'abord, vous devez impérativement ne plus prendre la moindre photo. Si vous en faites une seule après la suppression, vous risquez de ne plus rien récupérer.

Achetez un logiciel comme Photo Recovery (`freshcrop. com/`), PhotoRecovery ou encore RescuePro (`www.lc-tech.com`). Ils doivent pouvoir accéder à la mémoire de l'appareil photo. Si cette dernière n'est pas visible dans l'ordinateur, vous devrez peut-être acheter un lecteur de carte mémoire.

Si c'est dans l'ordinateur que vous avez effacé les photos, vous n'aurez pas besoin d'un logiciel spécial. Sous Windows, double-cliquez sur l'icône Corbeille, sélectionnez les photos à récupérer puis choisissez Fichier > Restaurer. Windows les remet exactement où elles étaient. Sur un Mac, ouvrez la Corbeille puis faites glisser les photos à récupérer jusque sur le dossier où elles se trouvaient.

Vous avez vidé la Corbeille ? Il existe sur le Web des logiciels capables de récupérer les fichiers qui ont été ainsi éliminés, à condition toutefois de n'avoir pas utilisé l'option Corbeille sécurisée.

- Après un téléchargement, certains logiciels permettent d'effacer automatiquement les images contenues dans la mémoire de l'appareil photo. Je ne sélectionne jamais cette option. Pour des raisons évidentes de sécurité, vérifiez *toujours* que toutes les images ont été correctement transférées *avant* d'envisager leur suppression. Une précaution supplémentaire consiste à sauvegarder aussitôt les photos sur un CD ou un DVD.

Convertir des fichiers Raw

Les appareils photo haut de gamme proposent le format d'image Raw. Comme nous l'avons expliqué au Chapitre 5, il stocke des images « brut de capteur », sans leur appliquer le traitement réservé aux fichiers JPEG et TIFF.

Bien que le transfert des fichiers Raw vers l'ordinateur s'effectue de la même manière que les autres fichiers, vous ne pouvez pas les ouvrir sans passer préalablement par un *convertisseur Raw.* Ce logiciel vous permet de spécifier exactement comment les données brutes doivent être transposées dans l'image finale.

Les appareils qui photographient en Raw sont généralement fournis avec un convertisseur, mais vous n'êtes pas obligé de n'utiliser celui-ci. Beaucoup de logiciels de retouche, dont Photoshop Elements, en possèdent un. Mais comme ils ne sont pas compatibles avec tous les appareils, vous devrez vérifier si votre modèle est reconnu.

NOUVEAUTÉS 9

Les étapes qui suivent expliquent comment convertir un fichier Raw avec Camera Raw, le module de conversion livré avec Photoshop Elements (et Photoshop CS5) :

1. **Transférez les fichiers dans l'ordinateur.**
2. **Cliquez du bouton droit (ou touche Ctrl enfoncée, sur le Mac) et, dans le menu contextuel, choisissez Ouvrir.**

   Le Chapitre 11 présente d'autres manières d'ouvrir un fichier.

   Photoshop Elements reconnaît qu'il s'agit d'un fichier au format Raw et démarre le convertisseur que montre la Figure 8.8. Assurez-vous que la case

Aperçu est cochée (en haut de la fenêtre) afin que les réglages soient visibles en temps réel.

Figure 8.8 : Une image au format Raw doit être convertie en fichier standard pour pouvoir être ouvert.

3. **Au besoin, réglez l'image à l'aide des commandes du volet droit et des outils situés en haut à gauche de l'interface.**

   Les commandes sont expliquées dans la liste qui suit cette manipulation.

4. **Cliquez sur le bouton Ouvrir une image pour éditer le fichier corrigé à l'aide de Camera Raw dans Photoshop Elements.**

5. **Dans Photoshop Elements, choisissez Fichier > Enregistrer sous.**

6. **Enregistrez le fichier dans un format d'image standard.**

   L'enregistrement dans le format PSD, le format de fichier natif de l'éditeur, est la meilleure solution. Ou alors, enregistrez en TIFF ; les options du format TIFF sont décrites au Chapitre 9.

Ne sautez pas cette étape car le fichier converti n'est pas conservé s'il n'est pas enregistré.

Voici les outils et commandes auxquels l'Etape 3 fait allusion. Nous commencerons par les icônes en haut à gauche :

- **Zoom :** cliquez dans l'image pour l'agrandir. Cliquez, touche Alt (ou Option, sur Mac) enfoncée pour zoomer en arrière. Double-cliquez dessus pour afficher la photo à 100 % (ce raccourci fonctionne aussi dans Photoshop Elements)
- **Main :** pour déplacer la photo agrandie dans la fenêtre. Cliquez dans l'image et, bouton de la souris enfoncée, repositionnez-la à votre guise. Double-cliquez dessus pour adapter la photo à la largeur de la fenêtre (ce raccourci fonctionne aussi dans Photoshop Elements).
- **Balance des blancs :** préférez les glissières Température et Teinte, dans le volet de droite, pour régler avec précision la température de couleur. La pipette de Balance des blancs sert à corriger une dominante de couleur en cliquant dans une partie de l'image qui devrait être d'un gris moyen neutre.
- **Échantillonnage de couleur :** sert à choisir une ou plusieurs couleurs de l'image afin de les utiliser dans d'autres réglages.
- **Réglage ciblé :** Cet outil permet de corriger les tons et les couleurs d'une image en faisant glisser le pointeur sur celle-ci au lieu d'utiliser les curseurs de réglage proposés à droite de la fenêtre. On aime ou pas du tout.
- **Recadrage :** vous ne l'utiliserez dans Camera Raw qu'avec l'outil Redressement. Les autres recadrages seront effectués dans Photoshop Elements.
- **Redressement :** si l'horizon est incliné ou si une verticale est de travers, cliquez et tirez le long de la droite qui devrait être à niveau ou d'aplomb. Dès que vous relâchez le bouton de la souris, la photo est redressée. Vous devrez éliminer les parties

superflues avec l'outil Recadrage (reportez-vous au Chapitre 11 pour les détails sur le redressement d'une image et son recadrage dans Photoshop Elements).

- **Retouche des tons directs :** permet de corriger une certaine zone de l'image à l'aide d'un échantillon prélevé sur une autre zone. Mais cet outil est d'une utilisation peu intuitive.
- **Retouche des yeux rouges :** cliquez près de l'œil à corriger et tirez un cercle autour de lui. Camera Raw compense la couleur sitôt le bouton relâché. Notez que deux options apparaissent sous les outils : Taille et Obscurcir. Elles permettent d'affiner le réglage.
- **Pinceau de retouche :** permet de « peindre » sur une zone à retoucher. Vous choisissez la taille et le mode d'application du pinceau ainsi que les réglages auxquels il s'applique dans la partie droite de la fenêtre.
- **Filtre gradué :** permet d'appliquer une gamme de réglages selon un dégradé
- **Préférences :** ouvre la boîte de dialogue des préférences de Camera Raw.
- **Rotation :** les deux dernières icônes basculent l'image de 90° dans le sens antihoraire ou horaire.

À droite des outils se trouve une case Aperçu. Cochez-la pour voir vos réglages, et décochez-la pour voir la photo Raw telle que l'appareil photo l'avait livrée.

Examinons à présent succinctement les commandes présentes dans le volet de droite de Camera Raw, sous l'onglet Réglages de base :

- **Menu Balance des blancs :** si la balance des blancs était mal réglée sur l'appareil photo, ce menu permet d'en choisir une autre parmi Lumière naturelle, Nuageux, Ombre, Tungstène, Fluorescente, Flash, Personnalisée ou encore Auto. Elle ne corrige pas le réglage mais s'y substitue entièrement. Le choix règle les glissières Température de couleur et Teinte.

- **Température de couleur et Teinte :** si aucune des balances des blancs prédéfinies ne vous convient, définissez la vôtre à l'aide de ces deux glissières.
- **Exposition :** modifie l'exposition générale de l'image. Cliquez sur le curseur avec la touche Alt (Option, sur Mac) enfoncée pour tester l'écrêtage.
- **Récupération :** permet de récupérer dans une certaine mesure les tons foncés écrêtés, et restituer un peu de détail dans les ombres denses. Cliquez sur le curseur avec la touche Alt (Option, sur Mac) enfoncée pour tester l'écrêtage.
- **Lumière d'appoint :** éclaircit les ombres comme si vous aviez utilisé un flash de remplissage.
- **Noirs :** contrôle le degré d'assombrissement des parties les plus sombres. Quand vous cliquez sur le curseur, maintenez la touche Alt (Option, sur Mac) enfoncée pour voir l'écrêtage noir ou blanc s'afficher dans l'image. Cette commande indique aussi l'écrêtage dans les couches Rouge, Vert ou Bleu.
- **Luminosité :** règle la luminosité des tons moyens de l'image.
- **Contraste :** règle le contraste global de l'image.
- **Clarté :** donne de la vigueur à l'image en renforçant le contraste dans les petites étendues de même luminosité.
- **Vibrance :** augmente la saturation des couleurs, mais en préservant les tons chair.
- **Saturation :** modifie l'intensité d'une couleur.

L'onglet Détail contient des commandes de réglage de la netteté de l'image et deux glissières pour l'atténuation du bruit : l'une pour le bruit de luminance qui apparaît lors de l'utilisation d'une sensibilité ISO élevée à la prise de vue, l'autre pour l'atténuation du bruit de chrominance pour éliminer les pixels de couleur indésirables. Pour corriger le bruit, affichez la photo à 100 % (voire plus) en double-cliquant sur l'outil Zoom.

Ne vous débarrassez jamais des fichiers Raw originaux. D'abord parce que lors de la conversion, toutes les métadonnées EXIF risquent d'être perdues (les métadonnées sont décrites au Chapitre 4) et aussi parce que vous pourriez de nouveau en avoir besoin. Archivez-les systématiquement. Un fichier Raw n'est pas un fichier transitoire, mais sans aucun doute le plus important de tous, car il contient l'ensemble des paramètres de base susceptibles d'être réglés.

Conversion des fichiers propriétaires

Les appareils photo d'aujourd'hui enregistrent les fichiers dans le format JPEG, plus éventuellement dans l'un des deux formats TIFF ou Raw. Mais si le vôtre est ancien, il enregistre peut-être les images dans un fichier dit « propriétaire », c'est-à-dire un format développé par un fabricant ou un éditeur et utilisé uniquement par lui. Un format propriétaire est aussi « format natif ». C'est le format créé spécialement pour un logiciel. Par exemple, PSD est le format natif de Photoshop.

Pour éditer des photos enregistrées dans un format propriétaire, vous devez utiliser le logiciel de conversion fourni avec l'appareil, ou un logiciel de conversion généraliste. Vous ouvrirez le fichier avec ce logiciel puis vous l'enregistrerez sous un autre format, TIFF par exemple. Si vous désirez afficher la photo dans un courrier électronique ou sur le Web, enregistrez-la aussi en JPEG. Rappelez-vous que le format JPEG entraînant des pertes de données plus ou moins sensibles, vous ne devez pas l'utiliser pour l'archivage.

Téléchargeable depuis le site `www.xnview.com` gratuit et en français, XnView lit plus de 400 formats graphiques et les convertit vers 50 formats. Très impressionnant ! Il existe pour PC et Mac.

A l'instar des fichiers RAW, vous devez conserver les fichiers propriétaires originaux, même si vous les avez convertis en d'autres formats. La conversion efface en effet généralement les métadonnées EXIF présentes dans le fichier. Or celles-ci pourraient vous être utiles ultérieurement.

Les outils d'archivage

Après avoir transféré vos photos sur le disque dur, il est recommandé de les classer afin de les retrouver plus rapidement.

Si vous n'aimez pas les complications, vous pouvez vous contenter de classer les photos dans des dossiers, comme vous le faites de vos textes issus d'un traitement de texte, de vos feuilles de calcul ou tout autre document. Vous créerez (par exemple) un dossier par année dans lequel vous créerez des sous-dossiers thématiques, comme Famille, Vacances, Paysages, Stan (ça, c'est le chien), etc.

Un grand nombre de logiciels d'édition graphique sont dotés d'un explorateur qui permet de parcourir la photothèque et afficher des vignettes de prévisualisation de vos images. La Figure 8.9 montre l'Organiseur de fichiers de Photoshop Elements 9. Ce genre d'utilitaire permet de retrouver facilement une photo si vous ne parvenez pas à la retrouver sous son nom de fichier.

Selon le type d'ordinateur que vous utilisez, vous trouverez des programmes indépendants permettant de parcourir votre photothèque. Dans Windows 7, l'Explorateur Windows est capable d'afficher les fichiers d'image sous forme de vignettes. Si vous possédez un Mac récent, il a sans doute été livré avec iPhoto (voir Figure 8.10), un logiciel d'archivage appartenant à la suite iLife (www. apple. com/fr/ilife/iphoto).

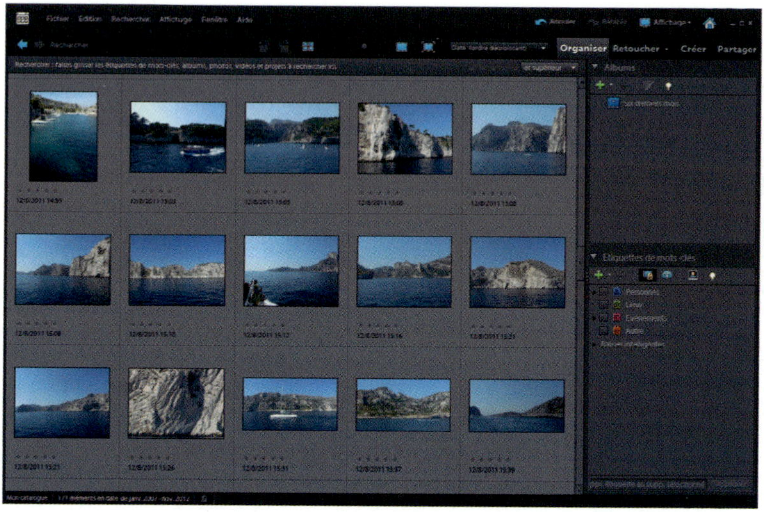

Figure 8.9 : le module Organiser de Photoshop Elements permet d'accéder facilement aux photos.

Si vous estimez que l'explorateur de fichiers de votre logiciel n'est pas assez sophistiqué ou trop lent, vous pourrez recourir un programme payant comme ACDSee (`www.avanquest.fr`) ou même gratuit, comme Picasa de Google (`picasa.google.fr`).

Tous ces logiciels permettent de parcourir les photos et les classer de différentes manières. Par exemple, si vous avez la photo d'un chien de race « labrador retriever », vous pourrez lui affecter les mots clés « animal », « chien », « labrador » et « retriever » dans le catalogue. Il vous suffira par la suite d'effectuer une recherche sur l'un de ces critères pour retrouver la bête.

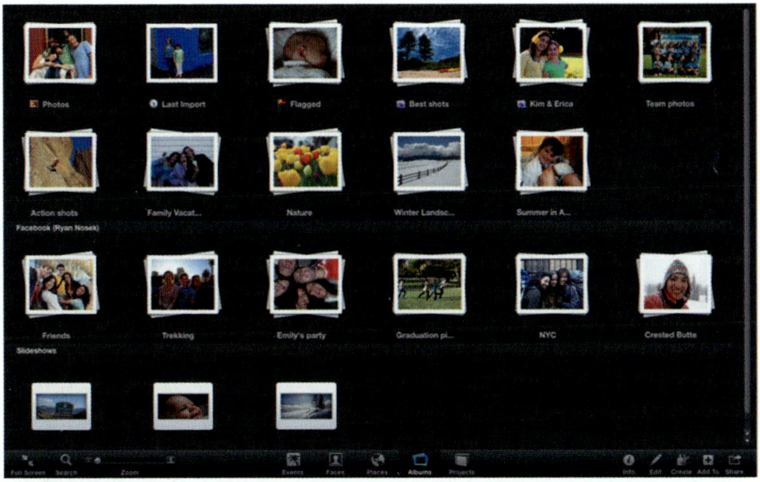

Figure 8.10 : Les utilisateurs de Mac peuvent parcourir leur photothèque avec iPhoto.

9

Je peux avoir un tirage ?

Dans ce chapitre :

- Bien imprimer et faire bonne impression.
- Choisir une imprimante photo.
- Comprendre le mode CMJN.
- Des tirages qui vieilliront bien.
- Choisir le bon papier en fonction de ses besoins.
- Imprimer des photos.
- Obtenir une bonne fidélité des couleurs.
- Enregistrer au format TIFF pour une publication.

Connaître l'ensemble des tenants et les aboutissants de la photo numérique peut vous paraître horriblement technique, mais vous n'êtes pas obligé de tout apprendre. Enfin, pas tout de suite… Par exemple, dans ce chapitre, il vous suffira de ne lire que la première section pour pouvoir obtenir d'excellents tirages numériques.

Les premiers paragraphes expliquent comment faire tirer les images dans une boutique photo. Le processus est extrêmement facile, et vous pouvez même le piloter de chez vous, *via* l'Internet.

Facile et rapide : l'impression à la boutique

Toutes les boutiques photo, des plus modestes aux grandes chaînes comme la Fnac, proposent le tirage numérique. Il suffit de confier une carte mémoire, ou encore un DVD ou un CD, et d'indiquer le format d'impression ainsi que la quantité, tout comme pour les films classiques.

Le prix des tirages a beaucoup baissé. Comptez autour d'une dizaine de centimes d'euro pour une photo en 10 x 15. Même si c'est encore un peu plus cher que des tirages d'après des négatifs, rappelez-vous que vous ne faites tirer que les photos que vous aimez, tandis qu'avec le film, vous payez le développement de la pellicule plus *tous* les tirages, et parfois même ceux qui sont techniquement ratés ou presque. Tout compte fait, la photo numérique n'est pas si chère.

Vous disposez de plusieurs possibilités :

- **L'impression en une heure :** confiez la carte mémoire ou le disque à une boutique, remplissez le bon de commande, promenez-vous ou faites vos courses et, une heure après, récupérez vos tirages.
- **Les bornes interactives :** vous êtes pressé? Beaucoup de boutiques sont équipées de bornes comme celle de la Figure 9.1. Insérez votre carte mémoire, appuyez sur quelques boutons ou un écran tactile et attendez la sortie des tirages. Quelques interventions sont même possibles, comme le recadrage ou l'élimination des yeux rouges.
- **La commande en ligne, avec récupération à un point de retrait :** C'est l'une de mes options favorites. Vous envoyez les images par l'Internet,

puis vous récupérez les tirages à la boutique.

Eastman Kodak Company

Figure 9.1 : Une borne de tirage interactive. Les tirages sont effectués immédiatement, en quelques minutes.

Cette option est commode pour imprimer les tirages destinés à des correspondants habitant loin de chez vous. Au lieu d'imprimer sur place et envoyer les tirages par la poste, il suffit de choisir un point de retrait proche de chez eux. Le paiement peut être effectué soit par vous, avec une carte bancaire, soit par le destinataire au point de retrait. La FNAC, notamment, propose de retirer les photos dans l'un de leurs nombreux magasins. Le paiement s'effectue à réception, au guichet.

- **Commandez en ligne, faites-vous livrer par la poste :** De nombreux services, sur l'Internet, vous permettent de transférer vos photos sur leur site et recevoir les tirages par la poste. C'est le cas de la Fnac (`www. fnacphoto.com/`), de Kodak EasyShare (`www.kodakgallery.fr`, voir Figure 9.2), de Pixmania (`www.mypixmania.com`), de Photoservice.com (`www.photoservice.com`) et bien d'autres. Certains sites, comme celui de Kodak, hébergent aussi vos albums, qui peuvent ainsi être consultés par vos proches. Nous y reviendrons au Chapitre 10.

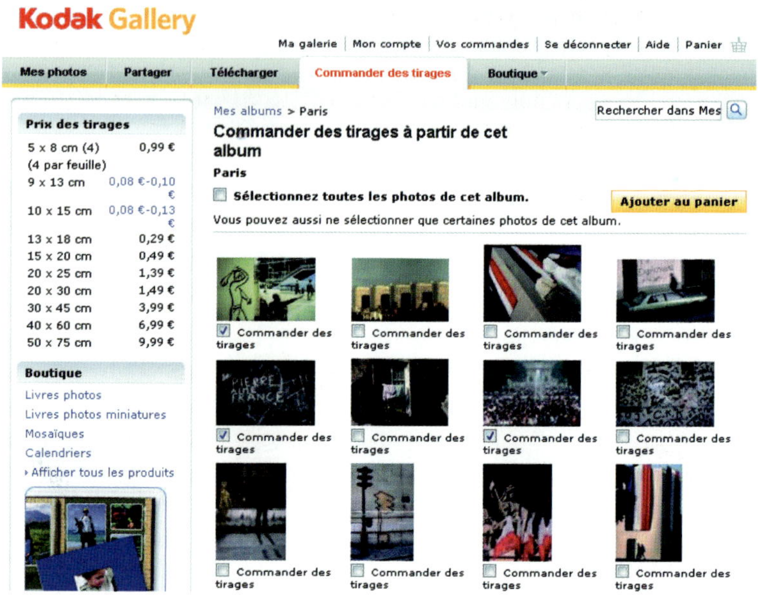

Figure 9.2 : Vous pouvez aussi obtenir des tirages à partir de vos albums hébergés sur un site.

TRUC Ne vous limitez pas aux tirages 10 x 15. La plupart des labos peuvent aussi produire des calendriers, imprimer sur des tee-shirts, des mugs, dans des blocs de verre et sur bien d'autres objets. Certains proposent aussi la gravure de vos photos sur un CD, ce qui vous évite d'avoir à le faire.

Acheter une imprimante

Même si vous confiez la plupart de vos tirages à un labo, acquérir une imprimante photo reste un bon investissement. Si vous n'avez qu'une ou deux photos à tirer, il est plus commode de le faire chez vous qu'aller à la boutique. De plus, vous pouvez acheter des papiers spéciaux, ayant une texture de toile par exemple. Une imprimante comme le modèle HP Photosmart de la Figure 9.3 est capable de produire des tirages sans bords jusqu'au format 33 x 48 cm. Et bien sûr, imprimer vous-même vous octroie un contrôle maximal sur la sortie, ce qui est important pour les photographes avertis, notamment ceux qui exposent ou vendent leurs œuvres,

Hewlett-Packard

Figure 9.3 : Cette imprimante permet d'obtenir des tirages sans bord jusqu'à 33 x 48 cm.

Les imprimantes récentes produisent d'excellents résultats, à tel point qu'il est difficile de faire la différence entre un tirage effectué dans un labo et celui effectué chez soi.

Il existe différents types d'imprimantes, qui ont chacune leurs avantages et leurs inconvénients. Vous en choisirez une en fonction de votre budget, de vos besoins et de la qualité d'impression désirée.

Les imprimantes à jet d'encre

Elles projettent de minuscules gouttes d'encre sur le papier. Leur prix varie dans une fourchette de 50 à 800 euros, mais comptez plutôt 100 à 150 euros pour une très bonne qualité d'impression. Les plus chères impriment plus vite et offrent des fonctions supplémentaires, comme l'impression en grand format, l'impression sans bord, la possibilité de la mettre en réseau, ou l'impression directe depuis une carte mémoire ou l'appareil photo.

La plupart des imprimantes à jet d'encre permettent d'imprimer sur du papier normal ou sur du papier photo, brillant ou mat. Vous pouvez ainsi l'utiliser pour des tâches de bureautique et réserver le papier photo, plus onéreux, aux tirages. Le coût par tirage varie notablement selon le modèle d'imprimante, le papier et l'encre. Comptez tout de même jusqu'à un euro par tirage 10 x 15. Reportez-vous à la section « Comparaisons » pour en savoir plus à ce sujet.

Il existe deux sortes d'imprimantes à jet d'encre :

- Les imprimantes généralistes, qui impriment décemment du texte et des images.
- Les imprimantes photo. Elles produisent des tirages de meilleure qualité, mais sont parfois peu adaptées à la bureautique car elles sont très lentes.

Cela ne signifie pas qu'une imprimante généraliste tire plus vite que son ombre. La sortie d'une photo en couleur peut exiger plusieurs minutes.

De plus, l'encre mouillée peut gondoler légèrement un papier normal et, tant qu'elle n'est pas sèche, le moindre contact la barbouille. Ces effets sont moindres avec du papier spécial pour les imprimantes à jet d'encre.

En dépit de ses inconvénients, l'imprimante à jet d'encre est une solution commode et (relativement) économique. Les nouveaux modèles produisent des images de meilleure qualité, avec des couleurs qui bavent moins et imprègnent moins le papier. Les tirages effectués sur du papier photo brillant rivalisent avec ceux produits par les laboratoires. J'ai notamment été impressionnée par les résultats des imprimantes photo Epson, HP et Canon.

Les imprimantes laser

Comme la plupart des photocopieurs, les imprimantes à laser utilisent des cartouches d'encre pulvérulente appelée *toner*. Elle est déposée contre le papier par contact avec un rouleau chargé d'électricité statique, puis fixée à chaud.

Les imprimantes laser couleur produisent des images de qualité presque photographique et impriment bien le texte. Elles sont plus rapides que les imprimantes à jet d'encre et ne nécessitent pas de papier spécial. Les résultats sont toutefois meilleurs avec un papier « spécial laser » de bonne qualité.

Leur inconvénient ? Le prix. Bien qu'il ait baissé ces derniers temps, il est encore élevé, et le coût d'une cartouche de toner est dissuasif (de 40 à 100 euros *par couleur*). De plus, l'imprimante laser est un périphérique encombrant, qui trouve plus facilement sa place dans un bureau que dans un salon.

En ce qui concerne la photo, la qualité varie d'un modèle à un autre. A mon avis, elle ne diffère guère de celle d'une bonne imprimante à jet d'encre. Beaucoup de gens seraient incapables de faire la différence.

Figure 9.4 : Les imprimantes laser sont devenues moins chères et produisent de bons tirages.

L'impression laser se justifie si vous devez réaliser des tirages couleur en grande quantité. La plupart des imprimantes à laser peuvent être connectées à un réseau local, ce qui est fort commode dans une petite entreprise, où tout le monde peut l'utiliser. La Figure 9.4 montre une imprimante à laser de la gamme Phaser fabriquée par Xerox.

TRUC

Xerox propose également une autre technologie entre laser et jet d'encre, basée sur des bâtonnets de cire fondus pour produire les couleurs. Plus de cartouches de toner ou d'encre à recycler, ce qui est extrêmement appréciable en termes de développement durable. Ce type d'imprimante, dont le prix débute à un peu plus de 600 euros, donne de surcroît des couleurs plus éclatantes.

Les imprimantes à sublimation thermique

Les imprimantes à sublimation thermique s'adressent aux photographes avertis. La couleur est transférée sur le papier par un fort échauffement de pigments recouvrant un ruban.

Plusieurs imprimantes photo, dont celles fabriquées par Kodak, utilisent cette technologie. Leur prix est du même ordre que celui d'une bonne imprimante à jet d'encre.

En raison de quelques inconvénients, les imprimantes à sublimation thermique sont moins adaptées au travail de bureau :

- La plupart n'impriment qu'en format 10 x 15 ou 13 x 18, comme le modèle HP Photosmart A646 (Figure 9.5).
- Seul du papier pour imprimantes thermiques est utilisable. De ce fait, ces équipements ne sont pas utilisables dans un bureau. Ils ne servent qu'à imprimer des photos.

Le coût par tirage dépend du format du papier. Comptez en moyenne entre un demi et un euro.

Figure 9.5 : Une imprimante photo à sublimation thermique de HP.

Quelle est la durée de vie des tirages ?

En plus de toutes les considérations qui précèdent, vous devez vous interroger sur la stabilité des couleurs des tirages, c'est-à-dire sur leur durée de vie.

Toute photographie subit les outrages du temps. En fonction de sa qualité, l'espérance de vie d'un tirage varie entre 10 et 60 ans. Cela tient au fait que la photo est un processus chimique qui supporte mal les effets de la lumière et de la pollution de l'air, notamment l'ozone. Ces problèmes de notre temps affectent également d'autres types de sorties imprimantes.

Force est de constater que les deux technologies qui se rapprochent le plus des tirages argentiques, la sublimation thermique et l'impression à jet d'encre, se dégradent rapidement, surtout quand les photos sont exposées à la lumière du jour, ou pire, au soleil direct. En quelques mois, l'image est délavée.

Les fabricants d'imprimantes ont travaillé dans le sens d'une meilleure tenue dans le temps des tirages. Par exemple, certains modèles Epson sont à base de pigments et non de teinture. Selon leurs tests de vieillissement, le papier d'archivage utilisé devrait ne pas se délaver avant 108 ans.

L'inconvénient des encres à base de pigments est que la gamme de couleurs qu'elles reproduisent est plus étroite. La différence est-elle décelable ? C'est difficile à dire, car cela dépend aussi du spectre de lumière que capte votre appareil photo.

Epson et bien d'autres fabricants invitent à imprimer sur des papiers spéciaux dont la nature dépend du type de tirage que vous désirez obtenir. Le couple encre/papier laisse à penser que certaines impressions peuvent durer plus de 25 ans.

Certaines imprimantes à sublimation thermique couchent un film protecteur sur le papier pour augmenter la durée de vie des photographies, garantissant aux tirages une longévité comparable à celle des tirages argentiques.

En fait, personne aujourd'hui ne peut dire quelle est la durée de vie d'un tirage. Nous n'avons pas assez de recul par rapport à cette technologie. Les estimations des fabricants se basent sur des tests réalisés en laboratoire. Ils simulent les effets à la lumière et aux polluants. De là à en tirer des conclusions définitives, il y a un pas que je ne saurais franchir.

Protéger les tirages

Les conditions de stockage et d'affichage suivantes garantissent une meilleure longévité de vos tirages papier :

- Si vous encadrez vos tirages, placez-les sous un verre spécial. Ainsi, personne ne pourra les toucher. Veillez à ce que le support soit en carton non acide et le verre traité anti-ultra-violets.
- Accrochez l'image dans un endroit peu exposé à la lumière, notamment à l'action directe des rayons du soleil ou d'un éclairage fluorescent.
- Dans un album photos, placez toujours les tirages sous un film protecteur non acide.
- Ne fixez jamais les tirages avec du papier collant ou du ruban adhésif, dont la colle finit par imprégner le papier et être visible. N'utilisez que des coins non acides vendus dans les boutiques photo et dans les papeteries.
- Evitez l'exposition à l'humidité, aux variations de température, à la fumée de cigarette, et tout autre élément polluant agressif.
- Ne stockez pas les papiers vierges dans le réfrigérateur, car la cohabitation avec les denrées alimentaires risque d'être désastreuse. Les professionnels conservent films et papiers au frais, mais dans une armoire réfrigérée prévue à cet effet.
- Pour protéger au mieux vos images, copiez le fichier – je dis bien « copier » et non « déplacer » ou « transférer » – sur un DVD ou dans un disque dur exerne. Vous aurez alors la possibilité d'imprimer un nouvel exemplaire de l'image en cas de problème.

De quel type d'imprimante ai-je besoin ?

La réponse à cette question dépend de vos besoins et de votre budget. Voici quelques points qui vous aideront à faire un choix :

- Si l'utilisation de votre imprimante se limite au tirage des photos prises avec votre appareil numérique, un modèle à sublimation thermique est recommandé.

N'oubliez pas que le format d'impression est réduit et que vous ne pourrez pas imprimer de documents textuels.

- Si vous imprimez de grandes quantités de documents graphiques ou bureautiques, intéressez-vous à une imprimante à laser couleur !
- Si vous cumulez impressions graphiques et travaux bureautiques, optez pour une imprimante à jet d'encre généraliste. Sa polyvalence devrait satisfaire la majorité de vos besoins mais sa vitesse d'impression des graphismes est lente.

Petit avertissement sur les imprimantes à jet d'encre : la vitesse d'impression des modèles spécialisés dans la photo est très lente. Elles sont déconseillées pour un usage bureautique classique, car l'impression des textes n'est pas de bonne qualité.

- Si vous avez besoin d'imprimer lors de vos déplacements, achetez une imprimante portable. Ce périphérique très léger est capable d'imprimer vos photos par connexion directe de l'appareil à un port de l'imprimante ou depuis la carte mémoire.
- Autrefois, les modèles de bureau multifonctions, qui cumulent en une seule machine les fonctions d'imprimante, de scanner, de télécopieur et de photocopieur, n'étaient pas très bonnes pour la photo. Aujourd'hui, certaines d'entre elles utilisent le même moteur d'impression que les imprimantes photo de la même marque, ce qui permet d'obtenir d'excellents tirages. Si vous avez besoin d'un scanner, d'un photocopieur, d'un télécopieur et d'une imprimante, ce choix est intéressant, surtout si vous disposez de peu d'espace. Le modèle de chez Canon que montre la Figure 9.6 est capable d'imprimer des images depuis des cartes mémoire ou l'appareil photo, de numériser des tirages sur papier et même des négatifs et des diapositives.

N'OUBLIEZ PAS

Rappelez-vous que la plupart des imprimantes photo ne sont pas conçues pour imprimer du texte. Si vous le faites, il risque d'être flou, et le coût de l'impression sera prohibitif.

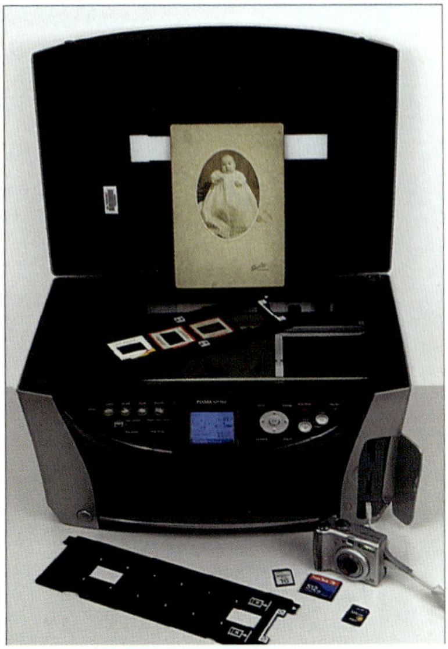

Figure 9.6 : Une imprimante capable de réaliser des tirages de qualité depuis des cartes mémoire ou l'appareil photo, et de numériser les photos papier et les films.

Comparer les types d'imprimantes

Après avoir déterminé quel type d'imprimante acquérir, il est impératif de faire la différence entre les caractéristiques proposées, la qualité d'impression variant ostensiblement d'un modèle à l'autre.

- **Les imprimantes standard** utilisent du papier au format A4. Toutefois, peu d'imprimantes couvrent la totalité d'une feuille. Seuls les modèles photo perfectionnés permettent d'obtenir un tirage sans bord.
- **Les imprimantes grand format,** peuvent tirer à des dimensions supérieures à la norme A4. La taille maximale d'impression varie d'un modèle d'imprimante à un autre (mais généralement, c'est le A3 qui s'impose) et quelques-unes impriment sans bord.

- **Les imprimantes compactes** sont limitées à des formats de 10 x 15, 13 x 18 ou plus petits. La Figure 9.7 montre un modèle Hewlett-Packard. Généralement, ce type de matériel imprime directement depuis les cartes mémoire, et aussi depuis l'appareil photo s'il est compatible PictBridge. Il est aussi équipé d'un petit écran de visualisation.

Figure 9.7 : Beaucoup d'imprimantes compactes impriment directement depuis des cartes mémoire ou l'appareil photo.

Les informations inscrites sur les cartons d'emballage ou sur les publicités peuvent être sujettes à caution. Il est recommandé de vérifier les caractéristiques d'une imprimante avant d'en acheter une :

- **Dpi** *Dots per inch,* points par pouce) : fait référence au nombre de points qu'une imprimante est capable de placer sur un pouce linéaire. En français, le terme dpi est largement utilisé pour faire la différence entre les points par pouce (ppp) et les pixels par pouce (ppp). Les imprimantes proposent le plus souvent des résolutions allant de 300 à 2 800 dpi.

  ATTENTION

  Plus la valeur de *dpi* est élevée, plus les points sont petits. Plus les points sont petits, plus vous aurez du mal à les distinguer ; et donc, en théorie, meilleure est la qualité de l'image. Mais la réalité est tout autre, car les imprimantes utilisent des techniques différentes pour produire ces points. Ainsi, une imprimante à sublimation thermique de 300 dpi se révélera meilleure que la majorité des imprimantes jet d'encre à 720 dpi. Le nombre de dpi ne suffit pas à définir la qualité d'une imprimante ; il faut tenir compte de la technologie employée. La résolution et les dpi (ou ppp) sont expliqués au Chapitre 2.

- **Options de la qualité de sortie :** les imprimantes proposent plusieurs niveaux de qualité. Vous pouvez choisir une qualité brouillon (ou *économique*) pour faire des tests, puis sélectionner un meilleur niveau pour l'impression finale. Plus la qualité est supérieure, plus le temps d'impression est long, et plus importante est la consommation d'encre.

  La meilleure attitude consiste à tester l'imprimante avec différents types de papier et différents réglages du pilote d'impression. Il suffit parfois d'utiliser un mode d'impression à la place d'un autre pour obtenir des résultats extraordinaires ou totalement catastrophiques.

- Si vous envisagez d'imprimer aussi en noir et blanc (niveaux de gris), assurez-vous que l'imprimante ne sélectionne pas automatiquement la qualité la plus faible, ou ne compose pas les niveaux de gris à partir des cartouches couleur. Sur certains modèles, les options diffèrent pour le noir et pour la couleur.

- **Couleur à jet d'encre :** les imprimantes à jet d'encre utilisent généralement quatre couleurs : cyan, magenta, jaune et noir. Cette combinaison de couleurs est connue sous l'appellation CMJN (voir l'encadré « CMJN : C'est Ma Jolie Nana », dans ce chapitre).

  Certaines imprimantes photo à jet d'encre utilisent six, sept voire huit couleurs, ajoutant un cyan clair, un magenta clair ou encore un noir brillant au mélange CMJN classique. Plus le nombre d'encres est élevé, plus l'imprimante est réputée être capable de restituer des couleurs fidèles.

  Si le noir et blanc de qualité vous tente, optez pour une imprimante capable d'utiliser des encres grises supplémentaires. Celles qui n'utilisent que de l'encre noire ont du mal à produire des gris neutres, c'est-à-dire dépourvus de toute trace de couleur.

- **Vitesse d'impression :** si vous imprimez de grandes quantités d'images, essayez de concilier vitesse d'impression et qualité. Les vitesses décrites dans les publicités ne correspondent pratiquement *jamais* à la meilleure qualité de sortie.

- **Consommables (encres et papiers) :** pour connaître le coût de vos tirages, vous devez prendre en compte le coût des consommables. C'est assez facile pour les imprimantes à sublimation thermique, car vous achetez le ruban en même temps que les papiers. Il suffit alors de diviser le coût de l'achat par le nombre de tirages.

  C'est moins évident pour les imprimantes à laser ou à jet d'encre. Pas de problème pour le coût du papier, mais c'est plus compliqué pour celui de l'encre ou du toner. Les fabricants évaluent la consommation d'encre selon la couverture d'une page. Par exemple, en bureautique, l'encrage d'une page sera de 5 % de sa surface. Pour une photo, la couverture est de 100 % pour une impression sans bord, d'un peu moins s'il y a une marge. Le problème est qu'il n'existe aucune norme.

  Mon conseil ? Ne vous fiez jamais à un coût par page ou par tirage. C'est une estimation qui n'est utile que pour choisir entre différentes technologies : jet d'encre, laser, etc. Mais si vous comparez des modèles d'une même catégorie, inutile de vous casser la tête pour avoir à la fraction de centime près laquelle est la plus économique. Tous ces chiffres ne sont pas vraiment fiables.

  TRUC

  Ceci dit, vous réduisez sensiblement le prix de la consommation d'encre en choisissant un modèle utilisant une cartouche par couleur, plus une autre pour le noir utilisé en photo, plus encore une autre pour le noir « bureautique ». Avec une imprimante équipée d'une cartouche « tout en un », vous devriez changer celle-ci dès qu'un réservoir de couleur est vide, et la jeter alors que d'autres réservoirs contiennent encore de l'encre.

  N'OUBLIEZ PAS

  N'oubliez pas que certaines imprimantes utilisent une cartouche spéciale pour l'impression en mode qualité photo. Dans bien des cas, ces cartouches ajoutent une mince « pellicule » brillante sur l'image imprimée, donnant l'illusion que le tirage a été réalisé sur un papier glacé. Cette « pellicule » protège l'encre contre la diffusion et le délavage. Dans d'autres cas, vous insérez une cartouche qui met à votre disposition davantage de couleurs que vous n'en possédez habituellement (généralement un cyan et un magenta clairs). Intéressant, mais plus cher.

- **L'impression sans ordinateur :** un certain nombre de fabricants proposent des imprimantes dotées de connexions directes à l'appareil photo numérique. Vous connectez l'appareil à l'imprimante, et l'impression s'effectue sans passer par un ordinateur. Bien évidemment, ces modèles peuvent aussi être connectés à votre ordinateur pour imprimer d'autres travaux.

  L'imprimante peut ne fonctionner souvent qu'avec un appareil photo du même fabricant (c'est par exemple le cas du système EasyShare de Kodak). Si vous ne souhaitez pas une telle dépendance, achetez un appareil doté d'un lecteur de carte mémoire. Vous la retirez de votre appareil et l'insérez dans l'imprimante pour sortir vos superbes photos.

  Optez pour une imprimante DPOF (*Digital Print Order Format,* instructions numériques pour la commande de tirages). Vous pourrez ainsi choisir les photos à imprimer directement sur l'écran de l'appareil photo. Ce dernier enregistre vos instructions puis les transmet à l'imprimante lors du transfert des images.

  Bien qu'une telle imprimante soit d'une grande flexibilité dans le paramétrage de votre appareil photo et qu'elle puisse se passer de connexion avec un ordinateur, je n'en suis pas fanatique. En effet, j'aime retoucher mes images pour obtenir exactement ce que je veux imprimer. Personnellement, je ne peux pas me passer d'ordinateur ; je préfère opter pour un lecteur de carte connecté à mon système informatique, voire télécharger les images de l'appareil vers l'ordinateur.

TRUC

CMJN : C'est Ma Jolie Nana

Comme vous l'avez appris au Chapitre 2, les images affichées à l'écran sont en RVB. Toutes les couleurs proviennent d'un judicieux mélange du rouge, du vert et du bleu. En revanche, les images imprimées sont en CMJN car elles sont obtenues par un mélange d'encres cyan, magenta, jaune et bleu.

Peut-être vous demandez-vous pourquoi trois couleurs primaires seulement sont nécessaires pour reproduire une couleur RVB, alors qu'il en faut quatre en CMJN. Le problème est qu'en impression le noir n'est jamais complètement noir, mais gris-brun foncé, à cause d'impuretés dans la pigmentation des encres. C'est pourquoi de l'encre noire est ajoutée.

Que faut-il en retenir ? Sachez qu'il existe des imprimantes bas de gamme dépourvues de cartouche d'encre noire. Le rendu des noirs n'est pas fameux.

Si vos photos doivent être confiées à un imprimeur, vous devrez les convertir en CMJN et créer des séparations de couleur, c'est-à-dire un film tramé par couleur. A l'impression, chacune des quatre couleurs est imprimée séparément, le mélange des points colorés de la trame produisant l'image en couleur finale. Demandez à votre imprimeur s'il veut des images CMJN ou RVB, car certains exigent le RVB.

Ne convertissez pas vos images en CMJN sous prétexte que vous les imprimerez. Les imprimantes grand public sont conçues pour travailler avec des images RVB, qu'elles convertissent en interne. D'un point de vue chromatique, le CMJN est moins intéressant que le RVB car sa gamme de couleurs imprimables est plus réduite. Il est difficile d'obtenir des couleurs vives en CMJN, et reproduire ainsi fidèlement un effet de tubes au néon ou une luminescence.

Un dernier mot sur le CMJN : certains modèles d'imprimantes à jet d'encre sont de type CcMmJN ou CcMmJNn. Les lettres en minuscule indiquent que l'imprimante dispose d'une cartouche cyan, magenta ou noir plus claire, en plus des cartouches normales. Ces couleurs supplémentaires impriment les photos avec une plus grande précision chromatique.

Pour plus d'informations sur la colorimétrie RVB et CMJN, consultez le Chapitre 2.

- **L'impression PostScript :** une imprimante PostScript est préférable si vous traitez de nombreux documents enregistrés sous ce format, par ailleurs réservé à l'imprimerie. Quelques imprimantes ont des fonctionnalités PostScript intégrées tandis que d'autres sont compatibles PostScript, au travers d'un module ajouté au logiciel graphique.

Lisez les tests effectués régulièrement par la presse informatique ou des sites Web spécialisés. Discutez-en avec des amis ou consultez les forums consacrés à la photographie numérique et aux périphériques qui s'y rapportent.

ATTENTION

Comme pour tout achat de matériel, ne négligez pas la durée de la garantie. D'un minimum légal d'un an en France, certains constructeurs n'hésitent pas à la porter à trois. Lorsque vous achetez une imprimante, sachez où se trouve le centre de réparation du fabricant qui pourra vous être d'un grand secours, une fois le délai de garantie écoulé.

C'est difficile à obtenir, pour ne pas dire impossible, mais le meilleur moyen de savoir ce que vaut une imprimante est de la tester avec son propre équipement et ses propres photos.

Le papier compte-t-il ?

La réponse est oui. Comme pour beaucoup de choses en ce bas monde, la qualité se paie. Meilleur est le papier, plus belle sera l'impression et plus elle se rapprochera d'un tirage traditionnel.

Si votre imprimante accepte diverses qualités de papier, sortez des épreuves de lecture sur du papier bon marché et réservez le papier haut de gamme pour les tirages d'exposition ou de prestige.

TRUC

Ne vous limitez pas à l'impression sur du papier photo standard. Il existe des papiers pour imprimer des calendriers, des autocollants, des cartes de vœux, des transparents (à utiliser sur un projecteur), et sur bien d'autres choses encore. Des fabricants proposent des logiciels permettant d'imprimer des photos sur des transferts qui sont ensuite décalqués sur des mugs et des tee-shirts. Vous trouverez également des papiers texturés qui simulent la toile, le parchemin, et j'en passe.

Taille de l'image et résolution

Comme nous l'avons plusieurs fois mentionné dans ce chapitre, beaucoup d'imprimantes permettent de réaliser des tirages directement depuis une carte mémoire ou l'appareil photo. Si vous avez opté pour ce procédé, suivez les instructions du manuel de l'imprimante. Vous n'avez pas grand-chose à faire, hormis choisir le format et le nombre d'exemplaires. Ces opérations s'effectuent soit depuis l'appareil photo, soit en appuyant sur des boutons de l'imprimante.

Beaucoup de logiciels de retouche proposent une procédure d'impression simplifiée, prise en charge par un assistant qui s'enquiert de vos désirs. Si le résultat final vous convient c'est parfait, mais sachez que vous aurez passivement laissé le logiciel faire des choix importants.

Voici un bref récapitulatif de ce qu'en dit le Chapitre 2 :

- La résolution d'une image est mesurée en ppp, pixels par pouce. On peut dire que la bonne résolution pour une impression est de 200 ou 300 ppp. Si vous faites imprimer vos photos par un laboratoire, elles devront être à la résolution préconisée.
- Quand vous agrandissez une image, il se produit l'une de ces deux actions : la résolution baisse tandis que la taille des pixels augmente, ou alors, le logiciel ajoute de nouveaux pixels selon un procédé appelé *rééchantillonnage.* Ces deux procédés provoquent une perte de qualité de l'image.
- Inversement, lorsque vous réduisez la taille du tirage, vous pouvez conserver le nombre de pixels, auquel cas la résolution augmente tandis que la taille des pixels se réduit. Ou alors, vous pouvez

conserver la résolution, auquel cas l'image supprime les pixels excédentaires. Comme cette suppression de pixels peut dégrader l'image, le rééchantillonnage en réduction ne devrait jamais excéder 25 %, bien que sur certaines photos un pourcentage plus élevé ne prête pas à conséquence.

N'OUBLIEZ PAS

- Pour connaître la taille d'une image imprimée à une résolution donnée, divisez le nombre de pixels qu'elle contient dans le sens horizontal par la résolution d'impression. Le résultat donne la largeur maximale de l'image (par exemple, 3 200 pixels imprimés dans une résolution de 240 ppp donneront 3 200/240 une longueur de 13,3 pouces, soit près de 33,9 cm). Effectuez la même opération avec le nombre de pixels en hauteur pour connaître la... hauteur.
- Que faire si vous n'avez pas assez de pixels pour obtenir la taille et la résolution de l'image que vous souhaitez ? Eh bien, vous devez choisir ce qui vous semble le plus important. Si la dimension du tirage est déterminante, vous l'obtiendrez aux dépens de sa qualité en acceptant une résolution plus faible. Si vous avez besoin d'une résolution spécifique (pour respecter par exemple les recommandations du fabricant de votre périphérique d'impression), vous devrez vous contenter d'une image plus petite. La vie est faite de compromis, n'est-ce pas ?

Là encore, si vous êtes content des images obtenues en automatique, il n'y a rien à redire.

NOUVEAUTÉS 9

Mais si vous tenez à contrôler la résolution de sortie, vous devrez définir la taille d'impression et la résolution d'impression avant de faire imprimer les images. Voici comment cela se passe dans Photoshop Elements :

1. **Choisissez Image > Redimensionner > Taille de l'image.**

   La boîte de dialogue Taille de l'image s'affiche, comme l'illustre la Figure 9.8.

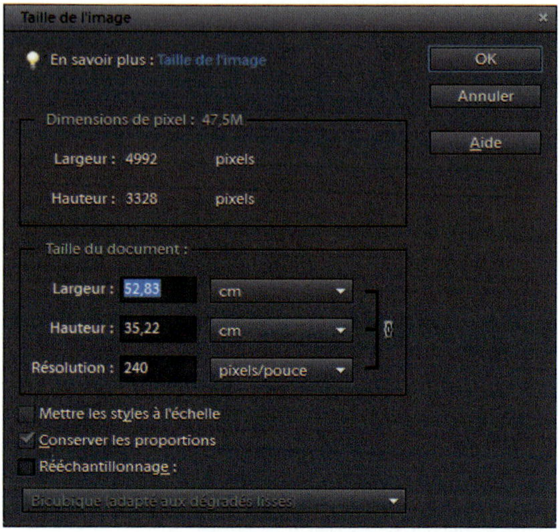

Figure 9.8 : La boîte de dialogue Taille de l'image.

2. **Décochez la case Rééchantillonnage.**

   Cette option détermine si Photoshop Elements doit ajouter ou éliminer des pixels pour modifier la taille de l'image. Une fois cette case décochée, le nombre de pixels ne pourra plus être modifié.

3. **Saisissez la nouvelle taille dans les champs Largeur et/ou Hauteur.**

   Double-cliquez dans l'un de ces champs et saisissez une nouvelle dimension (exprimée par défaut en centimètres). La résolution est automatiquement modifiée selon les valeurs ainsi définies.

4. **Cliquez sur OK ou appuyez sur Entrée.**

   Si vous avez respecté ces étapes, l'image affichée ne devrait subir aucun changement apparent. Pour visualiser la modification, choisissez Affichage > Règles. Vous remarquerez que seule la taille d'impression révélée par les règles a changé.

5. **Pour conserver les réglages après avoir fermé l'image, enregistrez le fichier.**

Si vous désirez rééchantillonner l'image afin d'obtenir une autre résolution d'impression, activez l'option Rééchantillonnage. Ensuite, saisissez les valeurs de Hauteur, Largeur et Résolution.

Dès que vous activez le paramètre Rééchantillonnage, deux autres champs Hauteur et Largeur s'activent dans la section Dimensions de pixel de la boîte de dialogue. Ils permettent de fixer les dimensions de votre photo en pixels ou en pourcentage (de la taille d'origine), donc de changer d'unité de mesure.

ATTENTION

Si vous utilisez un autre logiciel de retouche, lisez son manuel ou accédez à son aide en ligne. En effet, des programmes d'entrée de gamme ne permettent pas de contrôler la résolution lors du redimensionnement ; ils rééchantillonnent automatiquement l'image.

TRUC

Comment savoir si un programme rééchantillonne les images ou s'il les redimensionne ? Regardez la taille du fichier « avant » et « après ». Si cette valeur change quand vous redimensionnez l'image, cela signifie que le programme a rééchantillonné la photo (et donc modifié le nombre de pixels qui la composent). Vous pouvez même le voir à l'œil nu, car bien souvent ce type d'opération détériore plus ou moins fortement l'image.

Passons à la pratique

Assez de théorie ! Il est temps d'apprendre à imprimer vos images en quelques étapes, à partir d'un logiciel de retouche ou d'archivage :

1. **Ouvrez le fichier de la photo.**
2. **Définissez la taille et la résolution de l'image comme nous venons de le voir.**

   S'il apparaît que le tirage sera plus grand que la feuille de papier car seule une petite partie de la photo apparaît dans l'aperçu, cochez la case Ajuster au support (ou une option apparentée) afin que la totalité de l'image soit cadrée sur la feuille. Il est aussi possible de régler l'échelle. Par exemple, choisir une échelle de 25 % imprimera la photo au quart de ses dimensions réelles.

3. **Exécutez la commande d'impression.**

   La commande Imprimer se trouve généralement dans le menu Fichier. En la sélectionnant, vous accédez, dans le cas de Photoshop Elements 9, à la boîte de dialogue de la Figure 9.9, qui propose toute une série de paramètres d'impression : la qualité, le nombre d'exemplaires, etc. Vous pourrez y déterminer l'orientation de l'impression ; en mode Portrait, l'image sera présentée verticalement, en mode Paysage, horizontalement.

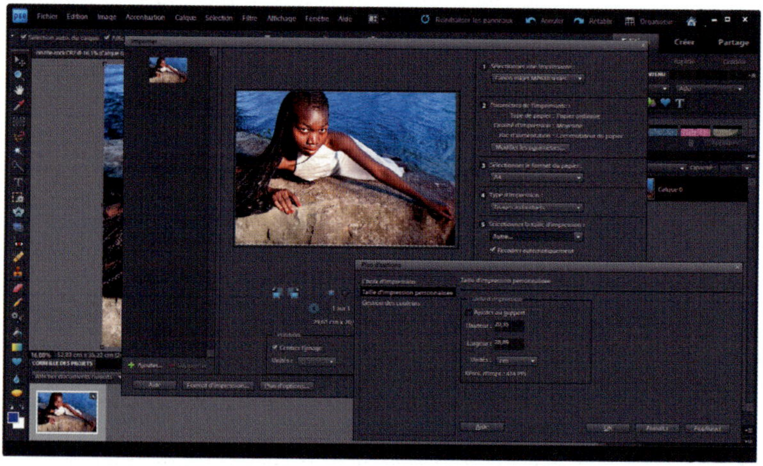

Figure 9.9 : Cette boîte de dialogue sert à régler l'impression.

4. **Spécifiez les options d'impression à utiliser.**

   Ces options dépendent en partie de l'imprimante utilisée. Elles sont très souvent accessibles via un bouton Propriétés ou Paramètres d'impression de la boîte de dialogue *Imprimer*. Par le biais d'un bouton, vous accédez aux propriétés de votre matériel. Se lance alors le « pilote » d'imprimante. C'est un utilitaire qui permet d'indiquer la qualité du papier utilisé (ordinaire, couché, qualité photo, glacé qualité photo) et le mode de tramage (par points, par diffusion). Du couple type de papier/tramage dépend intégralement la qualité d'impression de vos œuvres photographiques. Le mieux est donc de tester différentes configurations.

Les options varient d'un pilote d'impression à un autre et s'avèrent plus ou moins complexes. Avant de gâcher des centaines de feuilles et de vider vos cartouches en moins de temps qu'il ne faut pour les remplir, lisez la documentation livrée avec votre imprimante.

Si plusieurs imprimantes sont accessibles, veillez à choisir celle que vous désirez utiliser avant de lancer la sortie.

5. **Démarrez l'impression.**

   Dans la boîte de dialogue qui s'ouvre, cliquez sur OK ou sur Imprimer pour transférer la photo vers la mémoire de l'imprimante, qui se charge alors du reste.

Pour obtenir de meilleurs résultats

Aidé du manuel de l'imprimante et des conseils que vous venez de lire, l'impression ne devrait plus vous poser de problèmes. Voici cependant quelques recommandations utiles :

- **Meilleur papier = meilleure impression.** Pour les tirages haut de gamme, un papier photo couché, glacé ou brillant est fortement recommandé.
- **N'oubliez pas de choisir le réglage de papier approprié.** Si l'impression est réglée pour du papier mat, par exemple, n'imprimez pas sur du papier brillant car le résultat serait décevant.

- **Pensez à effectuer un test d'impression en variant les résolutions ou les qualités de sortie.** Les réglages par défaut ne sont pas forcément les mieux adaptés aux photos que vous allez imprimer. Notez les réglages afin de les réutiliser ultérieurement. Certains logiciels d'imprimante permettent de les mémoriser. Reportez-vous au manuel de votre matériel pour vérifier ce point.

N'OUBLIEZ PAS

- **Pour communiquer avec votre imprimante, votre ordinateur a besoin d'un pilote.** Pour tout savoir sur l'installation de ce programme (ou s'il est tout simplement déjà intégré dans votre système d'exploitation), suivez les instructions données dans le manuel de votre imprimante.
- **Lisez attentivement les instructions de maintenance de votre imprimante.** Les modèles modernes disposent généralement d'un dispositif de nettoyage des têtes d'impression commandé par logiciel.

Les couleurs ne correspondent pas !

Il existe presque toujours des différences de couleur entre un document affiché à l'écran et son équivalent sur papier. Nous avons appris que le mode de couleur d'une image sur écran n'est pas le même que celui des impressions (voir l'encadré « CMJN : C'est Ma Jolie Nana », précédemment dans ce chapitre). Outre ces différences colorimétriques, bien d'autres facteurs interviennent : la luminosité de l'écran, la brillance du papier, la perception différente de la couleur qu'ont tous les maillons intermédiaires de la chaîne graphique (appareil photo, système graphique de l'ordinateur, système d'exploitation, logiciel de retouche, écran, éclairage ambiant et bien sûr imprimante)... Toutes ces contraintes réunies ne simplifient pas les choses.

Même si la correspondance parfaite n'existe pas, vous pouvez tout de même vous en approcher :

- Vérifiez le niveau de l'encre. S'il est trop faible ou si les buses sont bouchées, les couleurs risquent d'être mal imprimées.
- Changer de marque de papier affecte quelquefois le rendu des couleurs. Il en va de même avec du papier d'une qualité inférieure.
- Si le réglage des options de correction de la couleur ne donne rien, le logiciel de l'imprimante devrait permettre de régler la balance des couleurs. Ceci fait, n'enregistrez pas l'image, car ces réglages ne sont valables que pour la session en cours.

N'OUBLIEZ PAS

- Ne convertissez pas en CMJN les images que vous comptez imprimer. Les imprimantes sont en effet conçues pour travailler directement depuis des documents RVB.
- Bon nombre de logiciels de retouche proposent des fonctions de correction de la couleur. Beaucoup sont faciles à utiliser : après avoir imprimé une mire, vous indiquez au logiciel quel élément coloré de la mire correspond au plus près à la couleur à l'écran. Le logiciel s'étalonne ensuite automatiquement.

  Photoshop Elements, Photoshop et d'autres logiciels de retouche haut de gamme sont dotés de fonctions de correction de la couleur. Si vous n'y connaissez rien, je vous conseille de ne pas y toucher, car vous ne feriez qu'empirer la situation. Bon nombre de paramètres servent à garantir l'uniformité des couleurs tout au long d'une chaîne graphique.
- Les pilotes fournis avec les imprimantes permettent très souvent d'effectuer des modifications chromatiques pour compenser telle ou telle couleur. Pour cela, lisez attentivement le manuel fourni avec votre matériel.
- Si votre travail impose une correspondance exacte des couleurs, vous pouvez investir dans un système de gestion des couleurs permettant d'étalonner l'ensemble d'une chaîne graphique – scanner, moniteur, imprimante –, de façon à

faire correspondre les couleurs entre tous ces périphériques. Vous trouverez les équipements nécessaires – sondes, mires et logiciels – auprès de sociétés comme Datacolor (`www.datacolor.eu/fr/`) ou encore X-Rite (`www.xrite.com`).

Rappelez-vous que même le meilleur système de gestion des couleurs ne peut fournir une fidélité à 100 % en raison des différences inhérente entre la couleur produite par de la lumière et celle produite par réflexion.

La même remarque s'applique aux systèmes de gestion des couleurs livrés avec le système d'exploitation de votre ordinateur, comme ColorSync sur le Mac.

- Essayez de régler les couleurs de votre écran avec les boutons de réglage, si c'est possible, afin qu'elles correspondent mieux aux couleurs imprimées. Comparez l'image imprimée et l'image représentée à l'écran. Ensuite, réglez le moniteur pour qu'il affiche exactement les teintes, la luminosité et les contrastes imprimés. Ce procédé est cependant un pis-aller car l'étalonnage ne sera pas valable pour une autre imprimante.
- Enfin, n'oubliez jamais que les couleurs affichées à l'écran et imprimées sur papier varient en fonction des conditions d'éclairage de la pièce où vous travaillez.

10

De l'appareil à l'ordinateur

Dans ce chapitre :

- Créer des images pour un affichage à l'écran.
- Préparer des photos pour le Web.
- Optimiser le poids des images pour un téléchargement plus rapide.
- Enregistrer un fichier JPEG.

La procédure de préparation des images à un affichage écran peut paraître compliquée, peut-être parce que beaucoup de gens en comprennent mal le principe, ou reçoivent des conseils de gens qui le maîtrisent mal.

Ce chapitre explique comment afficher des images numériques à l'écran. Vous apprendrez comment redimensionner des photos et les enregistrer au format JPEG, les envoyer en pièce jointe d'un courrier électronique, et bien d'autres choses.

Que faire de vos images ?

Avec des tirages sur papier ou des diapos, les options sont relativement limitées. Vous pouvez les placer dans un album photo ou les projeter sur un écran. Vous pouvez aussi les disposer sur votre réfrigérateur à l'aide d'aimants, ou encore les glisser dans votre portefeuille.

Il en va tout autrement avec le numérique, qui offre une vaste palette de possibilités nouvelles :

- **Page Web :** vous pouvez placer vos images sur le site Internet de votre société, plus modestement dans vos pages Web personnelles ou les partager sur un réseau social (sans pour autant jeter les photos de votre famille, de vos amis ou de qui ce soit en pâture au monde entier).

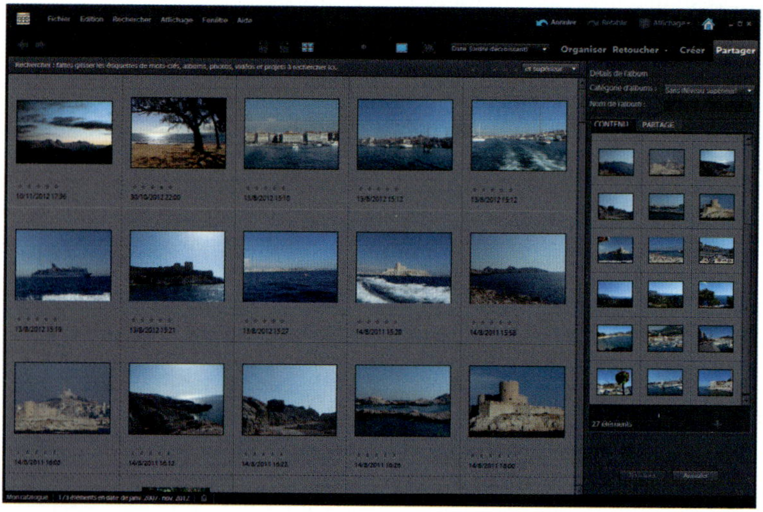

Figure 10.1 : Grâce à l'assistant dont sont dotés beaucoup de logiciels de retouche et d'archivage – comme Photoshop Elements 9, ici –, il est très facile de créer une galerie de photos sur le Web.

Vous pouvez même créer une galerie photo en ligne. Inutile de s'y connaître en conception de pages Web, car de nombreux logiciels de retouche sont dotés d'une fonction qui automatise la création de la page. La Figure 10.1 montre l'assistant Partager de Photoshop Elements ; la Figure 10.2 montre une page Web facilement réalisée en choisissant simplement un modèle prédéfini. Pour savoir comment procéder, lisez la section « Visa pour Internet », plus loin dans ce chapitre.

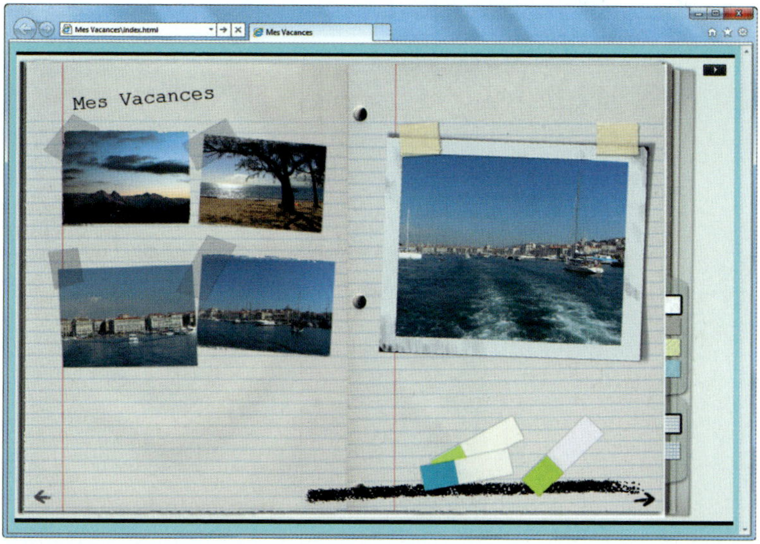

Figure 10.2 : Les visiteurs visionnent les photos en faisant défiler les vignettes ou en cliquant dessus.

- **Courrier électronique :** envoyez vos photos à des proches sous forme d'une pièce jointe à un courrier électronique. Lisez la section « Envoie-moi une carte de temps en temps ! » pour savoir comment joindre un fichier d'image à un courrier électronique.
- **Site de partage de photos.** Si vous désirez montrer un grand nombre de photos, renoncez au courrier

électronique et choisissez plutôt un site de partage de photos comme Picasa Albums Web (`picasaweb. google. com`), Kodak EasyShare (`www. kodakgallery. fr`), Photo Service (`photoservice.com`), Flickr (`www. flickr.com`) ou encore Facebook (`www.facebook. com`) afin que tout le monde puisse les consulter. La Figure 10.3 montre un album créé sur le site Kodak EasyShare. La création d'un album est généralement gratuite. Les visiteurs peuvent y voir vos photos et commander des tirages (c'est ainsi que le site rentabilise son investissement).

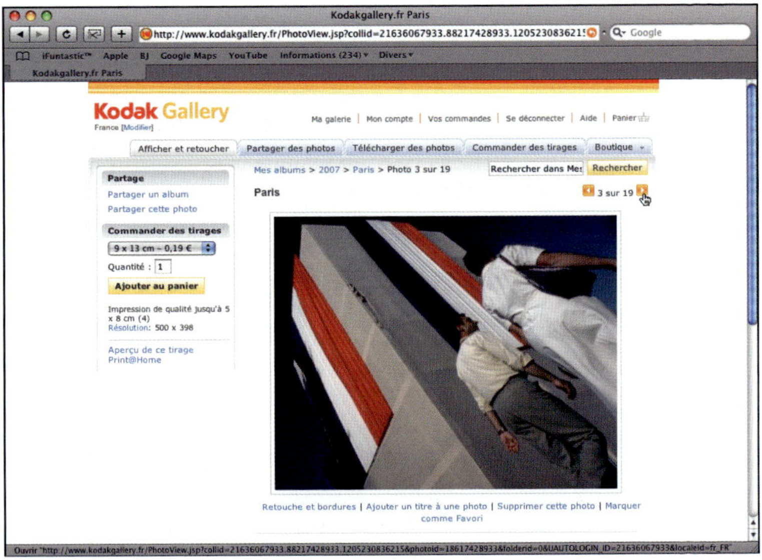

Figure 10.3 : Un album en ligne est un excellent moyen pour partager vos photos de voyage ou familiales avec vos proches.

- **Présentation multimédia :** vos photos peuvent être importées dans des applications multimédias comme Microsoft PowerPoint ou, sur Mac seulement, Keynote. De bonnes images placées au bon endroit augmentent l'intérêt d'une présentation, tout en clarifiant vos idées. Ces programmes acceptent de nombreux formats d'image.

- **Economiseur d'écran :** vous pouvez réaliser un économiseur d'écran personnalisé avec vos images, ou en faire un arrière-plan pour le Bureau, comme vous le découvrirez à la prochaine section. De nombreux programmes de retouche d'images proposent un assistant qui vous guide pas à pas dans la création de ces deux projets.
- **Diaporama :** de nombreux programmes, par exemple Photoshop Elements mais bien d'autres aussi (dont certains à la fois excellents et gratuits), permettent de créer un diaporama. Il peut ensuite être gravé sur un CD lisible par n'importe quel ordinateur et par quelques lecteurs de DVD de salon. Beaucoup de logiciels de retouche et d'archivage ont aussi une fonction Diaporama, mais aux possibilités plus limitées qu'un programme indépendant.
- La plupart des appareils photo modernes sont dotés d'une sortie vidéo que vous pouvez raccorder à votre téléviseur ou votre lecteur de DVD. Voilà qui changera des traditionnelles « soirées diapo ».

Ce que l'on peut dire de leur taille

Préparer une image pour un affichage à l'écran est une approche radicalement différente de la préparation d'une image pour l'impression. Les sections suivantes vous disent tout ce que vous avez toujours voulu savoir sur la taille d'affichage des images, sans jamais oser le demander.

Comprendre les images à l'écran

Quand vous préparez des photos pour un affichage à l'écran, rappelez-vous qu'un pixel de l'écran (la notion de pixel est expliquée au Chapitre 2) correspond exactement à un pixel de l'image produite par l'appareil photo. La seule exception est le zoom, dans un logiciel de retouche ; dans ce cas, chaque pixel de l'image est représenté par un groupe de pixels à l'écran.

Vous avez le choix entre plusieurs résolutions d'affichage : 640 x 480 pixels, 800 x 600, 1 024 x 768, 1 440 x 900, 1 280 x 1 024, 1 680 x 1 050, ou encore 1980 x 1020 (en attendant encore plus) avec les nouvelles générations de cartes graphiques et d'écrans.

Une image composée de 1 024 x 768 pixels couvrira la totalité de l'écran si les options d'affichage sont ainsi paramétrées. Si la résolution d'affichage est plus grande, l'image ne couvrira qu'une partie de l'écran, à moins d'utiliser une option d'étirement.

Les Figures 10.4 et 10.5 illustrent ce propos. La première représente un écran de 1 280 x 800 pixels sur lequel est affichée une image dont la taille est également de 1 280 x 800 pixels. La photo recouvre la totalité de l'écran. Sur la Figure 10.5, la résolution d'affichage est de 1 440 x 900 pixels. La même image affichée sur une surface plus grande n'occupe plus qu'une partie de l'écran.

Figure 10.4 : Une image de 1 280 x 800 pixels sur un écran dont la résolution est la même, soit 1 280 x 800.

Figure 10.5 : L'image affichée sur un écran en 1 440 x 900 n'en couvre plus qu'une partie.

Vous ne connaissez hélas pas la résolution des moniteurs de ceux qui visionneront vos images. Quelqu'un utilisera un écran haute définition avec une résolution de 1 980 x 1 020 pixels, alors qu'un autre n'aura qu'un moniteur de 17 pouces en 1 024 x 768.

TRUC

Pour une publication sur le Web, je vous conseille de partir d'un affichage de 640 x 480. Préparez donc vos images pour une page Web de cette taille. Ainsi, tout le monde bénéficiera sans problème de la mise en page de votre site, donc des images qu'il contient. Si vous optez pour une autre résolution, indiquez par exemple sur votre page d'accueil que le site a été conçu pour être affiché en 800 x 600 ou 1 024 x 768. Tenez compte aussi du fait que l'interface du navigateur Web ou de la messagerie occupe elle aussi de la place.

Modifier la taille d'affichage d'une image

Pour redimensionner une image à l'écran, procédez de la même manière que pour changer de résolution ou de taille d'impression. Mais cette fois, choisissez « pixels » comme unité de mesure. Voici comment procéder avec Photoshop Elements :

1. **Enregistrez préalablement une copie de votre image.**

   Avant d'effectuer des tests de redimensionnement sur vos images, faites toujours une copie de sauvegarde des fichiers originaux. L'original pourra ainsi être récupéré si vous échouez lamentablement dans la modification de sa copie.

2. **Choisissez Image > Redimensionner > Taille de l'image pour accéder à la boîte de dialogue du même nom.**

3. **Cochez la case Rééchantillonnage, comme le montre la Figure 10.6.**

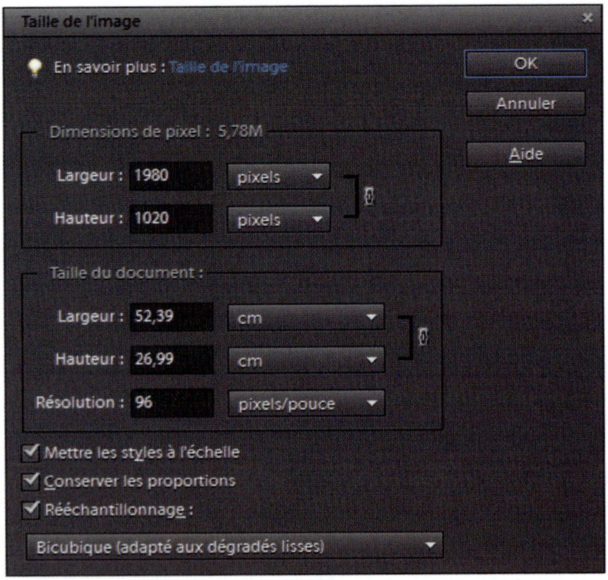

Figure 10.6 : Pour modifier la taille de votre image dans Photoshop Elements, cochez la case Rééchantillonnage.

Cette option *rééchantillonne* l'image, c'est-à-dire lui ajoute ou lui ôte des pixels. Les champs de la rubrique Dimensions de pixel, en haut de la boîte de dialogue, permettent de saisir de nouvelles largeur et hauteur de l'image. Vous utiliserez ces paramètres à l'étape 6.

4. **Dans la liste Rééchantillonnage, sélectionnez Bicubique.**

   Les options de cette liste affectent la technique utilisée par le programme pour ajouter et supprimer des pixels. Le paramètre par défaut, Bicubique, donne les meilleurs résultats.

5. **Cochez la case Conserver les proportions.**

   Cette option assure le maintien des proportions originales de l'image quand vous modifiez la quantité de pixels qui la composent (dit autrement, elle évite de déformer l'image).

6. **Cochez la case Mettre les styles à l'échelle, si elle est disponible.**

7. **Dans les champs Hauteur et Largeur de la section Dimensions de pixel, saisissez les nouvelles dimensions de l'image.**

   Avant de fixer ces valeurs, choisissez le pixel comme unité de mesure dans les listes situées à droite des champs Hauteur et Largeur. Comme l'option Conserver les proportions est active, la hauteur change automatiquement quand vous saisissez une valeur de largeur, et vice versa.

8. **Cliquez sur OK ou appuyez sur la touche Entrée.**

   Pour voir l'image à la taille à laquelle elle sera affichée par tous les écrans, choisissez Affichage > Taille écran. Rappelez-vous que cet affichage est lié à la résolution de l'écran. La taille apparente de l'image changera selon la résolution en cours.

9. **Enregistrez l'image redimensionnée au format JPEG.**

Un peu plus loin, la section « JPEG : l'ami des photographes » explique les détails de cette étape.

ATTENTION

Si votre photo est d'ores et déjà en JPEG, veillez à lui donner un autre nom afin de préserver l'original.

ATTENTION

Rappelez-vous qu'augmenter la largeur ou la hauteur d'une image entraîne une *interpolation* des pixels pour en créer de nouveaux. Cette opération peut altérer sensiblement la qualité de l'image. Dans Photoshop Elements, le poids de l'image apparaît juste en face de *Dimensions de pixel*. Il s'actualise en temps réel, dès que vous modifiez une des valeurs Largeur ou Hauteur.

Rappelez-vous aussi que plus vous avez de pixels, plus le fichier image résultant est lourd. Par conséquent, si vous préparez une image pour le Web, faites en sorte que le volume du fichier soit ridiculement faible (contrairement à ce que vous avez appris à l'école, les mots poids, volume et espace sont assez comparables lorsque l'on parle de fichiers). Dans le cas contraire, l'image mettra beaucoup de temps à se télécharger.

Choisir la bonne unité de mesure

Ceux qui débutent dans la retouche des photos ont du mal à se servir d'unités de mesure comme les pixels ou les pouces.

Si vous préférez travailler en centimètres plutôt qu'en pixels, réglez l'image comme d'habitude mais choisissez une résolution de sortie de 72 pixels par pouce (Macintosh) ou de 96 ppp (PC).

ATTENTION

Ces notions d'affichage de points par pouce sont assez floues en raison de la diversité des écrans (taille, masque, écran cathodique ou LCD…). Pour une évaluation, affichez une image d'arrière-plan à la taille de l'écran et observez si elle occupe toute la surface de la dalle. Si oui, sa résolution d'écran est correcte. Sinon, il faudra la corriger.

Visa pour l'Internet

Si vous possédez un site Internet ou des pages perso, vous pourrez facilement y placer vos photos. Mais vous pouvez aussi avoir besoin de préparer des images pour le Web si vous vendez sur eBay ou sur Le Bon Coin, si vous êtes fan de Facebook et ainsi de suite. De chacun selon ses photos, à chacun selon ses raisons...

Ne sachant pas quel logiciel de création de pages Web vous utilisez, il m'est impossible de vous donner des instructions précises. Je vais cependant vous fournir des recommandations générales.

Quelques règles importantes sur le Net

Pour rendre une page Web plus attractive, il faut se conformer à quelques règles fondamentales. Un trop grand nombre d'images de trop grande taille ralentirait la consultation de vos pages (et écraserait le reste de leur contenu). L'internaute se caractérise par son impatience : une seconde de trop à attendre, et il s'en va surfer ailleurs !

Pour concevoir un site qui ne rebute pas les visiteurs, suivez ces règles élémentaires :

- **Pour les sites commerciaux, assurez-vous que chaque image est justifiée.** L'objectif de votre site est de vendre des produits ou des services, ou encore de présenter des nouveautés. Il est donc inutile de le surcharger d'images esthétisantes qui n'apportent rien. L'information doit être directe et parvenir rapidement.
- **Si vous utilisez une image en tant que lien hypertexte, proposez aussi un lien textuel.** Pourquoi cette restriction ? Parce que, pour gagner du temps, des internautes paramètrent leur navigateur de manière que les images ne soient pas automatiquement téléchargées (et il se peut aussi que le serveur rame ou rencontre des problèmes

techniques). S'ils veulent voir une image, ils cliquent sur la petite icône qui la représente, ce qui démarre son téléchargement. Sans liens textuels, ces utilisateurs pressés ne pourraient pas naviguer dans votre site.

- **Enregistrez les photos au format JPEG.** C'est ce format qui restitue le mieux les photographies. Les deux autres formats, PNG et JPEG 2000 (qui peine à s'imposer), ne sont pas pleinement reconnus par tous les navigateurs Web ni par tous les logiciels de création de pages.
- **N'enregistrez pas les photos au format GIF.** Il est parfait pour des graphismes en aplats (éléments décoratifs, boutons, filets, logos simples...) mais, comme il est limité à 256 couleurs, il est incapable de reproduire correctement les photos. La Figure 10.7 montre la dégradation qu'il inflige aux images.

Figure 10.7 : Affichez les photos au format JPEG (en haut), mais en aucun cas au format GIF qui, limité à 256 couleurs (en bas), dégrade l'image.

- Pour vous conformer aux configurations usuelles des internautes, les dimensions de vos images doivent se rapporter à un affichage modeste. 640 x 480 pixels est un standard et 800 x 600 un maximum. Seuls des sites spécialisés dans le graphisme peuvent se permettre une résolution d'affichage de 1 024 x 768.

  Notez qu'avec une résolution aussi faible que celle des photos affichées sur le Web, imprimer l'une d'elles est exclu. Pour permettre à vos correspondants d'obtenir des tirages, placez-les sur un site de partage de photos.

- **La taille du fichier d'image a une incidence directe sur la durée de téléchargement.** Plus il est volumineux, plus la photo sera longue à apparaître.

  N'oubliez pas que la taille d'un fichier dépend du nombre total de pixels contenus dans l'image, et non de sa résolution d'affichage. Une photographie de 640 x 480 pixels contiendra toujours 307 200 points. En revanche, une image d'une résolution de 72 ppp consomme bien moins d'espace disque que son équivalent en 300 ppp. Consultez le Chapitre 2 pour approfondir vos connaissances à ce sujet.

- **L'augmentation du taux de compression JPEG est un autre moyen de réduire la taille d'un fichier.** Nous y reviendrons à la prochaine section.

- **Si vous tenez à contrôler l'usage de vos photos, réfléchissez-y à deux fois avant de les poster sur le web.** Pour empêcher leur réutilisation illicite, insérez un filigrane codé indiquant le nom de l'auteur et autres informations. La société Digimarc (`www.digimarc.com`) est le grand spécialiste de la protection des fichiers, mais le service qu'elle offre est onéreux pour un particulier. Une recommandation facile à appliquer est d'éviter de placer sur le Web des images en haute résolution. Contentez-vous d'images ne dépassant pas quelques petites centaines de pixels sur le côté le plus long (disons au grand maximum 600 pixels). Vos œuvres seront parfaitement visibles à l'écran mais décourageront ceux qui auraient voulu les réutiliser dans un logiciel graphique ou de retouche.

Au détail ou en gros ?

Quand vous enregistrez une image au format JPEG, une option demande généralement si vous désirez créer une image à affichage progressif ou non.

Si vous optez pour l'affichage progressif, l'image apparaît d'abord en très basse résolution, très grossière puis, au fur et à mesure que les données sont téléchargées, elle s'affine peu à peu. Si l'option progressive n'est pas affichée, il faut attendre le téléchargement complet des données graphiques pour voir l'image.

Ces images donnent l'impression d'être chargées plus rapidement car le contenu est identifié plus rapidement, alors qu'en réalité leur affichage exige plus de temps qu'une image normale; par ailleurs, certains navigateurs ne les gèrent pas et le traitement du JPEG progressif accapare plus de mémoire vive. Même si cette option permet de patienter (tout est dans la subjectivité), les concepteurs de pages Web la déconseillent.

JPEG : l'ami des photographes

Le mode JPEG est le format par excellence pour la représentation des photos numérisées.

La compression JPEG est à pertes de données. Elle dégrade la qualité d'une image surtout si vous appliquez un taux de compression très élevé afin de rendre le fichier moins volumineux (au Chapitre 5, une figure illustre ces effets). Avant de sauvegarder une image en JPEG, faites-en une copie sous un format qui ne se dégrade pas (par exemple, le format natif PSD de Photoshop Elements ou encore TIFF). La compression JPEG appliquée, vous ne récupérerez en effet plus jamais les données soi-disant superflues qui ont été éliminées.

Les étapes qui suivent montrent comment enregistrer une image au format JPEG en utilisant la fonction Enregistrer pour le Web de Photoshop Elements. Elle permet de vérifier à vue, éventuellement en zoomant sur des détails, jusqu'à quel point la compression à pertes de données affecte l'image. Si vous utilisez un autre logiciel de retouche, voyez dans son aide en ligne s'il comporte une fonction similaire. Les options d'enregistrement JPEG sont à peu près les mêmes dans tous les logiciels, mais tous n'affichent pas les effets de la compression.

1. **Choisissez Fichier > Enregistrer pour le Web afin d'accéder à la boîte de dialogue illustrée sur la Figure 10.8.**

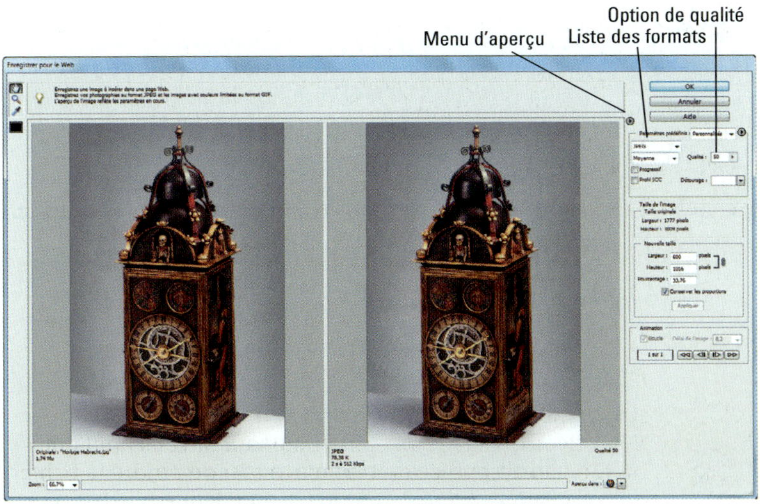

Figure 10.8 : Le paramètre Qualité définit la compression qui sera appliquée.

L'image de gauche est celle de l'original. À droite, est affiché un aperçu de l'image telle qu'elle sera enregistrée avec les paramètres en cours.

2. **Dans la liste des formats, sélectionnez l'un des taux de compression JPEG proposés : Basse, Moyenne, Élevée, Supérieure ou Maximum.**

Après avoir sélectionné l'option JPEG, les commandes de la Figure 10.8 apparaissent.

3. **Réglez le taux de compression JPEG à l'aide de la glissière Qualité.**

N'OUBLIEZ PAS

Plus la valeur du paramètre Qualité est élevée, moins l'image est compressée et plus la taille du fichier est importante. Cette valeur s'étend de 0 à 100. 0 donne la compression la plus importante, d'où une très forte dégradation de la qualité de l'image, tandis que la valeur 100 produit une image non compressée, de qualité maximale mais plus volumineuse.

TRUC

En fonction de son contenu, chaque image se comporte différemment lors d'une compression. Pour l'exemple illustré sur la Figure 10.8, la photo reste étonnamment « lisible », même avec une compression maximale qui réduit le poids du fichier de plus de 98 % ! Il faut dire que la taille relativement importante du sujet ainsi que la présence d'un fond assez neutre aident largement à obtenir ce résultat. Retenez donc ceci : si vous voulez par exemple vendre un objet sur eBay, photographiez-le sur un fond uni et compressez le plus que vous pouvez sans pour autant le transformer en une vieille chose tout juste bonne à jeter. Votre page d'enchères se chargera d'autant plus vite, ce que vos acheteurs potentiels apprécieront certainement.

Chaque modification de la valeur de ce paramètre se répercute instantanément dans la fenêtre d'aperçu de droite. La taille du fichier ainsi que l'estimation de la durée de téléchargement sont mentionnées sous la fenêtre (cliquez sur le bouton du menu d'aperçu pour évaluer différentes vitesse de chargement).

4. **Décochez les cases Progressif et Profil ICC.**

Les fichiers JPEG progressifs ne sont pas recommandés ; quant à la fonction Optimisé, elle donne de meilleures images selon le degré de compression, mais pose problème avec certains navigateurs.

L'option Profil ICC, qui concerne la gestion des couleurs, intéresse essentiellement les amateurs avertis et les professionnels. N'y touchez pas car vous fausseriez les couleurs de vos photos.

Toutes ces options ont par ailleurs une influence réduite sur la taille du fichier.

5. **Si votre image contient des zones transparentes, choisissez une couleur de détourage.**

   Cette option fonctionne comme dans la précédente section. Mais ici les zones transparentes seront remplies par une couleur unie blanche, sauf si vous en spécifiez une autre car le format JPEG ne gère pas les pixels transparents.

   TRUC

   Contournez ce problème en utilisant la même couleur de détourage que celle de l'arrière-plan de la page Web qui accueillera l'image. L'internaute n'y verra que du feu.

6. **Cliquez sur OK.**

   Dans la boîte de dialogue Enregistrer une copie optimisée sous, le format JPEG est sélectionné par défaut. Il ne vous reste qu'à saisir le nom du fichier dans le champ approprié.

7. **Cliquez sur Enregistrer, ou appuyez sur Entrée.**

   Le logiciel enregistre une copie JPEG de l'image d'origine. La photo originale reste ouverte dans Photoshop Elements. Pour voir l'image JPEG compressée, il suffit de l'ouvrir.

Envoie-moi une carte de temps en temps !

Pouvoir envoyer une photo à ses amis ou à sa famille par courrier électronique est plaisant et facile. En quelques clics de souris, elle se retrouve n'importe où dans le monde, chez quelqu'un disposant d'une adresse électronique.

Bien qu'il soit relativement simple de joindre une image à un courrier électronique, la procédure diffère selon le programme de messagerie que vous utilisez. Nouveaux venus dans l'univers du mail, n'hésitez pas à consulter l'aide en ligne de votre application pour savoir comment joindre une image à un courrier.

Ne vous servez pas de la technique décrite ci-dessous pour envoyer des images à des professionnels qui auraient à l'utiliser dans un logiciel de mise en page ou à l'imprimer. En effet, ceux-ci ont besoin d'images de la meilleure qualité, dépourvue des nombreux défauts causés par une compression de type JPEG. Un fichier graphique au format A4 codé sur 24 bits (16,8 millions de couleurs), enregistré en TIFF avec une résolution de 300 dpi, peut avoisiner, voire dépasser, 30 Mo. Un envoi par le Web, même une connexion ADSL correcte, n'aurait aucun sens. Il vaut bien mieux passer par un site spécialisé dans les téléchargements (FTP ou service de stockage spécialisé). De toute manière, la plupart des messageries n'acceptent pas des pièces jointes de plus de 5, 10 voire 20 Mo. Une autre technique, quasi universelle, consiste à graver l'image sur un CD-R ou un DVD-R et à confier celui-ci à la Poste. Comme quoi, cette vieille institution presque millénaire a encore quelques beaux jours devant elle…

L'exemple d'envoi d'une image par courrier électronique proposé ici s'appuie sur Windows Live Mail, la messagerie compagnonne de Windows 7 (du moins après téléchargement des applications gratuite Windows Live). Le procédé est le même avec la majorité des gestionnaires de courrier électronique.

1. **La connexion Internet étant établie, démarrez Windows Live Mail. Activez éventuellement l'adresse de messagerie que vous voulez utiliser (si vous en avez plusieurs)**
2. **Cliquez sur le bouton Message électronique.**

   Une fenêtre d'envoi de message vide apparaît.
3. **Dans la boîte de dialogue de composition de**

nouveau message, saisissez l'adresse de votre destinataire, l'objet du message puis le message lui-même, comme d'habitude.

4. **Cliquez sur le bouton Joindre un fichier, reconnaissable à son trombone (voir Figure 10.9).**

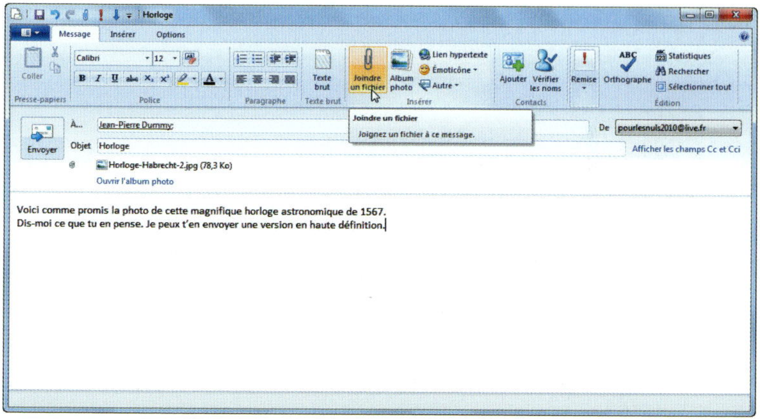

Figure 10.9 : Cliquez sur le bouton en forme de trombone pour joindre un fichier à un message.

La plupart des messageries ont un bouton semblable. Le trombone est devenu le symbole de la pièce jointe.

Recherchez le fichier à joindre – une photo en l'occurrence –, sélectionnez-le puis cliquez sur le bouton Ouvrir. Vous revenez ensuite à la boîte de dialogue du message.

5. **Cliquez sur le bouton Envoyer pour expédier votre courrier à travers le cyberespace.**

Si tout s'est bien déroulé, le destinataire reçoit la photo en un rien de temps. Avec Windows Live Mail, l'image apparaît aussi dans le corps du texte, comme le révèle la Figure 10.10. D'autres programmes afficheront un lien ouvrant cette image.

Figure 10.10 : Ne dépassez pas 250 pixels de haut ou 300 pixels de large pour les images à visualiser dans une messagerie.

Quatrième partie

Édition et retouche d'images

"Avec mon logiciel de retouche, je me suis permis d'effacer quelques grosses taches entre les nuages. Inutile de me remercier."

Dans cette partie...

Cette partie vous démontre qu'il ne suffit pas d'appuyer sur quelques boutons pour générer des photos irréprochables. Le Chapitre 11 explique comment procéder à des interventions mineures, comme le recadrage et la correction de la balance du blanc. Le Chapitre 12 montre comment ne modifier que des parties d'une image en les sélectionnant, comment copier et coller des éléments, et aussi comment masquer un élément ou un personnage indésirable.

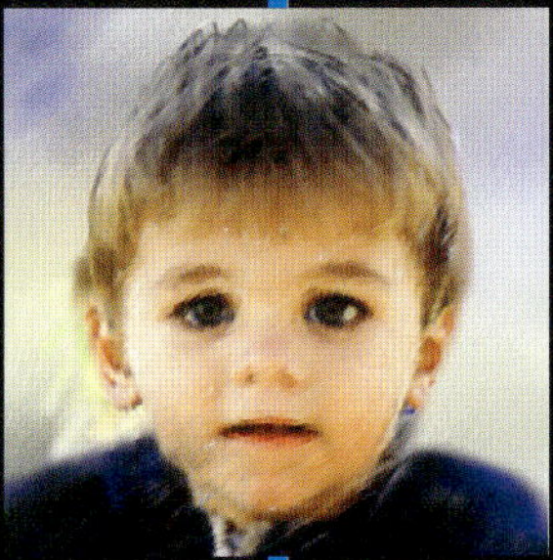

11

Embellir les images

Dans ce chapitre :

- Ouvrir et enregistrer une photo.
- Recadrer une photo.
- Peaufiner l'exposition.
- Augmenter la saturation des couleurs.
- Régler la balance des couleurs.
- Renforcer la netteté.
- Rendre un arrière-plan flou.
- Eliminer le grain et le crénelage.

L'intérêt de la photo numérique, c'est que vous n'êtes pas tenu d'en rester à l'image produite par l'appareil. En photo argentique, une image techniquement ratée était difficile à corriger. Vous pouviez toujours peinturlurer les yeux rouges et recadrer avec des ciseaux, mais pour corriger une photo dans les règles de l'art, le labo s'imposait.

C'est justement à un labo photo numérique que peut être comparé un logiciel d'édition d'image et de retouche. Outre le recadrage, la correction de la balance des couleurs, du contraste et de la luminosité, il permet d'éliminer des éléments indésirables ou de coller des éléments venus d'ailleurs, de raviver les couleurs et d'appliquer toutes sortes d'effets spéciaux.

De quel logiciel ai-je besoin ?

Dans ce chapitre et aussi dans les autres consacrés à l'édition et à la retouche des photos, nous utiliserons Photoshop Elements, que nous avons déjà eu l'occasion de manipuler. J'ai choisi ce logiciel pour deux raisons : son prix relativement modique (environ 100 euros) d'une part, et ses fonctions d'autre part, très proches de celles de son grand frère Photoshop, plus sophistiqué mais autrement plus cher. De plus Photoshop Elements existe pour Mac et pour Windows.

Voici quelques remarques supplémentaires concernant les instructions prodiguées par la suite :

- Les étapes et les illustrations se rapportent à Photoshop Elements 9. Mais vous ne devriez pas être pénalisé si vous utilisez une version antérieure, car les outils de base n'ont guère changé.
- NOUVEAUTÉS 9 — Un paragraphe signalé par cette icône se rapporte spécifiquement à Photoshop Elements. Si vous voulez en savoir plus sur ce logiciel, recourez à l'aide en ligne en choisissant Aide > Aide de Photoshop Elements.
- Dans les illustrations, la boîte à outils est affichée sur une seule colonne à gauche (voir Figure 11.1) alors que sur votre écran, elle le sera peut-être sur deux. Cela dépend de la taille de la fenêtre. Si Photoshop Elements a de la place pour s'étaler, il en profite.

Boîte à outils Barre d'options

Figure 11.1 : Masquer la Corbeille des panneaux, à droite, et la Corbeille des projets, en bas, libère de la place pour l'image.

- Pour gagner de la place, masquez les palettes Corbeille des panneaux et Corbeille des projets. Pour les afficher, au besoin, cliquez sur leurs bandeaux respectifs, tout en bas de l'espace de travail, ou cochez l'option correspondante dans le menu Fenêtre.

  Double-cliquez sur l'outil Main afin que la photo emplisse au maximum l'espace dont elle dispose dans Photoshop Elements.

- Enfin, les instructions supposent que vous travailliez en mode d'édition standard (onglet Maxi). Le cas échéant, cliquez sur le bouton du même nom, en haut à droite, pour activer ce mode.

Les lecteurs familiarisés avec Adobe Photoshop – le logiciel professionnel – ne seront pas dépaysés. En revanche, ceux qui utilisent un autre programme devront adapter les manipulations ce qui, à vrai dire, n'est pas compliqué, car la plupart des logiciels de retouche offrent les mêmes outils. De plus, les bases de la retouche sont identiques.

Vous utiliserez donc ce livre comme un guide vous indiquant l'approche à adopter pour effectuer telle ou telle intervention, et vous consulterez le manuel du logiciel pour connaître les fonctionnalités exactes de votre logiciel et comment les mettre en œuvre.

Si vous n'avez pas encore de logiciel de retouche ou que vous comptez en acheter un autre, sachez que vous trouverez des versions d'évaluation sur quasiment tous les sites de leurs éditeurs.

Ouvrir une photo

Pour travailler sur une image, il faut l'ouvrir dans le logiciel que l'on utilise. La méthode est la même pour tous :

- Choisissez la commande Fichier > Ouvrir.
- Utilisez le raccourci clavier universel Ctrl + O sous Windows, ⌘ + O sur un Mac.

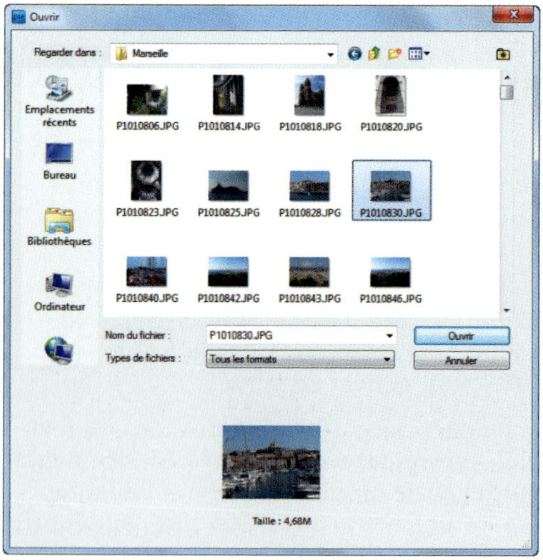

Figure 11.2 : La boîte de dialogue Ouvrir de Windows 7.

Quel que soit le logiciel, la même boîte de dialogue Ouvrir apparaît. La Figure 11.2 montre celle de Windows 7. Cliquez sur le nom du fichier qui vous intéresse puis sur le bouton Ouvrir.

Dans tous les cas, une boîte de dialogue vous invite à sélectionner l'image à ouvrir.

Pourquoi mon logiciel rame-t-il ?

La retouche photo exige beaucoup de mémoire vive, ou RAM. Si l'ordinateur devient subitement d'une exécrable lenteur dès que vous tentez d'ouvrir une image, fermez tous les programmes, redémarrez l'ordinateur et ne lancez que le logiciel de retouche.

Vous travaillez ainsi avec le maximum de RAM disponible. Si l'ordinateur est toujours aussi lent, vous devrez vraisemblablement ajouter de la mémoire. Fort heureusement le prix des barrettes de mémoire a considérablement baissé. À tel point que les ordinateurs récents sont plus que largement pourvus en RAM.

Photoshop Elements utilise aussi le disque dur comme mémoire lorsqu'il traite des images et que la RAM est insuffisante. Un jour, un message vous signale que votre disque de travail est plein. Sur d'autres logiciels, le message est un peu différent. Dans tous les cas, vous devrez supprimer des fichiers inutiles sur le disque dur pour faire de la place, ou les déplacer sur un disque dur externe.

TRUC

Voici quelques précisions sur l'ouverture de vos images :

- Dans Photoshop Elements 9, vous visionnez les photos dans le module Organiseur. Il présente des vignettes de vos photos (Figure 11.3), dont la taille est réglable à l'aide de la glissière en haut au milieu. Double-cliquez sur l'une d'elles pour l'afficher en grand. Double-cliquez de nouveau dessus pour revenir aux vignettes. Pour ouvrir la photo dans le module d'édition afin de travailler dessus, cliquez sur sa vignette puis sur le bouton Retoucher, en haut à droite. Dans le menu qui apparaît, sélectionnez ensuite la méthode de travail que vous préférez : standard, rapide ou guidée.

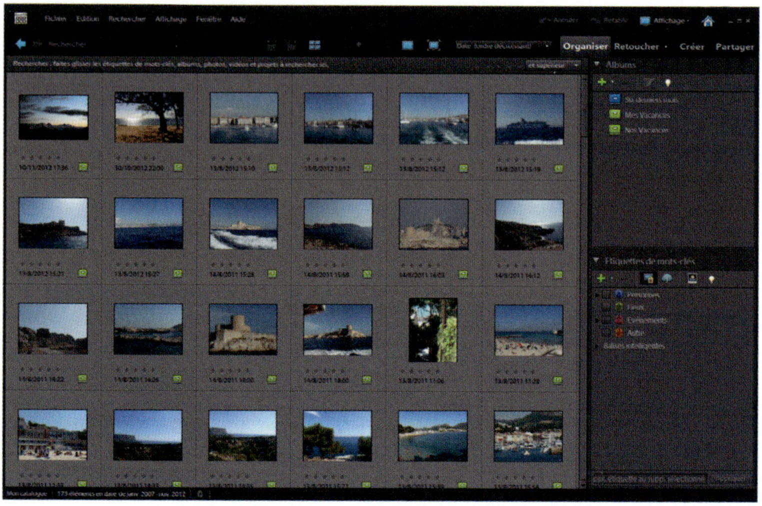

Figure 11.3 : Le module Organiseur de Photoshop Elements 9.

- Toutes les techniques que nous venons de mentionner permettent d'accéder aux images où qu'elles se trouvent : disque dur, disque dur externe, DVD, CD, carte mémoire, appareil photo, autre ordinateur relié au réseau… Voyez dans le manuel comment faire communiquer le logiciel et les équipements.
- La plupart des logiciels de retouche ne s'accommodent pas des formats propriétaires utilisés par d'anciens appareils photo. Le format Raw est aussi une pierre d'achoppement. Vous devrez dans ce cas recourir à un convertisseur comme Camera Raw, qui est intégré à Photoshop Elements. Reportez-vous au Chapitre 8 pour en savoir plus sur les spécificités de Camera Raw.
- Si l'image ouverte n'est pas correctement orientée dans le module Édition, choisissez Image > Rotation > 90° vers la droite, ou Image > Rotation > 90° vers la gauche pour la remettre d'aplomb.

Quelques règles d'édition en vrac

Avant de commencer à retoucher vos photos numériques, voici quelques règles élémentaires :

- **Enregistrez systématiquement une copie des fichiers originaux.** Vous travaillerez tranquille, sachant que si vous commettez l'irréparable – ce qui est vite fait en retouchant –, vous pourrez récupérer un fichier sain.
- **Enregistrez votre travail à intervalles réguliers.** La prochaine section vous explique pourquoi.
- **Modifiez l'image dans un calque distinct.** Si votre logiciel gère les calques, dupliquez le calque d'arrière-plan et ne faites les modifications que sur la copie. La retouche que vous avez faite est une horreur ? Pas de problème : supprimez le calque, dupliquez de nouveau le calque d'arrière-plan et recommencez.
- **Procédez à des retouches sélectives.** Quasiment tous les logiciels de retouche permettent de sélectionner une partie de l'image pour la modifier. Par exemple, si le ciel est correct mais le paysage trop sombre, vous sélectionnez le paysage pour n'augmenter la luminosité que dans cette partie de l'image. Les sélections sont expliquées au Chapitre 12.
- **Ne vous fiez pas aux commandes automatiques.** Vous découvrirez sans doute, dans votre logiciel de retouche, des commandes et des filtres qui corrigent d'un seul clic le contraste, l'exposition ou tout autre paramètre. Essayez-les, mais sachez qu'ils ne produisent pas forcément le meilleur résultat, car ils en font parfois trop ou pas assez. C'est pour cela que la plupart des logiciels permettent d'intervenir manuellement.

  La correction manuelle est certes un peu plus longue à réaliser qu'une correction automatique, mais vous serez récompensé de vos efforts. La

Figure 11.4 montre la différence entre une correction automatique et manuelle. Dans ce livre, nous privilégions cette dernière.

Figure 11.4 : Comme bien souvent, la correction automatique (au milieu) ne vaut pas une correction manuelle (à droite).

Sauvegardez sans cesse !

Le Chapitre 4 explique comment préserver les fichiers originaux de vos photos. Vous devez aussi prendre des précautions pour préserver toutes les modifications faites dans le logiciel de retouche.

Tout travail non enregistré court un grand danger ! Si votre ordinateur « plante », si votre système se bloque, si une panne de courant survient, si les extraterrestres anéantissent notre planète… votre travail sera à jamais perdu.

Respectez ces quelques règles de sécurité :

- **La sauvegarde initiale :** pour procéder au premier enregistrement de l'image modifiée, choisissez Fichier > Enregistrer. La boîte de dialogue Enregistrer sous (Figure 11.5) qui apparaît systématiquement lors d'une première sauvegarde, est identique à celle utilisée pour enregistrer n'importe quel autre type de document.

En plus des options d'enregistrement standard, la boîte de dialogue contient des commandes propres au logiciel de retouche. Reportez-vous à l'aide de Photoshop Elements pour en apprendre plus à leur sujet.

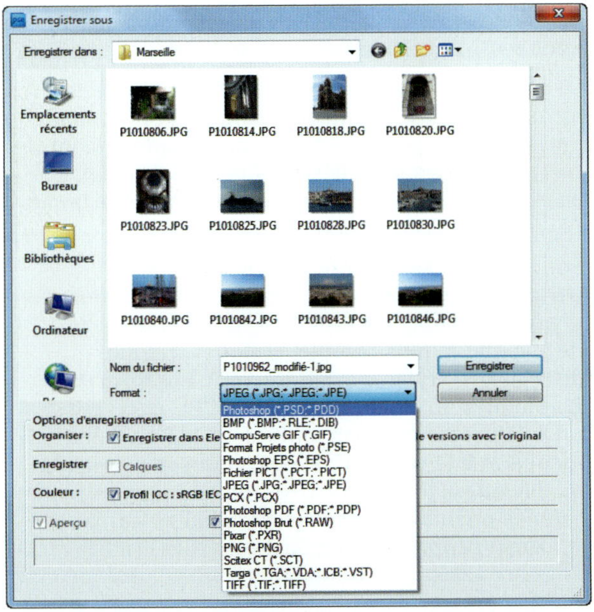

Figure 11.5 : Pour éviter d'écraser le fichier original, pensez à enregistrer la version modifiée en tant que copie, si votre logiciel le permet. Sinon, modifiez simplement le nom du fichier.

- Sauvegardez constamment votre travail en cours. Pendant que vous éditez une image, pensez à l'enregistrer après chaque manipulation importante. Effectuez régulièrement une copie de sécurité qui pourra être utilisée si vous perdez le fichier original.

- Pour ne pas « écraser » le fichier original, c'est-à-dire le remplacer par sa version modifiée, enregistrez cette dernière sous un nouveau nom.
- **La sauvegarde en cours de travail :** enregistrez périodiquement votre travail en appuyant sur Ctrl + S (⌘ + S sur un Mac) chaque fois que vous venez de terminer une phase importante. Vous pouvez aussi cliquer sur le bouton Enregistrer, dans la barre d'outils. N'utilisez pas cette procédure pour effectuer un enregistrement initial de l'image modifiée, car vous remplaceriez le fichier d'origine.
- La plupart des logiciels permettent de choisir un format de fichier quand vous utilisez la commande Enregistrer sous. Sauvegardez systématiquement un travail en cours dans le *format natif* du logiciel, s'il en possède un. Celui de Photoshop Elements porte l'extension PSD.
- Pourquoi utiliser le format natif ? Parce qu'il permet d'ouvrir plus rapidement le fichier dans le programme, et surtout de le modifier à partir de son état le plus complet (calques, calques de réglages, styles de calques, etc). Les formats graphiques universels comme le JPEG et certains TIFF ne conservent pas toutes les options d'édition associées à l'image par le logiciel qui en a assuré la modification. Il est donc très fréquent de perdre les calques quand vous choisissez un autre format que le format propriétaire (les calques sont étudiés au Chapitre 12).

  N'enregistrez votre image sous un autre format qu'après avoir terminé ses modifications. Procédez d'abord à une sauvegarde au format natif, puis enregistrez une copie dans le type graphique de votre choix. De nombreux programmes de retouche d'images procèdent eux-mêmes à une sauvegarde automatique au format natif.

L'erreur est humaine

Non seulement le numérique tolère les erreurs, mais il permet en plus de les corriger. Finies les manœuvres confuses et les méprises à répétition! L'erreur est humaine et votre machine est là pour l'éviter.

Annuler

Généralement située dans le menu Edition, la commande Annuler ramène une étape en arrière. Dans beaucoup de logiciels, vous l'actionnez en appuyant sur Ctrl + Z (Windows) ou ⌘ + Z (Mac).

Annuler ne résout pas tous les problèmes. Par exemple, si vous fermez une image en oubliant de l'enregistrer, la commande Annuler ne vous sera d'aucun secours. De même, elle ne pourra pas annihiler les effets d'un enregistrement. C'est pourquoi, il est impératif d'utiliser l'annulation immédiatement après avoir commis l'erreur.

La plupart des logiciels de retouche permettent d'annuler une série de modifications antérieures. Supposons que vous ayez recadré une photo et qu'ensuite vous l'ayez redimensionnée, corrigé ses couleurs et affiné l'exposition. Plus tard, vous vous rendez compte qu'il ne fallait pas la redimensionner. Il est possible de revenir à la phase Taille de l'image, mais toutes celles effectuées par la suite (la correction des couleurs et de l'exposition) seront perdues.

Pour annuler une série d'actions dans Photoshop Elements 9, cliquez à plusieurs reprises sur le bouton Annuler, sur la droite dans la barre de menus, ou choisissez plusieurs fois Edition > Annuler, ou bien appuyez plusieurs fois sur Ctrl + Z (Windows) ou ⌘ + Z (Mac).

Si votre logiciel n'offre pas les annulations multiples, annulez immédiatement après une erreur. Car si vous utilisez un autre outil ou choisissez une autre commande, il ne sera plus possible de remonter jusqu'à l'erreur initiale.

Rétablir

Vous ne voulez plus annuler ? Appliquez la commande Rétablir, qui se trouve elle aussi dans le menu Edition ou, dans Photoshop Elements 9, sur droite de la barre de menus.

À l'instar d'Annuler, des logiciels permettent de rétablir plusieurs annulations, alors que d'autres ne rétablissent que la dernière modification. Vérifiez ceci dans le manuel du logiciel.

L'historique

Des logiciels de retouche sont dotés d'une palette contenant la liste des modifications les plus récentes, grâce à laquelle vous pourrez facilement annuler des actions.

Dans Photoshop Elements, cette fonction s'appelle assez bizarrement Annuler l'historique. Vous l'affichez en choisissant Fenêtre > Annuler l'historique. Cliquez ensuite sur la modification qui se trouve juste au-dessus de celle que vous voulez annuler. Toutes celles qui se trouvent en aval apparaissent à présent en grisé. Par exemple, sur la Figure 11.6, quatre actions – des états d'historique – ont été annulées. Pour revenir sur votre décision, cliquez sur l'action en grisé que vous désirez restaurer. Toutes les actions qui précèdent sont elles aussi rétablies.

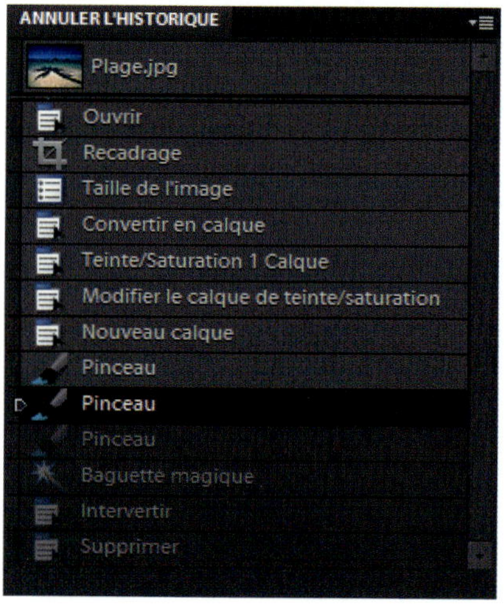

Figure 11.6 : Dans Photoshop Elements, cette palette mémorise les 50 dernières modifications.

Par défaut, la palette Annuler l'historique mémorise les 50 dernières actions. Cette valeur peut être modifiée dans les Préférences (sous Windows, choisissez Edition > Préférences > Performances ; sous

Mac, choisissez Photoshop Elements > Préférences > Performances). Modifiez la valeur de l'option Etats d'historique. Sachez cependant que plus le nombre d'annulations est élevé, plus il faut de RAM pour mémoriser les changements. Si Photoshop Elements vous paraît lent, réduisez le nombre d'annulations à 20, ce qui est encore très suffisant.

Rétablir la version précédente

Dans Photoshop Elements, la commande Edition > Version précédente permet de récupérer l'image dans l'état qui était le sien lors de son dernier enregistrement. Cette commande est incontournable quand vous abîmez radicalement votre image.

Si votre logiciel de retouche ne dispose pas de cette fonction, fermez le fichier sans l'enregistrer, puis rouvrez-le.

Corriger un horizon incliné

La Figure 11.7 illustre une erreur de cadrage fréquente : la ligne d'horizon est légèrement penchée. Photoshop Elements 9 permet de la corriger grâce à l'une des commandes Image > Transformation. Mais il est capable de faire mieux encore avec son outil Redressement.

Figure 11.7 : Une photo penchée est un défaut fréquent, surtout avec les appareils compacts dont la visée avec l'écran de contrôle est assez approximative.

Si vous prévoyez de rogner la photo, corrigez d'abord l'horizon, car vous aurez besoin du maximum d'espace.

1. **Activez l'outil Redressement dans la boîte à outils.**
2. **Dans la barre d'options, déroulez le menu Options de zone de travail et sélectionnez Recadrer pour supprimer l'arrière-plan.**

   Les deux autres options, Etendre ou rétrécir la zone de travail (par défaut) et Recadrer à la taille d'origine produisent une image penchée sur le côté qu'il faut ensuite recadrer manuellement. En revanche, l'option Recadrer pour supprimer l'arrière-plan se charge de tout.
3. **Tirez une droite tout le long d'une ligne qui devrait être horizontale ou verticale, puis relâchez le bouton de la souris.**

   Après avoir relâché le bouton, Photoshop Elements rééchantillonne l'image et affiche la photo redressée et recadrée (Figure 11.8). C'est simple, net et précis.

   Une autre opération consisterait à redresser les lignes de fuite qui convergent, un problème classique en photographie d'architecture. Les professionnels corrigent la perspective dès la prise vue, en utilisant

Figure 11.8 : L'horizon est à présent bien droit.

une chambre grand format dont la platine porte-objectif et le dos peuvent être décentrés et/ou basculés, ou un objectif à décentrement, fort onéreux.

Redresser la perspective

Avec Photoshop Elements, il est possible de corriger le problème, dans une certaine mesure, avec les commandes du menu Transformation. Comme pour le redressement, vous devrez prévoir des pertes lors du recadrage. Voici comment procéder :

1. **Dans la barre de menus de Photoshop Elements 9, choisissez Affichage > Grille.**

   Un quadrillage est affiché sur l'image. Il nous servira de repère pour corriger les parallèles.

   TRUC : Il est probable que le pas de la grille sera trop serré. Pour l'élargir, choisissez Edition > Préférences > Repères et grille (sous Mac, choisissez Photoshop Elements > Préférences > Repères et grille) et mettez le pas à 5 cm par exemple. Réduisez les subdivisions à 1. Si la couleur de la grille ne vous convient pas, vous pouvez en choisir une autre en cliquant sur le carré gris. La configuration terminée, cliquez sur OK.

2. **Elargissez le cadre dans lequel se trouve la photo. Cliquez sur le pourtour et, bouton de la souris enfoncé, élargissez-le.**

   Vous aurez besoin de place autour de l'image comme vous le constaterez d'ici peu.

3. **Dans la barre de menus, choisissez Image > Transformation > Perspective.**

   Photoshop Elements entoure l'image d'un cadre de déformation pourvu de poignées dans chaque angle.

4. **Cliquez sur l'une des deux poignées d'angle supérieure et tirez-la horizontalement vers l'extérieur de l'image. Ne redressez les lignes qu'à moitié.**

Les verticales se redressent mais l'image se comprime de haut en bas. Ne vous laissez pas impressionner par cet affreux écrasement.

5. **Cliquez sur l'une des deux poignées d'angle inférieures et tirez-la horizontalement vers l'intérieur de l'image, comme le montre la Figure 11.9.**

Figure 11.9 : Redressez l'édifice en tirant les poignés d'angle horizontalement.

La photographie retrouve peu à peu ses proportions. La poignée en bas au milieu applique un décentrement à l'image lorsqu'en plus de sembler basculer vers l'arrière, le sujet est un peu de travers. Cela se produit lorsque l'appareil n'était pas exactement en face de lui.

TRUC

Evitez de redresser complètement l'image. Laissez toujours une inclinaison de quelques degrés. Car si les lignes étaient parfaitement parallèles, l'édifice donnerait l'impression de tomber en avant. De plus, comme on voit un peu sous les arches, un parallélisme parfait ne paraîtrait pas naturel.

6. **Après avoir réglé la perspective, cliquez sur la coche de validation, en bas à droite dans l'image (ou appuyez sur la touche Entrée).**

   Vous pouvez à présent supprimer l'affichage de la grille. Cliquez de nouveau sur Affichage > Grille.

7. **Cliquez sur l'outil Recadrage (il est décrit en détail à la prochaine section) dans la boîte à outils, puis délimitez la partie à conserver.**

   Si vous ne voyez pas cet outil dans Photoshop Elements 9, cliquez sur la petite flèche qui se trouve en bas et à droite de l'outil Recomposition (juste sous le *T* du texte). Laissez un peu le bouton enfoncé pour que le menu graphique associé apparaisse. Il donne le choix entre Recadrage et Recomposition. Sélectionnez la première option.

8. **Cliquez, puis dessinez un cadre délimitant approximativement la zone que vous voulez conservez.**

9. **Tirez les poignées d'angles ou celles sur le côté pour ajuster le cadrage avec précision.**

   Si vous n'avez pas encore désactivé la grille, vous remarquerez que le cadre de délimitation a tendance à se placer dessus, comme si elle l'attirait. En fait, c'est bien de cela qu'il s'agit. Pour faire cesser ce phénomène, choisissez Affichage > Magnétisme > Grille.

10. **Après avoir recadré l'image, cliquez sur la coche de validation, en bas et à droite de l'image, ou bien appuyez sur la touche Entrée.**

    La photo est recadrée, comme l'illustre la Figure 11.10.

Comme vous l'aurez sans doute remarqué, la photo perd considérablement de sa surface au cours des deux opérations de redressement. C'est pourquoi vous ne devez y recourir qu'en cas de nécessité. Remettre d'aplomb une photo de travers ne prête pas trop à conséquence. En revanche, redresser une perspective, ou pire encore, appliquer les deux opérations successivement réduit la taille de l'image.

Figure 11.10 : La photo redressée, aussi bien horizontalement qu'en perspective.

Recadrer une image

Nous avons abordé la composition au Chapitre 7. Mais si celle que vous avez concoctée à la prise de vue ne vous plaît pas, vous pourrez peut-être l'améliorer par un recadrage.

Malgré le téléobjectif de 300 mm, cette joute d'antilopes cervicapre (Figure 11.11) est cadrée trop large parce qu'une rivière empêchait de se rapprocher davantage. Pour obtenir la photo de la Figure 11.12, plus forte car mieux cadrée, il a fallu rogner l'image.

Figure 11.11 : Cette photo est cadrée beaucoup trop large, et les deux antilopes, en haut à gauche, sont en trop.

Les étapes ci-dessous expliquent comment donner un coup de ciseaux à vos images dans Photoshop Elements :

1. **Sélectionnez l'outil Recadrage.**

   Si vous ne voyez pas cet outil dans Photoshop Elements 9, cliquez sur la petite flèche qui se trouve en bas et à droite de l'outil Recomposition (juste sous le *T* du texte). Laissez un peu le bouton enfoncé pour que le menu graphique associé apparaisse. Il donne le choix entre Recadrage et Recomposition. Sélectionnez la première option.

Figure 11.12 : Un cadrage plus serré donne plus de force au sujet.

Vérifiez que les champs Hauteur, Largeur et Résolution de la barre d'options sont vides. Si ce n'est pas le cas, cliquez sur Aucune restriction dans la liste Proportions.

2. **Tirez l'outil sur l'image pour délimiter la zone à recadrer.**

   Placez le pointeur de la souris à un coin du cadre à tracer puis, en maintenant le bouton gauche de la souris enfoncé, tirez jusqu'à l'opposé de la zone. Relâchez le bouton de la souris. Un contour de recadrage est ainsi tracé. Il est doté de huit poignées de redimensionnement (voir Figure 11.13). La zone qui sera éliminée est masquée par une sorte de film translucide

3. **Tirez les poignées avec la souris pour ajuster la zone de recadrage.**

   Pour déplacer la totalité du cadre, cliquez dedans et faites-le glisser.

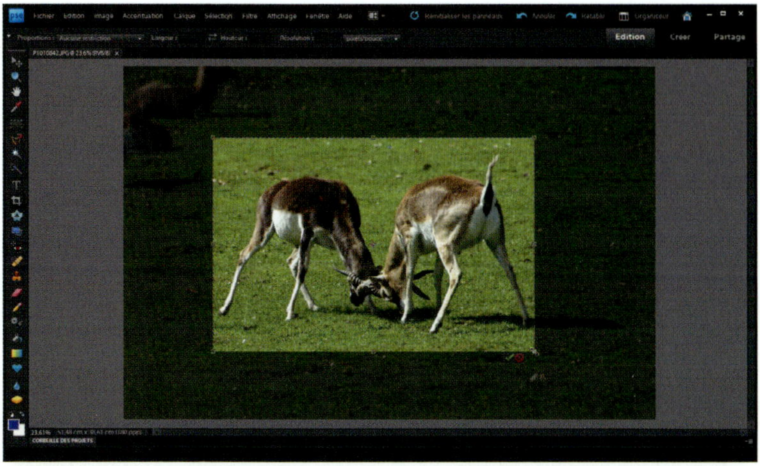

Figure 11.13 : Tirez sur l'une ou l'autre des poignées pour définir plus finement le recadrage.

4. **Cliquez sur la coche de validation ou appuyez sur Entrée (Retour).**

Pour recadrer l'image selon des dimensions précises, ignorez l'outil Recadrage et procédez plutôt comme suit :

1. **Choisissez l'outil Rectangle de sélection.**

   Si l'outil Ellipse de sélection est affiché à la place du Rectangle de sélection, cliquez un instant sur le minuscule triangle en bas à droite de l'icône, puis choisissez Rectangle de sélection parmi les sous-outils.

2. **Dans la barre d'options, déroulez la liste Mode et choisissez Proportions fixes.**

3. **Entrez une proportion dans les champs Largeur et Hauteur.**

   Par exemple, pour obtenir une image en 10 x 15 cm, entrez tout simplement ces chiffres.

4. **Tirez afin d'inscrire la partie à recadrer à l'intérieur du contour de sélection.**

   Nous reviendrons sur ce contour de sélection au prochain chapitre. Photoshop Elements maintient les proportions fixes que vous venez de définir. Le contour peut être repositionné en cliquant dedans et en le tirant ailleurs, bouton de la souris enfoncé, jusqu'à ce que le cadrage vous convienne.

5. **Choisissez Image > Recadrer.**

   Tout ce qui est hors du contour de sélection est aussitôt éliminé.

N'OUBLIEZ PAS

Que vous utilisiez cette technique ou l'outil Recadrer, gardez toujours la résolution de l'image à l'esprit. Vous devez conserver suffisamment de pixels pour obtenir une bonne impression. Reportez-vous au Chapitre 2 pour en savoir plus.

Recomposer une image

Cette fonction assez spécifique à Photoshop Elements 9 permet de redimensionner une image de manière dynamique. Ce miracle est possible par la grâce de l'outil compagnon de Recadrage : Recomposition. Pas besoin de longues explications, un exemple sera plus parlant :

1. **Ouvrez la photographie que vous voulez recomposer.**

   Toute la difficulté consiste à choisir un sujet dans lequel il n'y aura pas trop de problèmes de raccords, et/ou un ou des personnages (des objets, cela va très bien aussi) pourront assez facilement être éliminés. Voilà qui demande un peu d'expérience.

2. **Sélectionnez l'outil Recomposition.**

TRUC

Si vous ne voyez pas cet outil dans Photoshop Elements 9, cliquez sur la petite flèche qui se trouve en bas et à droite de l'outil Recomposition (juste sous le *T* du texte). Laissez un peu le bouton enfoncé pour que le menu graphique associé apparaisse. Il donne le choix entre Recadrage et Recomposition. Sélectionnez la seconde option.

Un cadre pourvu de poignées vient entourer l'image.

3. **Choisissez dans la liste Prédéfini de la barre d'options le mode Aucune restriction.**

4. **Supposons que vouliez éliminer ou au contraire protéger totalement tel ou tel élément de l'image (mais ce n'est pas une obligation). Servez-vous, comme sur la Figure 11.14, des outils Marquer pour protection et Marquer pour suppression afin de « peindre » sur les zones voulues. Réglez la valeur du champ Épaisseur de la barre d'options à une valeur convenable pour réaliser facilement cette opération. Comme l'illustre la Figure 11.14, les zones à protéger sont affichées dans un vert translucide, celles à éliminer dans un rouge tout aussi translucide.**

Figure 11.14 : Marquer des éléments de la photo comme devant être protégés ou supprimés.

5. **Quand vous avez terminé, faites glisser l'une des poignées comme pour recadrer la photographie.**

   Vous pouvez parfaitement opérer sur plusieurs poignées, mais vous risquez tout simplement de déformer terriblement l'image…

La Figure 11.15 montre le résultat obtenu sur cet exemple. C'est assez bluffant, non ?

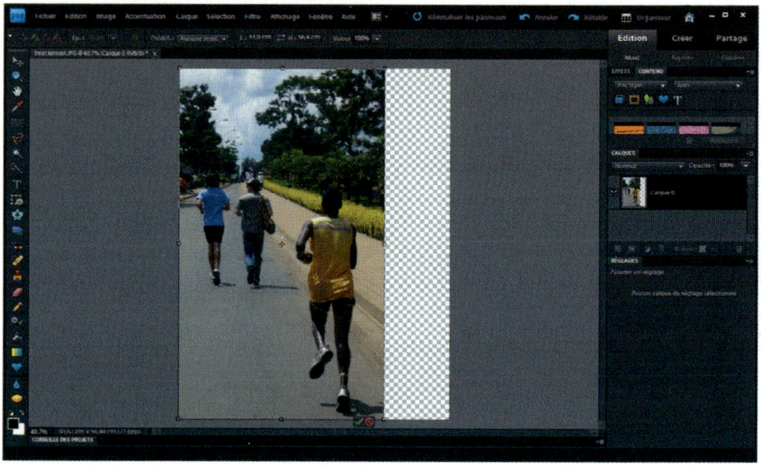

Figure 11.15 : Les enfants ont été effacés de la photo avec l'aide de l'outil Recomposition.

Ce genre d'effet ne s'applique évidemment pas à toutes les images, soit parce que le raccord serait beaucoup trop visible, soit tout simplement parce qu'elles ne s'y prêtent absolument pas.

Donner de la lumière à vos images

La photographie de gauche sur la Figure 11.16 est si sombre qu'elle paraît irrécupérable, juste bonne pour la Corbeille. La sous-exposition dont elle souffre est cependant très facile à corriger, comme le démontreront les pages à venir.

Figure 11.16 : La photo de gauche, sous-exposée, a été corrigée pour obtenir l'image de droite.

Les commandes de luminosité et de contraste

De nombreux logiciels de retouche sont dotés d'une commande qui règle automatiquement la luminosité et le contraste d'une image. Comme je l'avais mentionné précédemment, ces automatismes ont tendance à en faire trop ou pas assez, ce qui, dans les deux cas, nuit au résultat.

Fort heureusement, la plupart des logiciels proposent également le réglage manuel de l'exposition. Les commandes sont faciles à utiliser et produisent toujours un meilleur résultat que la correction automatique.

Pour y accéder dans Photoshop Elements, choisissez Accentuation > Régler l'éclairage > Luminosité/Contraste.

Il suffit ensuite d'actionner les glissières, comme sur la Figure 11.17.

Figure 11.17 : Augmenter la luminosité et le contraste débouche les tons moyens, mais le ciel et l'arrière-plan ont été complètement crevés.

ATTENTION

Bien que pratique, la fonction Luminosité/Contraste applique une correction globale de l'exposition. C'est parfait pour certaines images, mais pas pour toutes, notamment celles qui ne nécessitent que des corrections partielles. Par exemple, sur la Figure 11.16, les tons foncés sont corrects. Seuls les tons moyens et clairs doivent être éclaircis.

Sur la gauche de la Figure 11.17, la luminosité a été augmentée suffisamment pour éclaircir les tons moyens. Ceux qui étaient gris clair sont devenus blancs, et ceux qui étaient noirs sont devenus gris foncé. Il en résulte un accroissement du contraste et une perte de détails dans les ombres et dans les hautes lumières. Augmenter le contraste ne ferait qu'empirer la situation, comme le prouve la photo de droite de la Figure 11.17. Les tons clairs finissent par devenir blancs, produisant un ciel « crevé ». Il en va de même pour la partie supérieure de la montagne.

TRUC

C'est quoi, un calque de réglage ?

Des logiciels de retouche, dont Photoshop Elements, proposent des calques de réglage. Ils permettent d'appliquer des corrections sans altérer l'image elle-même. À tout moment, les paramètres du calque peuvent être modifiés, voire supprimés. De plus, l'effet d'un calque de réglage peut être affiné en choisissant un mode de fusion.

Cet ouvrage ne permet pas de traiter en détail l'effet des calques de réglage, mais je vous invite à les utiliser autant que faire se peut, notamment sur les images composites formées de plusieurs calques superposés et comportant des éléments provenant de diverses sources. Ces calques garantissent une cohérence des couleurs, des contrastes, de la lumière et de la saturation, tout en conservant une souplesse d'utilisation non négligeable.

Plusieurs options sont envisageables lorsqu'une photo exige une correction sélective :

- Si votre logiciel ne comporte que des commandes de luminosité et de contraste, recourez aux techniques décrites au Chapitre 12 pour sélectionner les zones à corriger.
- Si vous utilisez Photoshop Elements ou un autre logiciel de retouche perfectionné, reportez-vous aux deux prochaines sections pour découvrir deux outils autrement plus sophistiqués : Niveaux et Tons foncés/Tons clairs.
- Peut-être disposerez-vous d'outils de correction de la densité, qui permettent d'agir sur l'image exactement comme le ferait un tireur sous son agrandisseur, en donnant ou en retenant la lumière. Consultez le manuel du logiciel pour connaître les outils qu'il propose.

Contrôler la luminosité à un niveau plus élevé

Les logiciels graphiques évolués disposent d'une commande Niveaux permettant de régler indépendamment les tons foncés, clairs et moyens. Dans d'autres logiciels, elle peut s'appeler autrement, Histogramme par exemple. Dans Photoshop Elements, vous accédez à la commande Niveaux en choisissant Accentuation > Régler l'éclairage > Niveaux.

La boîte de dialogue Niveaux que montre la Figure 11.18 surprend un peu, mais elle est beaucoup plus facile à utiliser qu'il n'y paraît.

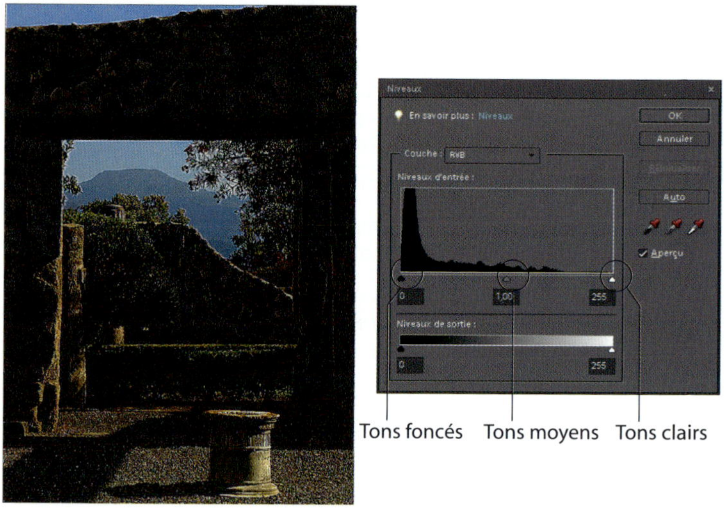

Figure 11.18 : Déplacez les curseurs sous l'histogramme pour régler les tons foncés, moyens et clairs.

Voici comment lire efficacement un histogramme :

- **La boîte de dialogue Niveaux présente généralement trois contrôles fondamentaux, appelés niveaux d'entrée.**

  Dans Photoshop, ces niveaux sont réglés, soit en entrant directement une valeur dans les trois champs situés au-dessus de l'histogramme, soit en déplaçant les curseurs qui s'y rapportent.

- Tons foncés : règle la densité des ombres. Tirez le curseur vers la droite pour augmenter ou assombrir les tons foncés.
- Tons moyens : tirez le curseur du milieu vers la gauche pour les éclaircir, vers la droite pour les assombrir. Cette commande modifie le gamma de l'image (le gamma est une courbe représentant le contraste d'un film ou d'un papier).
- Tons clairs : règle les hautes lumières. Tirez le curseur vers la gauche pour éclaircir les pixels les plus clairs de l'image.

Pour obtenir l'image corrigée de la Figure 11.19, j'ai déplacé vers la gauche les curseurs des tons moyens et des tons clairs.

Figure 11.19 : Les curseurs des tons moyens et des tons clairs ont été tirés vers la gauche pour corriger l'image.

TRUC

Lorsque vous ajustez les tons clairs et foncés dans la boîte de dialogue de Photoshop Elements, le curseur des tons moyens se déplace également. Si les tons moyens obtenus ne vous plaisent pas, replacez leur curseur à sa position d'origine.

- **Modifier les Niveaux de sortie réduit le contraste.** Ses valeurs définissent des valeurs de luminosité maximale et minimale. Autrement dit, vous pouvez assombrir les pixels les plus clairs et éclaircir les plus foncés. Il permet néanmoins de ramener une image très surexposée dans une gamme de tonalités imprimables, en diminuant légèrement la valeur de luminosité maximale. Dans Photoshop Elements, tirez le curseur de gauche vers la droite pour réduire la luminosité maximale de l'image. La commande Tons foncés/Tons clairs, décrite dans la prochaine section, propose cependant une meilleure approche.
- **Réglez toutes les couches chromatiques en même temps.** Il est possible de régler indépendamment la luminosité des couches Rouge, Vert et Bleu (la notion de couche est expliquée au Chapitre 2).

  Dans Photoshop Elements, vous la sélectionnez dans la liste déroulante Couche. Cependant, du fait que la modification de la luminosité d'une couche affecte la balance des couleurs, je vous recommande de ne pas le faire.

La commande Tons foncés/Tons clairs

La commande Niveaux permet de forcer les ombres et éclaircir les hautes lumières. Pour faire le contraire, c'est-à-dire éclaircir les ombres et foncer les hautes lumières, recherchez dans votre logiciel l'équivalent de la commande Tons foncés/Tons clairs, illustrée sur la Figure 11.20. Elle est plus puissante et plus efficace que le réglage des niveaux de sortie dans la boîte de dialogue Niveaux et que la commande Luminosité/Contraste. Dans Photoshop Elements, choisissez Accentuation > Régler l'éclairage > Tons foncés/Tons clairs.

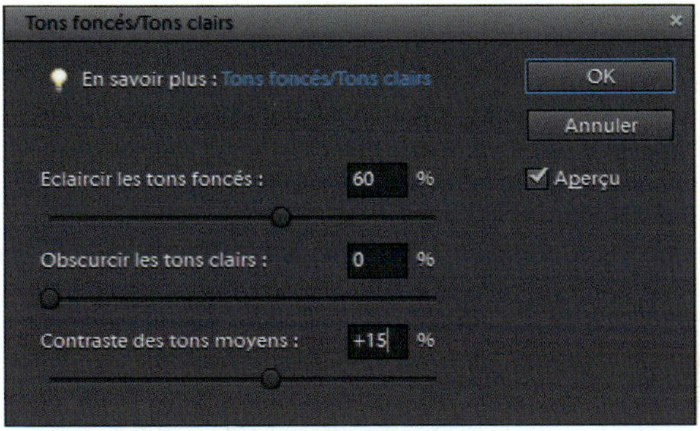

Figure 11.20 : La commande Tons foncés/Tons clairs permet d'éclaircir les ombres et foncer les hautes lumières.

La scène de rue de la Figure 11.21 est une parfaite candidate pour cette commande. Les détails ont été restitués à l'aide des réglages de la Figure 11.20.

Figure 11.21 : Pour obtenir l'image de droite, les tons foncés ont été éclaircis et le contraste des tons moyens a été légèrement accentué.

Sur certaines images, vous devrez appliquer à la fois les commandes Tons foncés/Tons clairs et Niveaux. Par exemple, bien que la photo corrigée de la Figure 11.21 soit nettement meilleure que l'original, j'ai tenu à rehausser un tout petit peu les tons clairs et moyens. C'est pourquoi j'ai ajouté en plus le réglage Niveaux montré sur la Figure 11.22.

Figure 11.22 : Après une application de la commande Tons foncés/Tons clairs, la commande Niveaux a été utilisée pour éclaircir légèrement les tons moyens et clairs.

Raviver les couleurs

Vos images paraissent ternes et sans vie ? Donnez-leur une seconde jeunesse avec l'élixir de saturation !

Examinez l'exemple de la Figure 11.23. Les couleurs sont un peu ternes. Nous leur donnerons plus d'éclat avec la commande Saturation, présente dans la plupart des logiciels de retouche.

Figure 11.23 : Augmenter la saturation des couleurs d'une image lui donne plus de vie.

Pour modifier la saturation avec Photoshop Elements, sélectionnez Accentuation > Régler la couleur > Teinte/Saturation, ou appuyez sur Ctrl + U. La boîte de dialogue Teinte/Saturation (Figure 11.24) comporte trois contrôles : Teinte, Saturation, Luminosité. Veillez à ce que la case Redéfinir ne soit pas cochée (à moins que vous ne vouliez obtenir un effet monochrome). Tirez ensuite le curseur Saturation vers la droite pour aviver les couleurs, vers la gauche pour réduire puis, en bout de course, éliminer toute couleur de l'image.

L'option Global, dans la liste du haut, signifie que toutes les couleurs de l'image seront affectées par vos modifications. Il est cependant possible d'agir sur les composantes Rouge, Vert,

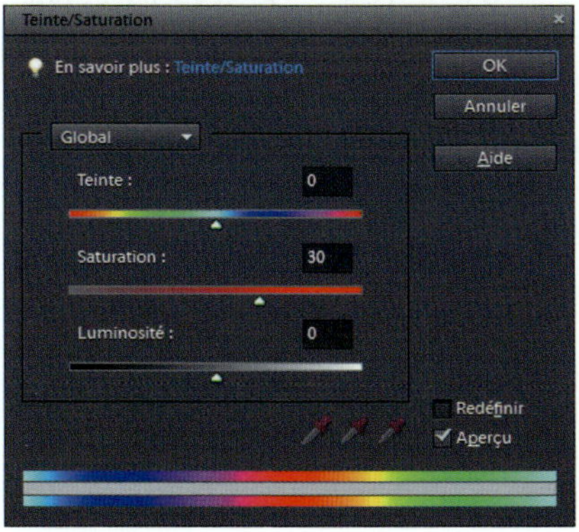

Figure 11.24 : Tirez le curseur Saturation vers la droite pour donner du tonus aux couleurs.

Bleu, Jaune, Cyan et Magenta en les sélectionnant dans cette liste.

Pour ajuster la saturation sur des points précis de l'image, utilisez l'outil Éponge de votre programme (vous le trouverez comme il se doit dans la boîte à outils de Photoshop Elements). Cet outil fonctionne comme un pinceau. La différence est qu'il n'applique pas une couleur, mais intensifie ou réduit la saturation des couleurs d'une image. Dans Photoshop Elements, sa fonction est définie par le paramètre Mode de la barre d'options qui propose Désaturer et Saturer. Le paramètre Flux définit la puissance de l'outil. Cette technique a été utilisée pour redonner un l'aspect du « neuf » (image de gauche) à l'antique horloge illustrée sur la droite de la Figure 11.25.

Figure 11.25 : L'outil Éponge permet de saturer, ou au contraire de désaturer, des parties précises d'une photographie.

La balance des couleurs

À l'instar des photos argentiques, les photos numériques peuvent présenter une dominante de couleur causée par un problème de *balance des couleurs*.

La photo en haut de la Figure 11.26 est pratiquement un cas d'école. Elle a été prise avec un appareil qui accentue les tons bleutés. Ce n'est pas un problème pour des photos au bord de l'eau ou des photos de ciels. Mais pour cette photo d'antiquités, la dominante bleue est problématique. Avez-vous remarqué les courroies et les roues en bois de couleur bleu marine ? Croyez-moi, cette couleur n'est pas du tout une caractéristique des anciens matériels agricoles.

Pour supprimer la dominante bleue, j'ai eu recours au filtre Variantes de couleurs de Photoshop Elements. Dans d'autres logiciels, il peut s'appeler tout bonnement Balance des couleurs. L'illustration du bas, sur la Figure 11.26, montre la photo corrigée après un ajout de rouge et de jaune et un retrait de bleu et de cyan. Les courroies et la roue sont

Figure 11.26 : Le filtre Variantes de couleurs a supprimé la dominante bleue.

à présent grises, leur teinte normale. Le rééquilibrage des couleurs a aussi fait ressortir les teintes rouges et jaunes de la moissonneuse-batteuse.

Pour accéder à ce filtre dans Photoshop Elements, choisissez Accentuation > Régler la couleur > Variantes de couleurs. La boîte de dialogue de la Figure 11.27 apparaît.

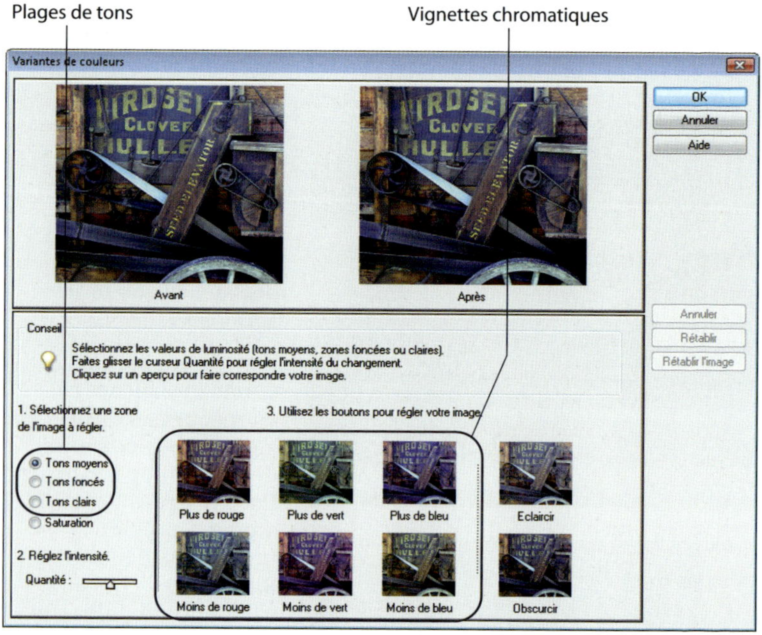

Figure 11.27 : Cliquez sur une des vignettes pour ajouter de la couleur et ôter la couleur opposée.

Voici quelques informations concernant le filtrage :

- Les tons foncés, moyens et clairs sont réglés indépendamment les uns des autres. Cliquez sur l'un des boutons à gauche de la boîte de dialogue pour sélectionner la plage de tons à corriger.

- Après avoir sélectionné la plage de tons, réglez la couleur en cliquant dans la vignette chromatique appropriée.

  Pour ajouter du cyan, cliquez sur la vignette Moins de rouge. Pour ajouter du magenta, cliquez sur Moins de vert. Pour ajouter du jaune, cliquez sur Moins de bleu.

- La glissière Quantité, en bas à gauche de la boîte de dialogue, contrôle l'intensité de la modification lorsque vous cliquez sur une vignette.
- Bien que le filtre Variantes de couleurs permette de régler l'exposition et la saturation, il est préférable de recourir aux techniques décrites précédemment.

Renforcer la netteté

Certes, aucun logiciel de retouche ne saurait restituer à une image la netteté qui lui manque. Mais il est possible d'améliorer un léger manque de netteté avec un filtre d'accentuation. La Figure 11.28 montre comment une légère accentuation de la netteté améliore la définition d'une photo qui était un peu enveloppée.

Les sections ci-dessous expliquent comment accentuer une image ou rendre l'arrière-plan flou, ce qui permet de faire ressortir le sujet.

Pour vous faire une idée un peu plus précise, regardez les deux exemples de la Figure 11.29, qui sont un détail de la Figure 11.28. Observez les liserés clairs du côté des zones claires et les liserés foncés du côté des zones foncées. Leur contraste produit un effet de trompe-l'œil qui suggère la netteté.

Figure 11.28 : L'accentuation de la netteté augmente le contraste entre les zones de différentes luminosités pour donner l'impression d'un meilleur « piqué ».

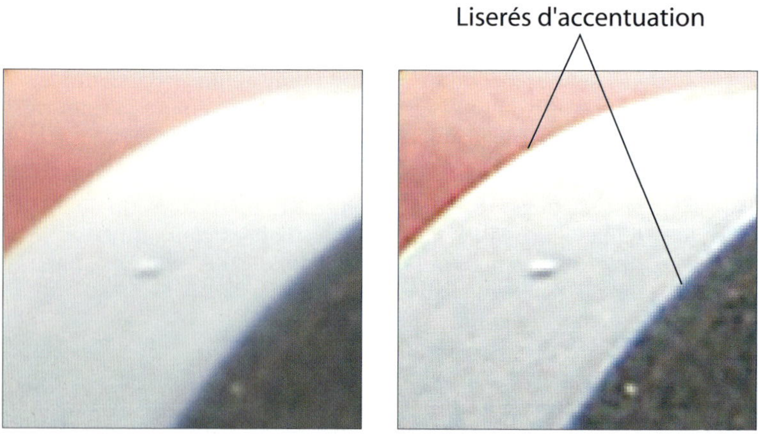

Figure 11.29 : La limite de la zone claire reçoit un liseré clair, la limite de la foncée un liseré foncé.

Appliquer le filtre Accentuation

À l'instar d'autres outils de correction évoqués précédemment dans ce chapitre, les outils de renforcement sont de deux types : automatiques ou manuels. Si vous optez pour le renforcement automatique, vous devrez procéder à des essais car leurs effets varient d'une image à une autre.

Quel que soit votre logiciel, vous obtiendrez de meilleurs résultats manuellement.

L'outil de renforcement de certains logiciels est des plus rudimentaires : vous actionnez une glissière dans un sens ou dans un autre pour régler l'effet. Photoshop Elements, lui, propose un filtre paramétrable fort efficace.

NOUVEAUTÉS 9

Pour utiliser l'outil de renforcement de la netteté de Photoshop Elements, choisissez Accentuation > Accentuation. La boîte de dialogue de la Figure 11.30 s'affiche.

La boîte de dialogue *Accentuation* comporte trois commandes : Gain, Rayon et Seuil. Toutes les trois permettent de spécifier au programme à quels endroits et de quelle manière l'image sera accentuée. Etudions ces réglages en détail :

- **Gain :** contrôle l'intensité du renforcement. Plus le pourcentage est important, plus la netteté est renforcée.
- **Rayon :** définit l'étendue des pixels affectés par l'accentuation. Avec un petit rayon, l'effet sera concentré sur une région très étroite. Avec un rayon plus large, il sera plus diffus. En règle générale, tenez-vous-en à une valeur de 0,5 à 2 pixels. N'utilisez les valeurs faibles que pour les images à afficher à l'écran, les valeurs élevées pour celles qui seront imprimées.
- **Seuil :** contrôle l'importance de l'écart à conserver entre les valeurs de luminosité des pixels devant être renforcés par l'accentuation. Si vous laissez cette valeur à 0, tous les pixels seront accentués. Dans la majorité des cas, un seuil de 2 à 20 reste le meilleur compromis.

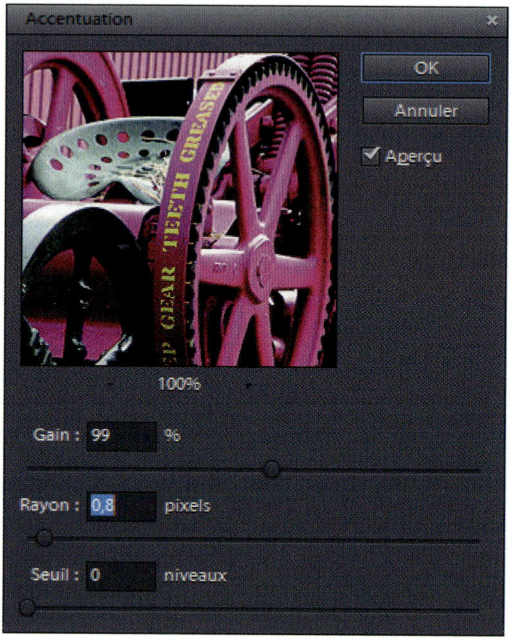

Figure 11.30 : Pour un résultat de qualité professionnelle, appliquez le filtre Accentuation.

TRUC

Lorsque vous accentuez la netteté des personnes photographiées, essayez avec une valeur de seuil de 3 à 5. Cela permet de conserver une peau lisse et naturelle. Si votre image présente du bruit, augmenter la valeur de seuil permet d'en améliorer la netteté sans amplifier le bruit.

ATTENTION

La combinaison de paramètres la plus judicieuse dépend de la photo. N'en faites pas trop. Une accentuation trop forte donne un aspect rude et granuleux à l'image, et risque de produire d'inesthétiques liserés.

Flou pour être net ?

Si le sujet principal manque légèrement de netteté et que l'application d'un filtre d'accentuation ne corrige pas le problème, essayez ceci : sélectionnez tout sauf le sujet principal (les sélections sont expliquées au Chapitre 12) et appliquez un filtre Flou. Bien souvent, rendre l'arrière-plan flou donne l'impression que le premier plan est mieux défini, comme l'illustre la Figure 11.31. De plus, sur cette photo, l'arrière-plan devient moins envahissant.

Figure 11.31 : Rendre l'arrière-plan flou met le perroquet en valeur.

Pour appliquer cet effet dans Photoshop Elements, choisissez Filtre > Flou > Flou gaussien (Figure 11.32). Réglez le flou à l'aide du curseur (sur cet exemple, la limitation du flou à l'arrière-plan

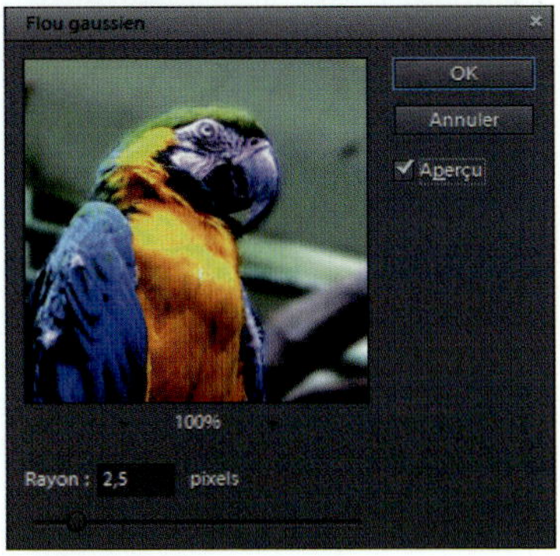

Figure 11.32 : Réglez le flou avec le filtre Flou gaussien.

seulement a été obtenue en sélectionnant le perroquet puis en intervertissant la sélection avant d'appliquer le flou gaussien).

Bruit, crénelage, franges, pixellisation…

Tous ces termes se rapportent à des défauts typiques de l'imagerie numérique. Ils peuvent avoir pour cause un taux de compression trop élevé, un capteur trop peu sensible qui génère du bruit (voir Figure 11.33), un agrandissement ou une réduction exagérés, etc.

Figure 11.33 : Un bruit excessif (à gauche) peut être estompé à l'aide d'un filtre d'atténuation du bruit ou d'un léger flou (à droite).

Tous ces défauts peuvent être atténués par un léger flou. Si la photo présente du bruit, appliquez un filtre comme Réduction de bruit (voir Figure 11.34).

Figure 11.34 : Le filtre Réduction de bruit réduit le bruit de luminance et le bruit chromatique.

Dans Photoshop Elements, choisissez Filtre > Bruit > Réduction de bruit. Voyons les réglages dont vous disposez :

- **Intensité :** corrige le bruit de luminance, qui se manifeste par des variations de la luminosité.
- **Conserver les détails :** définit à partir de quel seuil une variation de la luminosité est imputable à du bruit. Plus la valeur est faible, plus l'image reçoit de flou de luminosité.
- **Réduire le bruit de la couleur :** actionnez ce curseur vers la droite pour augmenter l'atténuation des pixels colorés produits par le bruit chromatique.

Comme pour tous les filtres, le paramétrage correct dépend de la photo. Pour atténuer le bruit de l'image illustrée sur la Figure 11.33, j'ai appliqué les paramètres montrés sur la Figure 11.34.

Essayez aussi ce qui suit pour réduire le bruit ou le crénelage :

- **Appliquez un filtre Flou conventionnel :** si possible, ne l'appliquez que là où les défauts sont les plus apparents (vous apprendrez au Chapitre 12 comment sélectionner une partie d'une image). Si votre logiciel est équipé d'un outil semblable au Sélecteur magique de Photoshop Elements, il vous suffira de le passer par-dessus la zone à rendre floue.
- **Appliquez un filtre Flou intérieur** : beaucoup de logiciels en proposent un. Il n'applique le flou qu'au pourtour de l'image ou de la zone sélectionnée.

TRUC

Quelle que soit la solution à laquelle vous recourez pour atténuer des défauts, vous devrez appliquer un filtre d'atténuation afin de récupérer un peu de netteté. Le problème est que le filtre risque de faire réapparaître les défauts. Si votre logiciel propose un filtre Accentuation, vous éviterez ce cercle vicieux en définissant un Seuil supérieur à zéro.

12

La sélection ou l'art de délimiter

Dans ce chapitre :

- Modifier une partie de l'image.
- Les différents outils de sélection.
- Affiner une sélection.
- Déplacer, copier et coller une sélection.
- Utiliser l'outil de duplication.

Après avoir vu les fonctions de traitement et de correction d'image, intéressons-nous aux outils de sélection.

La sélection est l'essence même de la retouche. Elle permet des opérations précises et localisées. Grâce à elle, vous pourrez appliquer des effets variés sur des zones différentes de vos images, combiner des éléments entre eux, éliminer des détails, déplacer une partie de l'image, fusionner plusieurs fichiers, etc.

Je vous propose d'entrer dans le vif du sujet.

Une sélection, pour quoi faire ?

Si une photo en dit plus que mille mots, elle peut aussi dire autant de mensonges. Bien sûr, les photographes ont toujours su truquer les images, ou fausser leur perception par l'angle de prise de vue, la composition, la lumière, etc. La photo numérique a considérablement perfectionné ces possibilités. Et les exemples ne manquent pas, entre les photographies « officielles » qui suppriment quelques poignées d'amour et les trucages hebdomadaires des magazines dits *people*.

Ce chapitre présente les techniques de base de la manipulation des images. Il ne s'agit bien sûr pas de fabriquer de fausses preuves, mais d'utiliser ces procédés à des fins créatives.

Vous apprendrez à fusionner plusieurs images en une seule, à déplacer un élément d'une photo à une autre, et aussi à masquer un défaut avec une pièce prélevée à un autre endroit de l'image.

Pourquoi et quand sélectionner ?

N'avez-vous jamais eu envie de modifier radicalement vos photographies ? Prendre le corps d'une personne pour lui appliquer la tête d'une autre ? Ou remplacer tout simplement un banal ciel gris par un magnifique soleil ? Ce type d'opération est à la base même de la retouche numérique : vous sélectionnez une partie d'une image pour la recopier sur une autre, pour la positionner sur une zone particulière ou encore pour modifier totalement son contenu.

La zone sélectionnée doit être délimitée par un *contour de sélection*. Vos actions n'affecteront que le contenu de cette zone.

Une sélection ne se limite pas à l'application d'un effet ou d'une fonction particulière. Elle peut aussi protéger votre travail contre une erreur de manipulation. Sur la Figure 12.1, j'ai voulu éclaircir le monument mais sans toucher au ciel. J'ai donc sélectionné celui-ci (ou plus exactement délimité le ciel d'un bleu presque uniforme puis inversé la sélection) avant de le modifier avec la commande Niveaux.

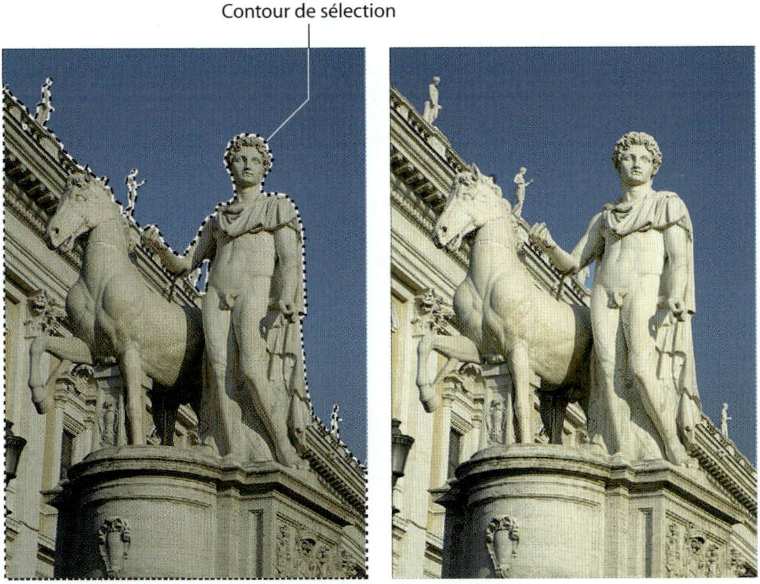

Figure 12.1 : Sélectionner le monument avant d'appliquer la commande Niveaux limite le réglage à cette partie de l'image.

Les sélections sont donc des outils très utiles. Malheureusement, effectuer une sélection précise n'est pas toujours chose facile. De loin. L'expérience et la patience sont indispensables à une bonne maîtrise de cet outil. Au cours des sections suivantes, nous verrons comment opérer des sélections dans Photoshop Elements.

Quels outils dois-je utiliser ?

La plupart des logiciels graphiques proposent des outils de sélection, dont le nom varie souvent de l'un à l'autre. Dans Photoshop Elements, vous trouverez ceux-ci :

- Le **Rectangle de sélection** et l'**Ellipse de sélection** pour définir une zone sélectionnée rectangulaire, carrée, ovale et circulaire.
- Le **Lasso**, le **Lasso polygonal** et le **Lasso magnétique** pour définir des contours irréguliers.
- La **Baguette magique** pour sélectionner une zone en fonction de sa couleur.
- La **Sélection rapide** pour sélectionner une zone de couleur et une zone de luminosité à peu près similaires en tirant le pointeur de la souris à travers elles.

Le mode de sélection à utiliser dépend de vos besoins particuliers. Les prochaines sections expliquent comment mettre à contribution différents outils pour des sélections précises. À chaque type de sélection correspond un outil !

N'OUBLIEZ PAS

Bien que cette étude se limite à Photoshop Elements, sachez que des outils de sélection identiques existent dans les autres logiciels de retouche d'images. Je serais étonnée s'ils ne fonctionnaient pas de la même manière. Vérifiez tout de même les procédures de sélection en lisant le manuel fourni avec votre programme.

Les outils de sélection de Photoshop Elements

NOUVEAUTÉS 9

Examinons les outils de Photoshop Elements avant de passer à la pratique :

- Un outil est activé en cliquant dessus dans une palette appelée « boîte à outils ». La Figure 12.2 montre les outils de sélection réunis dans la partie supérieure.

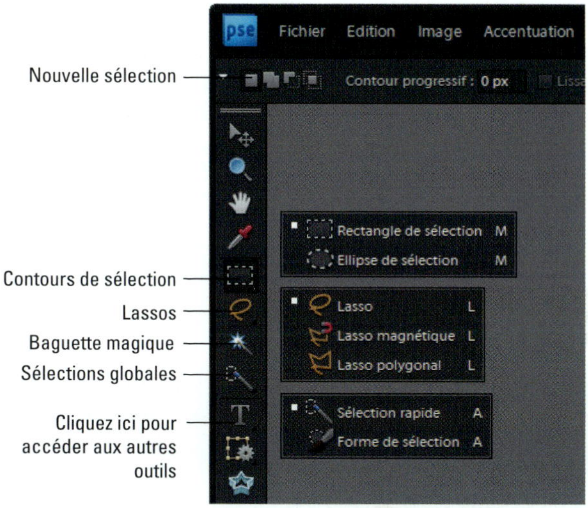

Figure 12.2 : Les outils de sélection de Photoshop Elements se trouvent dans la boîte à outils.

- Un petit triangle en bas à droite de l'icône de l'outil indique qu'il en existe une ou plusieurs variantes. Cliquez sur le bouton sans relâcher le bouton de la souris. Une palette de sous-outils se déploie. Faites glisser le pointeur de la souris sur l'outil à utiliser et validez votre choix en cliquant dessus. La palette se ferme et l'outil est opérationnel.
- La barre d'options contient des commandes relatives à l'outil. Remarquez sur la Figure 12.2 que les sous-outils sont également présentés dans la barre d'options. Cliquez sur l'un d'eux pour l'activer.
- Quand vous utilisez des outils de sélection comme le Rectangle, l'un des Lassos ou la Baguette magique, assurez-vous que l'icône Nouvelle sélection (le carré plein qui se trouve à gauche de la barre d'options), indiquée sur la Figure 12.2, est active. Normalement, c'est le cas par défaut. Les autres icônes permettent de modifier la sélection, comme nous le verrons par la suite.

Sélectionner des zones rectangulaires et elliptiques

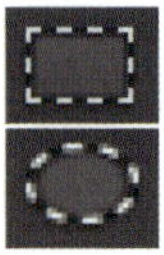

La plupart des logiciels proposent au moins un outil permettant de tracer des sélections rectangulaires ou ovales. Dans Photoshop Elements, il s'agit des outils Rectangle de sélection et Ellipse de sélection. Tous deux se trouvent au même endroit dans la boîte à outils (voir Figure 12.2).

Pour tracer une sélection, cliquez sur l'un des coins de la zone à délimiter, puis faites glisser le pointeur de la souris jusqu'au coin opposé, comme illustré sur la Figure 12.3.

Figure 12.3 : Pour sélectionner une zone rectangulaire, activez l'outil Rectangle de sélection puis tirez d'un coin de la zone à sélectionner jusqu'au coin opposé.

NOUVEAUTÉS 9

Utilisez les commandes de la barre d'options pour paramétrer le comportement des outils. En voici les principaux aspects :

- **Contour progressif :** ce paramètre adoucit le contour de la sélection en estompant ses bords. Par exemple, sur la Figure 12.4, le fond a été sélectionné puis supprimé pour ne laisser que le rectangle (la manipulation est expliquée un peu plus loin). Dans l'illustration du haut, le contour progressif est à 0 : la découpe est nette. En bas, le contour progressif de 20 pixels produit un bel effet de cache flou.

Figure 12.4 : En haut, une sélection sans contour progressif. En bas, le contour progressif estompe les bords de la sélection.

- **Lissage :** cette option, proposée uniquement pour l'Ellipse de sélection, supprime le crénelage – l'effet d'escalier – des sélections comportant des bords en diagonale. L'activation de ce mode est recommandée pour les travaux de retouche, lorsque vous copiez et collez des éléments. Essayez néanmoins avec et sans lissage.
- **Mode :** pour disposer d'un contrôle absolu sur la forme et la taille de la sélection, laissez cette option sur Normal. Les deux autres paramètres imposent, soit une taille fixe à la sélection (comme 300 x 200 pixels), soit le respect d'une certaine proportion entre la hauteur et la largeur.

Pour vous familiariser avec les outils de sélection, vous allez créer le cadre estompé de la Figure 12.4 :

1. **Sélectionnez l'outil Rectangle de sélection ou Ellipse de sélection selon la forme que vous désirez obtenir.**

   Dans la barre d'options, laissez le Mode sur Normal. Si vous avez opté pour l'Ellipse de sélection, cochez la case Lissage. Assurez-vous aussi que l'icône Nouvelle sélection est active. Réglez la valeur Contour progressif à votre convenance (zéro produit une découpe nette).

2. **Tirez afin d'englober la zone à sélectionner dans le contour de sélection.**

3. **Choisissez Sélection > Intervertir.**

   Cette commande inverse la sélection. C'est à présent l'arrière-plan qui est sélectionné, et non la zone que vous venez d'entourer.

4. **Appuyez sur D afin que la couleur d'arrière-plan soit du blanc.**

5. **Appuyez sur la touche Suppr.**

   L'arrière-plan est remplacé par du blanc (ou par toute autre couleur sélectionnée comme couleur d'arrière-plan). Appuyer sur Ctrl + H (Windows) ou ⌘ + H (Mac) masque le contour de sélection, qui reste cependant actif. Recadrez ensuite l'image comme nous l'avons expliqué au Chapitre 11.

Si vous avez oublié de définir un contour progressif avant de sélectionner la zone, vous pourrez le faire après coup. Choisissez Sélection > Contour progressif, tapez le nombre de pixels dans la boîte de dialogue puis cliquez sur OK. Cette manipulation doit toutefois être effectuée avant toute autre intervention. Par exemple, pour le cadre estompé que vous venez de créer, la commande Contour progressif doit être appliquée avant l'Étape 5.

Pour sélectionner un carré ou un cercle avec l'outil Rectangle de sélection ou Ellipse de sélection, maintenez la touche Maj enfoncée tout en tirant. Plus intéressant encore : pour sélectionner à partir du centre, ce qui est très commode lorsque vous sélectionnez un cercle, maintenez en plus la touche Alt (Windows) ou Option (Mac) enfoncée.

Sélectionner par couleur

Les outils de sélection les plus puissants permettent de sélectionner une zone selon les couleurs. Dans Photoshop Elements, vous utiliserez la Baguette magique. Dans certains logiciels, vous entendrez parler de *Sélecteur de couleur* ou d'un terme approchant.

Quel que soit son nom, cet outil fonctionne de la même manière : vous cliquez dans l'image et le logiciel sélectionne automatiquement les pixels ayant la même couleur que celui sur lequel vous avez cliqué.

La barre d'options de la Baguette magique (voir Figure 12.5) comporte les commandes suivantes :

Figure 12.5 : La Baguette magique sélectionne les pixels selon leur couleur.

- **Tolérance :** permet de définir un seuil qui sélectionne toutes les nuances s'approchant de la couleur sur laquelle vous cliquez. Quelques ajustements du seuil de tolérance permettent de sélectionner une vaste zone d'un seul clic.

  La Figure 12.6 illustre les effets de quatre valeurs de tolérance. La petite croix indique l'emplacement du clic avec la Baguette magique. La partie jaune matérialise la zone sélectionnée. En réalité, vous ne verrez rien d'autre que l'extension du contour de sélection. J'ai ajouté la couleur jaune pour mieux mettre la zone sélectionnée en évidence. La valeur de tolérance s'étend de 0 à 255 niveaux, bien qu'une valeur supérieure à 100 tende à en faire beaucoup trop. La valeur 255 sélectionne la totalité de l'image : c'est comme choisir Sélection > Tout sélectionner.

Figure 12.6 : Augmenter la tolérance accroît la plage de pixels sélectionnés.

- **Lissage :** cette option fonctionne comme pour l'Ellipse de sélection. Nous n'y reviendrons donc plus.
- **Pixels contigus :** utilisez cette option pour ne sélectionner que les pixels de même couleur qui se touchent de manière à former une zone entièrement continue.

  Par exemple, sur la Figure 12.7 j'ai cliqué dans la partie noire marquée d'une croix. Quand la case Pixels contigus est cochée, la Baguette magique sélectionne les pixels comme sur l'image du milieu. Les zones noires en bas à droite ne sont pas sélectionnées car elles ne jouxtent pas la région initiale. Sur l'image de droite, l'option Pixels contigus est décochée. De ce fait, Photoshop Elements sélectionne les pixels noirs où qu'ils se trouvent dans la photo. Là encore, j'ai rempli les zones sélectionnées avec du jaune pour mieux montrer l'étendue de la sélection.

Figure 12.7 : Lorsque la case Pixels contigus n'est pas cochée, la Baguette magique sélectionne les pixels dans la totalité de l'image.

- **Echantillonner tous les calques :** si votre document est composé de plusieurs calques superposés, activez cette option pour que la Baguette magique prenne en considération les pixels de tous ces calques. Cependant, n'oubliez pas que seul le calque actif subira les effets de vos modifications.
- **Améliorer le contour :** une fois la sélection active, ce bouton permet d'en changer le comportement. Il donne accès à une boîte de dialogue qui regroupe

en fait plusieurs options du menu Sélection : Lisser, Contour progressif, Contracter et Dilater. Les deux premières ont déjà été vues. Les deux dernières servent respectivement à réduire ou agrandir la zone sélectionnée. Cependant, elles sont ici paramétrées sous forme de pourcentage, ce qui n'est pas si pratique que cela. Il vaut mieux faire appel aux commandes Modifier > Contracter et Modifier > Dilater du menu Sélection, où vous indiquez un nombre de pixels, méthode plus précise et plus compréhensible.

Avant de cliquer avec la Baguette magique, assurez-vous que l'icône Nouvelle sélection est active (reportez-vous à la Figure 12.5).

Régler judicieusement le paramètre Tolérance exige un peu d'expérience. Si le clic ne produit pas le résultat attendu, désélectionnez, modifiez la valeur puis cliquez de nouveau au même endroit. Ou alors, reportez-vous à la section « Affiner la sélection », un peu plus loin, pour apprendre à ajouter ou retrancher d'autres portions de l'image aux sélections.

Tracer une sélection à main levée

D'autres outils de sélection permettent de tracer le contour à main levée. L'opération n'est pas toujours aisée à réaliser avec la souris et, pour travailler avec précision, vous devrez sans doute zoomer fortement sur l'image. L'usage d'une tablette graphique est une bonne solution car le maniement du stylet est plus naturel pour tracer un contour que celui de la souris.

Comme d'habitude, le nom des outils que nous essayerons varie quelque peu d'un logiciel à un autre, mais le principe reste le même. Les trois types de lassos de Photoshop Elements apparaissent dans la barre d'options de chacun d'eux. Il vous sera donc facile de passer de l'un à l'autre en cliquant dessus.

Pour utiliser les outils Lasso et Lasso polygonal, assurez-vous d'abord que l'icône Nouvelle sélection est active, comme sur la Figure 12.8. Cochez éventuellement la case Lissage et réglez le Contour progressif à votre convenance. Entourez ensuite les pixels à sélectionner à l'aide du Lasso :

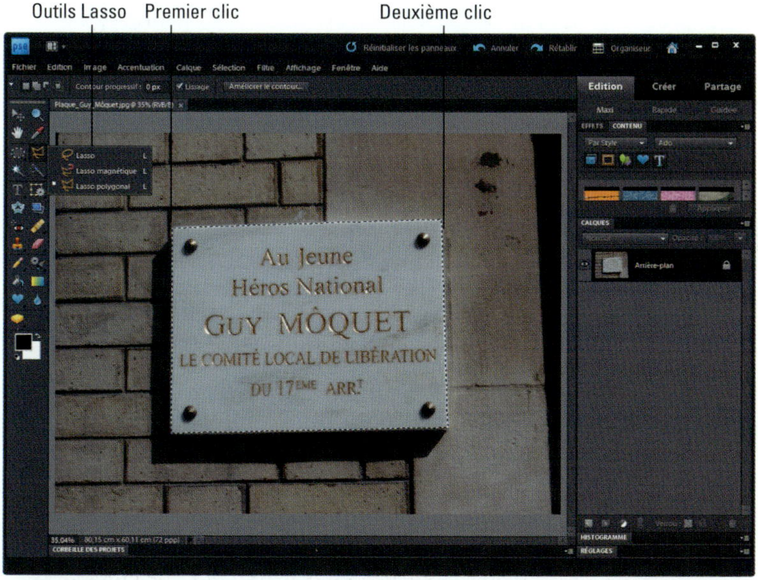

Figure 12.8 : Le Lasso polygonal facilite la sélection de contours rectilignes.

- **Lasso :** cliquez et, sans relâcher le bouton de la souris, faites glisser le pointeur sur toute la zone à sélectionner. Dès que vous revenez au point de départ (ou que vous relâchez le bouton de la souris), la sélection se ferme, devenant ainsi opérationnelle.

- **Lasso polygonal :** cet outil permet d'effectuer une sélection à l'aide de lignes droites successives. Cliquez sur le point de départ, relâchez le bouton de la souris, déplacez le pointeur, cliquez pour placer le début d'un nouveau segment de droite, et ainsi de suite jusqu'à ce que vous reveniez au point de départ (ou que vous terminiez par un double clic). La zone ainsi délimitée est alors entièrement sélectionnée.

Avec le Lasso polygonal, vous avez la possibilité de forcer le trait à suivre une ligne horizontale, verticale ou oblique en appuyant sur la touche Majuscule.

Si vous travaillez avec un fort agrandissement, vous pouvez activer temporairement l'outil Main en appuyant sur la touche Espace afin de faire défiler l'image.

- **Lasso magnétique :** cet outil est décrit à la prochaine section.

La sélection le long des bords

Pour sélectionner un élément, vous devez suivre ses contours avec une très grande précision. Pour vous faciliter la tâche, quelques programmes disposent d'outils spécialisés dans la sélection d'objets complexes.

L'outil Lasso magnétique de Photoshop Elements permet de suivre automatiquement le contour d'un objet en décelant la différence de couleur et de luminosité entre les bords de l'objet et l'arrière-plan. La Figure 12.9 montre ce procédé appliqué aux contours d'un appareil photo Kodak Baby Brownie.

Pour utiliser ce remarquable outil, sélectionnez-le dans la boîte à outils, puis procédez comme suit :

1. **Cliquez à l'endroit où vous désirez commencer la sélection.**

2. **Déplacez le pointeur le long des bords de l'objet à sélectionner.**

   Centrez le pointeur sur le contour, comme le montre la Figure 12.9. Généralement, cet outil fonctionne sans devoir appuyer sur le bouton gauche de la souris.

   Au fur et à mesure du déplacement du pointeur de la souris, l'outil décèle automatiquement le contour de l'objet qu'il survole.

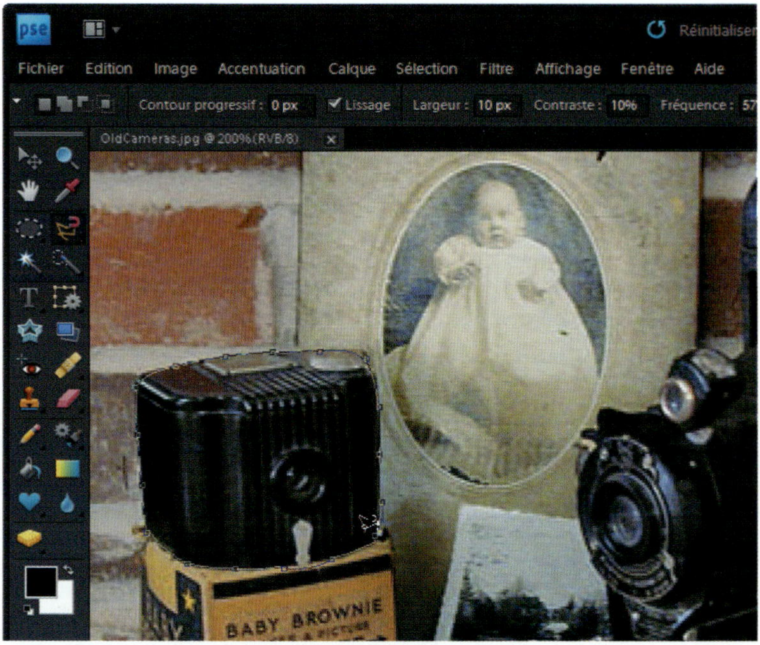

Figure 12.9 : L'outil Lasso magnétique détecte automatiquement la séparation entre deux zones de couleur ou de luminosité.

Le Lasso magnétique trace automatiquement le futur contour de sélection, à condition que la délimitation entre l'objet et le fond soit suffisamment nette. À intervalles réguliers, l'outil place des points d'ancrage carrés, visibles sur la Figure 12.9.

TRUC

Vous pouvez insérer manuellement un point d'ancrage en cliquant sur le bouton de la souris. Pour supprimer un point d'ancrage, appuyez sur la touche Suppr. Si vous appuyez plusieurs fois de suite sur cette touche, vous effacez les points d'ancrage précédents.

3. **Pour terminer le contour, placez votre pointeur au point de départ, et cliquez.**

La précision du Lasso magnétique peut être affinée en modifiant ses paramètres dans la barre d'options :

- **Contour progressif, Lissage :** permettent d'estomper les bords de la sélection. Reportez-vous à la section « Sélectionner des zones rectangulaires et elliptiques » pour en savoir plus.
- **Largeur :** permet de spécifier une largeur de détection. Il s'agit d'un espace exprimé en pixels qui permet de mieux définir les bords de la sélection. Plus la valeur est élevée, plus l'outil sélectionne une grande zone. Les valeurs acceptées vont de 1 à 40.
- **Contraste :** spécifie la sensibilité du Lasso aux abords des objets. Une valeur élevée ne détecte que les contours dont la différence de couleur avec le fond est importante, alors qu'une valeur faible ne détecte que les contours se détachant peu du fond. La valeur maximale est 100.
- **Fréquence :** définit l'intervalle entre les points d'ancrage. Généralement, la valeur par défaut donne de très bons résultats. Trop de points d'ancrage risquent de créneler le contour. Rappelez-vous qu'il est possible, au besoin, d'ajouter manuellement des points d'ancrage.
- **Pression du stylet :** si vous utilisez une tablette graphique, cette option supplémentaire permet de réduire la valeur Largeur à la volée. Appuyez sur le stylet pour diminuer ce paramètre. Même si je reconnais des qualités à cet outil, je ne le recommande pas car il est difficile d'estimer la juste force à appliquer au stylet.

Protéger à grands traits

Pour effectuer des sélections trop compliquées pour la Baguette magique, vous recourrez à l'outil Forme de sélection. Vous peindrez par-dessus les zones à ne pas modifier en recouvrant leurs pixels d'une sorte de film de protection numérique. La sélection est beaucoup plus facile qu'avec des outils à main levée.

Les étapes qui suivent expliquent comment utiliser l'outil Forme de sélection de Photoshop Elements. D'autres logiciels, comme Photoshop, proposent un mode Masque autrement plus puissant que la Forme de sélection.

1. **Activez l'outil Forme de sélection.**
2. **Dans la barre d'options, choisissez le mode Masque.**
3. **Affichez la palette des formes en cliquant sur le bouton fléché à gauche du mot Épaisseur (en abrégé, Ep.).**

   La palette est la même que celle du pinceau. L'épaisseur et la netteté de la forme sont réglables.

4. **Choisissez une des formes rondes de la première rangée.**

   Pour le moment, laissez la Dureté à 100 %. Réglez la taille de la forme avec la glissière Epaisseur.

5. **Peignez sur les zones à masquer, ou au contraire à supprimer par la suite.**

   Les pixels masqués – et de ce fait protégés de toute intervention – sont recouverts d'un film rouge translucide, comme le révèle la Figure 12.10. Si cette couleur est inappropriée, parce que le sujet est déjà rouge, par exemple, cliquez sur Couleur, dans la barre d'options, et choisissez-en une autre. L'opacité du masque est réglable avec la glissière Incrustation.

   Si vous avez fait une fausse manœuvre, maintenez la touche Alt (Windows) ou Option (Mac) enfoncée : à présent la Forme de sélection efface le masque.

6. **Après avoir appliqué le masque sur toutes les parties à protéger, remettez le Mode sur Sélection.**

   Un contour de sélection entoure les parties qui n'ont pas été recouvertes par le masque.

7. **Si vous avez choisi de masquer les zones à éliminer de l'image, tout simplement parce qu'elles sont plus faciles à repérer, inversez votre sélection (commande Sélection > Intervertir).**

Figure 12.10 : La Forme de sélection sert à peindre un masque de protection sur des parties de l'image.

Maintenant que vous connaissez le principe de cet outil, vous pourrez affiner la sélection avec la commande Dureté. À une valeur faible, ses effets sont identiques à ceux du Contour progressif.

Afficher un meilleur curseur

Les curseurs des outils utilisant des formes sont identifiés par leur icône. Par exemple, celui de l'outil Pinceau est en forme de pinceau (logique). Ses dimensions ne varient pas quels que soient les paramètres définis dans la barre d'options, de sorte qu'il est difficile d'évaluer la portée de ses effets. Pour mieux voir la zone d'action d'un outil, affichez-le de manière à voir sa taille et sa forme, comme sur la Figure 12.10.

Pour ce faire, choisissez Edition > Préférences > Affichage et pointeurs (Windows) ou Photoshop Elements > Préférences > Affichage et pointeurs (Mac) et sélectionnez l'option Taille réelle de la pointe.

La sélection rapide

Photoshop Elements 9 est doté d'un autre outil de sélection qui facilite considérablement la sélection de vastes surfaces à peu près homogènes :

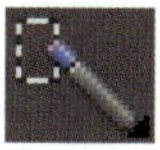

1. **Maintenez le clic sur l'outil Forme de sélection puis, dans le menu, choisissez Sélection rapide.**

   Des trois icônes visibles à gauche, dans la barre d'option, Photoshop Elements sélectionne celle du milieu, Ajouter à la sélection. Cela signifie que vous pourrez sélectionner une surface en plusieurs coups.

2. **Cliquez dans la zone à sélectionner puis, bouton de la souris enfoncé, tirez par-dessus la partie à sélectionner.**

   Sur la Figure 12.11, le clic initial a été effectué dans le coin supérieur gauche de la photo, puis le pointeur a été tiré vers le bas et le tire-bouchon contourné par la gauche. Photoshop Elements étend automatiquement la sélection à toutes les parties ayant à peu près la même apparence.

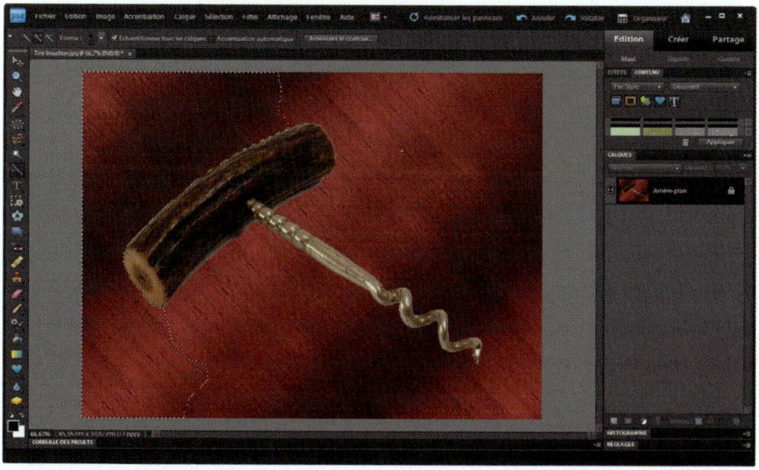

Figure 12.11 : L'outil Sélection rapide sélectionne automatiquement les zones parcourues par le pointeur.

Pour effacer des parties de la sélection, cliquez sur l'icône Soustraire de la sélection, à gauche de la barre d'options, puis procédez comme lors de l'Étape 2 ci-dessus pour éliminer ce qui est en trop.

TRUC

Une autre technique, très efficace elle aussi, consiste à cliquer successivement sur plusieurs points de la zone à sélectionner.

Il n'est pas nécessaire que les zones parcourues par le pointeur soient semblables. Dès lors que le pointeur déborde dans une zone complètement différente – c'est à l'utilisateur d'en décider –, cette partie est ajoutée à la sélection. Judicieusement utilisé, l'outil Sélection rapide s'avérera beaucoup plus souple et puissant que la Baguette magique.

La taille du pointeur est réglable dans la palette Forme. Contrairement à l'outil Baguette magique, aucun paramètre Tolérance n'est proposé car Photoshop Elements décide lui-même des zones à prendre en compte.

Figure 12.12 : L'outil Forme dynamique permet à la fois de sélectionner automatiquement les zones parcourues par le pointeur et d'appliquer un effet particulier.

TRUC

Photoshop Elements propose un autre outil original : Forme dynamique. Celui-ci conjugue le fonctionnement de la Forme de sélection et l'application d'effets variés que vous choisissez dans la palette proposée sur la droite de la barre d'options (voir Figure 12.12). Sa variante, Détail de forme dynamique, repose sur le même principe, mais en utilisant cette fois un pinceau dont vous choisissez la taille et le style dans la barre d'options.

En fait, l'effet choisi correspond à l'application d'un certain calque de réglage, associé au masque de protection défini par la sélection. Vous pouvez voir ce calque sur la droite de la figure, au-dessus de la vignette qui indique Arrière-plan.

Intervertir une sélection

TRUC

Il est souvent plus rapide de sélectionner la partie d'une image que vous ne voulez pas modifier, puis d'intervertir la sélection. L'interversion sélectionne ce qui ne l'était pas et désélectionne ce qui l'était.

Regardez l'image de gauche sur la Figure 12.13. Supposons que vous deviez sélectionner les bâtiments et l'église. Réaliser ce travail directement sur ces éléments serait long et fastidieux, même avec des outils très performants. Pour accélérer l'opération, sélectionnez le ciel avec la Baguette magique ou mieux, avec l'outil Sélection rapide. Il suffit ensuite d'intervertir la sélection pour que les bâtiments soient sélectionnés et non le ciel. L'image de droite, où le ciel a été ôté, démontre l'efficacité de cette technique.

NOUVEAUTÉS 9

Dans Photoshop Elements, choisissez Sélection > Intervertir pour permuter les zones sélectionnées, ou appuyez sur Ctrl + I (⌘ + I sur Mac).

La terminologie varie très peu d'une application graphique à une autre. Vous disposerez, soit d'une commande Inverser, soit d'une commande Intervertir. On les trouve généralement dans un menu Sélection. Certains programmes utilisent le terme Inverser à la place de Négatif. On le rencontre généralement dans un menu

Filtre, Effets ou Image. Difficile alors de confondre cette commande avec une interversion de sélection.

Figure 12.13 : Pour sélectionner les bâtiments, il est plus facile de sélectionner d'abord le ciel, puis d'intervertir la sélection.

Affiner la sélection

En théorie, créer une sélection semble chose facile. En réalité, une sélection précise n'est pas aussi simple que cela à réaliser, et parfois même très compliqué. Dans bien des circonstances, il faut ajuster le contour obtenu en ajoutant ou en supprimant des pixels.

Voici les différents procédés que vous êtes susceptible de rencontrer :

- **Ajouter à la sélection :** pour agrandir le contour de la sélection, mettez en œuvre une fonction additive. Elle permet d'obtenir plusieurs zones sélectionnées sur une même image.
- **Soustraire de la sélection :** réduisez la sélection grâce à une fonction soustractive.

- **Sélectionner l'intersection :** certains programmes permettent de créer une sélection avec la partie commune à deux sélections qui se chevauchent.
- Ces techniques varient selon le logiciel. Consultez le menu Aide pour savoir comment les mettre en œuvre.

Dans Photoshop Elements, le contour des sélections peut être modifié comme suit :

- **Modifier le contour à l'aide des outils Rectangle de sélection et Ellipse de sélection, des Lassos ou de la Baguette magique :** pour ajouter un nouveau contour en conservant celui déjà existant, maintenez la touche Maj enfoncée tout en traçant le nouveau contour. Pour mettre l'outil en mode soustractif, maintenez la touche Alt (Windows) ou Option (Mac) enfoncée. Ou alors, activez les boutons que montre la Figure 12.14.

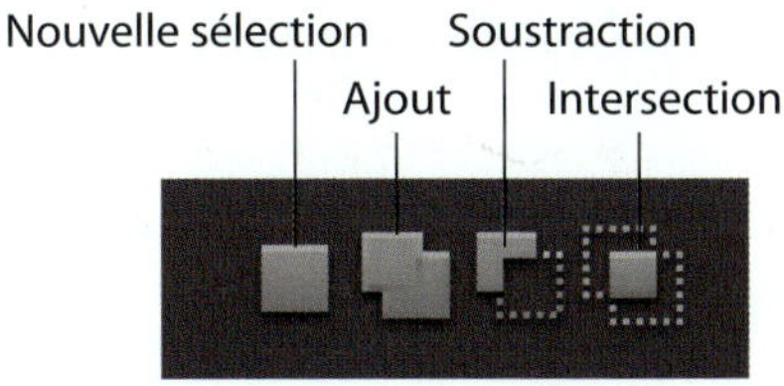

Figure 12.14 : Les divers modes de sélection sont regroupés dans la barre d'options de Photoshop Elements.

- **Ajuster le contour avec la Forme de sélection :** si vous préférez modifier une sélection existante avec la Forme de sélection, activez le mode Masque de cet outil, dans la barre d'options. Optez pour un fort taux d'agrandissement de l'image et choisissez une taille de pinceau fine pour parfaire les contours de votre sélection.
- **Déplacer le contour d'une sélection :** avec tous les outils de sélection excepté la Forme de sélection, cliquez dans la sélection et tirez le contour. Ou alors, appuyez sur les touches fléchées afin de déplacer la sélection au pixel près (appuyer en même temps sur Maj augmente le pas du déplacement). Sachez aussi que si vous tirez votre sélection tout au appuyant

sur la touche Ctrl (Windows) ou ⌘ (Mac), vous déplacerez non seulement cette sélection, mais également tout son contenu.

- **Dilater ou contracter précisément le contour :** choisissez Sélection > Modifier > Dilater ou Sélection > Modifier > Contracter et indiquez le nombre de pixels de l'élargissement ou de la contraction.

Dans Photoshop Elements 9, la barre d'options de plusieurs outils de sélection contient un bouton Améliorer le contour. Il affiche une palette permettant de régler le lissage du contour de sélection, le contour progressif et la contraction/dilatation de la sélection.

Déplacer, copier et coller une sélection

Après avoir sélectionné une partie de l'image, vous pouvez intervenir sur les pixels sélectionnés et procéder à toutes sortes de modifications et de corrections, peindre dans la zone sélectionnée, appliquer des filtres et des effets. La partie non sélectionnée, elle, reste intacte.

Une autre bonne raison de créer un contour de sélection est la possibilité de déplacer ou copier les pixels sélectionnés dans une autre image, comme l'illustre la Figure 12.15. Trois pièces de monnaie ont tour à tour été sélectionnées puis collées sur un arrière-plan d'écorce d'arbre. Nous y reviendrons plus loin dans ce chapitre.

Les sections suivantes décrivent les opérations de déplacement, de copie et de collage d'une sélection.

Il est aussi possible de recopier des pixels avec un outil spécial généralement appelé Tampon de duplication ou Clonage. Il peint sur une partie de l'image en dupliquant les pixels d'une autre zone de la même image ou d'un autre document. Cette puissante fonction de retouche est décrite plus loin à la section « Dissimulation numérique ».

Figure 12.15 : Après avoir sélectionné et copié les pièces, elles ont été copiées sur la photo de bois.

Couper, copier, coller : les classiques de l'édition

Une sélection peut être coupée, copiée et collée à l'aide des fonctions archiconnues de copier-coller. Elles se trouvent généralement dans le menu Edition.

Voyons comment fonctionnent ces commandes :

- **Copier** crée une copie de la zone sélectionnée et la place dans le Presse-papiers. L'image d'origine reste intacte.
- **Couper** supprime les pixels dans l'image et les transfère dans le Presse-papiers. La sélection laisse un vide, comme l'illustre la Figure 12.16. Dans Photoshop Elements, les pixels coupés sont remplacés par la couleur d'arrière-plan, du blanc en l'occurrence.
- **Coller** place le contenu du Presse-papiers sur l'image.

Figure 12.16 : La commande Couper supprime les pixels, laissant voir l'arrière-plan.

Il est souvent nécessaire d'ajuster la taille d'une sélection ainsi collée dans une autre image, et de la repositionner. La prochaine section explique comment procéder.

Intégrer un objet collé

ATTENTION

La gestion d'un objet collé diffère d'un programme à un autre. Les logiciels peu sophistiqués déplacent l'élément, mais en le collant sur la partie située en dessous. Un trou apparaît alors dans l'image. D'autres programmes agissent plus intelligemment. La sélection peut être déplacée sans modifier le contenu de l'image dans laquelle elle est insérée.

Photoshop Elements appartient à cette seconde catégorie. Il place la partie copiée ou coupée sur un *nouveau calque*. Pour le moment, limitons-nous aux caractéristiques essentielles du collage d'une sélection :

- Ouvrez la palette Calques (Figure 12.17) pour voir tous les calques présents dans l'image. Dans Photoshop Elements, la palette Calques est ancrée au conteneur de panneaux. Cliquez sur son onglet et faites-la glisser à proximité de la fenêtre de votre document. Relâchez le bouton de la souris. La palette Calques devient *flottante*, c'est-à-dire constamment accessible et déplaçable.

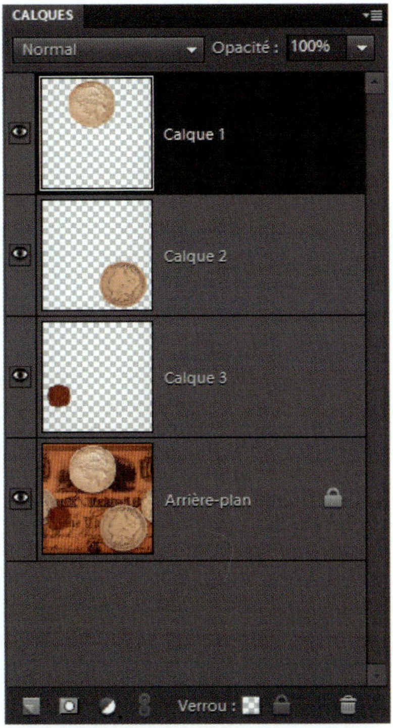

Figure 12.17 : Dans Photoshop Elements, chaque sélection est collée dans un calque distinct.

- Par défaut, les zones transparentes du calque de l'élément collé sont représentées sous forme d'un damier gris et blanc, parfaitement visible sur la vignette qui est affichée dans la palette Calques. Tous les pixels de l'image située en dessous sont visibles à travers ces zones transparentes. Dans l'exemple de la Figure 12.15, le bois est apparent partout où les calques des pièces sont transparents.

- Pour modifier ultérieurement les calques d'une image, enregistrez la composition (le document multicalque) au format PSD (voire TIFF). Les autres formats aplatissent en effet les calques, ce qui empêchera par la suite de manipuler séparément les éléments. De plus, quand vous sauvegardez en PSD ou en TIFF, pensez à cocher la case Calques dans la boîte de dialogue Enregistrer sous.

Dans Photoshop Elements, l'élément collé apparaît sur son propre calque. Positionnez-le pour l'adapter à son nouvel environnement. Cliquez sur son calque dans la palette Calques. Activez l'outil Déplacement et cochez, dans la barre d'options, la case Afficher le cadre de sélection (ce cadre bleu n'apparaît que si le pointeur de la souris se trouve sur l'élément en question). Dès lors, vous pouvez :

- **Déplacer l'objet collé :** sélectionnez l'outil Déplacement, indiqué sur la Figure 12.18, et positionnez l'élément où bon vous semble. Faites glisser à l'aide de la souris en cliquant d'abord à l'intérieur du cadre de sélection, ou bien utilisez les flèches du pavé directionnel pour déplacer l'élément d'un pixel à la fois. Si vous appuyez en même temps sur la touche Maj, l'objet se déplace de dix pixels d'un coup.
- **Pivoter l'élément collé :** une sélection collée est entourée par un cadre muni de huit poignées de redimensionnement et de rotation. Vous pouvez alors déplacer l'élément en le faisant glisser avec le pointeur de la souris, ou lui faire subir une rotation avec les poignées adéquates.

  Placez le pointeur à proximité d'une poignée d'angle. Il prend la forme d'une double flèche incurvée. Cliquez et faites glisser la souris dans le sens de rotation désiré. Relâchez le bouton de la souris. Si la nouvelle position vous convient, cliquez sur la coche de validation verte, en bas à droite du cadre, ou appuyez simplement sur Entrée (Retour).

Vous pouvez tout aussi bien choisir une des commandes de symétrie dans le sous-menu Image > Rotation.

Pour annuler une transformation, appuyez sur Echap ou cliquez sur le bouton d'annulation rouge, en bas à droite du cadre.

- **Redimensionner l'élément collé :** vous pouvez aussi redimensionner la sélection en tirant les poignées de redimensionnement.

  Pour éviter toute déformation de l'élément au cours du redimensionnement, pensez à cocher l'option Conserver les proportions. Validez ensuite l'opération en cliquant sur la coche verte, en bas à droite du cadre.

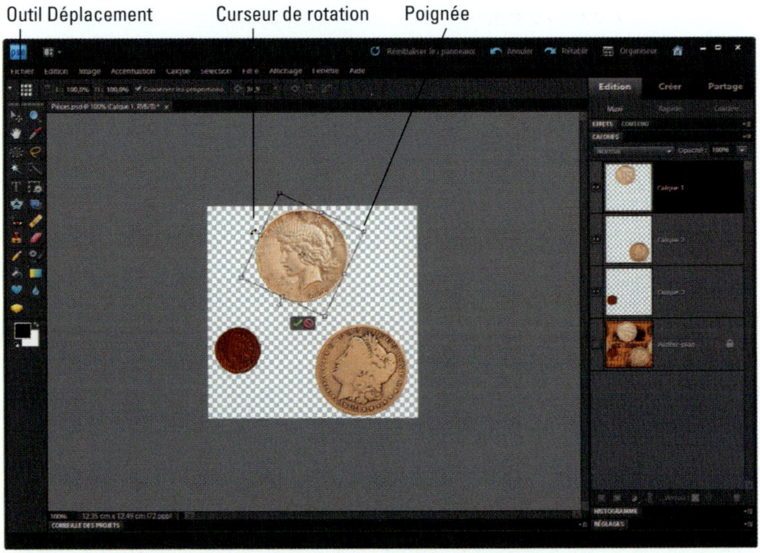

Figure 12.18 : Tirez à l'extérieur d'une poignée de transformation d'angle pour pivoter le contenu d'un calque (le calque d'arrière-plan a été rendu invisible pour mieux voir le contenu des trois autres calques).

Effacer une sélection

Pour effacer les pixels contenus dans une sélection, la méthode est universelle : appuyez sur la touche Suppr. La zone sélectionnée disparaît instantanément de votre image. Si vous travaillez sur le calque de fond (il s'appelle Arrière-plan dans Photoshop Elements), la zone supprimée est remplacée par une couleur unie. Pour tout autre calque, vous créez un trou transparent. Les pixels des calques d'en dessous deviennent visibles.

Pour stocker l'élément supprimé dans le Presse-papiers, effacez-le avec le raccourci Ctrl + X ou la commande Edition > Couper.

Dissimulation numérique

En plus de la création de photomontages et du réarrangement des éléments dans l'image, les pixels peuvent être collés dans le but de masquer des défauts. Sur la Figure 12.19, par exemple, la photo de gauche présente une disgracieuse tache blanche. Il a suffi de copier un peu de ciel puis de le coller par-dessus pour le faire disparaître.

Utiliser le tampon de duplication

Une autre solution consiste à recourir au Tampon de duplication, un outil présent dans la plupart des logiciels de retouche. Le défaut est alors éliminé en cliquant sur les pixels à recopier, puis en tirant l'outil par-dessus la zone à corriger. C'est ainsi que j'ai retouché les reflets complètement crevés sur les citrons de la Figure 12.20. Les pixels bien denses ont été clonés à la place des pixels surexposés. Le médaillon montre un gros plan de la zone retouchée.

Figure 12.19 : La tache blanche a été éliminée en collant un peu de ciel dessus.

Figure 12.20 : Pour retoucher les reflets crevés, des pixels correctement exposés ont été clonés à la place des pixels surexposés.

Le Tampon de duplication est un outil typiquement informatique, qui n'a pas d'équivalent dans le monde réel.

C'est par la pratique que vous apprendrez à le maîtriser. Quand vous aurez compris son principe, vous ne pourrez plus vous en passer.

Le nom de cet outil peut être différent dans un autre logiciel (Clonage, voire Gomme sélective…). Quoi qu'il en soit, voici comment il fonctionne :

1. **Activez l'outil Tampon de duplication.**

   Dans Photoshop Elements, cliquez sur l'outil Tampon de duplication. Ne pas le confondez avec le Tampon de motif, qui est son sous-outil. La mise en œuvre de la recopie varie légèrement sur d'autres logiciels.

2. **Définissez le point de prélèvement.**

   C'est l'emplacement des pixels à recopier dans la zone à corriger.

   Dans Photoshop Elements, touche Alt (Windows) ou Option (Mac) enfoncée – le curseur se transforme en petit réticule –, cliquez sur le point de prélèvement.

   Pour effacer le personnage de la Figure 12.21 et le remplacer par des éléments du paysage, un clic a été effectué touche Alt (Option) enfoncée dans les cailloux à proximité du sujet avec une forme de 100 pixels de diamètre. Ensuite, après avoir cliqué sur le personnage, les pixels du paysage sont reportés dans le curseur circulaire. Déplacer ce dernier remplace peu à peu le personnage par du caillou et de l'herbe.

3. **Cliquez et, bouton de la souris enfoncé, promenez le curseur sur les éléments à recouvrir.**

   Le Tampon de duplication copie les pixels du point de prélèvement jusque sous le curseur que vous maniez.

   Quand vous déplacez le curseur, le réticule du point de prélèvement se déplace conjointement.

Figure 12.21 : Effectuer un prélèvement.

Remarquez que, comme je le suggérais précédemment dans l'encadré « Afficher un meilleur curseur », j'ai utilisé pour cette manipulation le curseur en taille réelle, tel qu'il est défini dans les Préférences de Photoshop Elements. Ainsi, un cercle délimite la zone de prélèvement, son diamètre variant selon la forme sélectionnée.

Le Tampon de duplication est paramétrable. Voici la liste de ses fonctions, offertes aussi par bon nombre d'autres logiciels :

- **Forme :** vous pouvez définir la taille, la forme et la dureté de la zone de prélèvement. Dans des zones bien nettes, une forme dure donne de bons résultats. Mais dans des parties plus douces, moins piquées, une forme floue est préférable.
- **Mode :** cette option régit le mélange des pixels prélevés avec les pixels à remplacer. En mode Normal, les nouveaux pixels se substituent complètement aux anciens, ce qui est généralement le but recherché.

TRUC

- **Opacité :** je règle souvent l'opacité à 60 ou 70 % afin que les pixels prélevés se mêlent plus naturellement aux pixels d'origine.
- **Aligné :** cette commande détermine comment la zone de prélèvement doit être redéfinie chaque fois que vous cliquez ailleurs pour retoucher.

  Si la case Aligné est cochée, la position relative du point de prélèvement est maintenue chaque fois que vous cliquez ailleurs. En revanche, lorsque la case Aligné n'est pas cochée, c'est toujours le même point de prélèvement d'origine qui est utilisé, et ce quelle que soit la zone que vous retouchez.
- **Echan. tous calques :** si cette case est cochée, le Tampon de duplication clone les pixels quel que soit le calque où ils se trouvent. Sinon, il ne fonctionne qu'au niveau du calque actif. Par exemple, quand vous travaillez sur le Calque 2, vous ne pouvez pas dupliquer les pixels du Calque 1 si cette option n'est pas active.

Utiliser l'outil Correcteur localisé

Vous avez une superbe photo, mais elle est défigurée par un horrible pylône, des fils électriques mal venus, ou tout autre objet dont vous aimeriez bien vous débarrasser… Vous avez à votre disposition l'outil Tampon de duplication pour réparer le problème. Mais l'opération peut être longue et délicate. Avant de vous y lancer, tentez une autre méthode : le Correcteur localisé de Photoshop Elements.

Cet outil, qui se trouve juste au-dessus du tampon, tente de corriger la partie de l'image sur laquelle vous repassez le pinceau en calculant automatiquement le nouveau motif de remplissage en fonction de l'environnement de cette zone. C'est plus difficile à expliquer qu'à réaliser.

Prenons l'exemple de cette rue d'une rue de Saint Louis du Sénégal (voir Figure 12.22). L'ensemble est coloré, le ciel pur (ce qui est évidemment bien pratique), mais le tout est gâché par des traversées de route du plus mauvais effet.

Figure 12.22 : Une image pleine de fils électriques.

Pour tenter d'améliorer la situation, faisons appel à l'outil Correcteur localisé. Après avoir choisi un style de forme correspondant à ce qui doit être effacé, le moment le plus important est le choix de la bonne stratégie dans la barre d'options. En l'occurrence, celle qui va vous intéresser est Contenu pris en compte. C'est elle en effet qui va demander à Photoshop Elements de recalculer l'environnement de la portion d'image sur laquelle vous allez passer le pinceau.

Procédez par petites touches, de manière à ne pas englober une zone trop large qui poserait des problèmes à Photoshop Elements. Progressivement, les câbles et autres éléments gênants devraient disparaître (voir Figure 12.23). Ce qui est sans doute le plus étonnant avec le Correcteur localisé, c'est sa capacité à effacer des objets dans des bâtiments, des feuillages et autres paysages urbains ou ruraux...

Figure 12.23 : Supprimer les éléments gênants avec l'outil Correcteur localisé.

Pour parfaire le travail, le mieux est de terminer avec l'outil Tampon de duplication afin d'affiner le rendu des détails.

Agrandir la toile

Lorsque vous êtes amené à copier et coller des éléments, la taille initiale de l'image peut être un obstacle. Pour vous permettre de travailler dans les meilleures conditions, il est possible d'augmenter la taille de la zone de travail. Cette dernière n'est rien de plus que le fond sur lequel repose votre image.

Supposons que vous désiriez juxtaposer deux images. Pour cela, vous ouvrez la première image, doublez la surface de travail, puis copiez la seconde image dans l'espace vide.

NOUVEAUTÉS 9

Dans Photoshop Elements, utilisez Image > Redimensionner > Taille de la zone de travail pour accéder à la boîte de dialogue du même nom

(Figure 12.24). Pour régler les dimensions de la zone de travail – et non de l'image elle-même, qui ne change pas de taille –, entrez les nouvelles valeurs dans les champs Largeur et Hauteur. Vous pouvez modifier l'unité de mesure affichée grâce aux listes déroulantes situées à droite des champs. Cliquez ensuite sur l'une des flèches, sous la zone Position, pour indiquer l'emplacement de l'image actuelle dans la nouvelle zone de travail. Si vous voulez, par exemple, que l'image soit à droite dans la zone étendue, cliquez sur la flèche pointant vers la gauche.

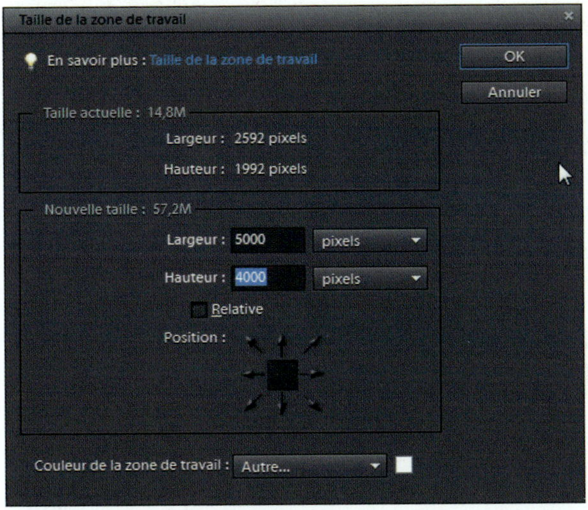

Figure 12.24 : Dans Photoshop Elements, utilisez la boîte de dialogue Taille de la zone de travail pour modifier les dimensions du document.

Pour réduire cette zone, saisissez des valeurs plus faibles. Définissez l'emplacement du contenu actuel en cliquant sur l'un des carrés de position. Il est cependant possible de rogner une image avec l'outil Recadrage étudié au Chapitre 11. Pour autant, la commande Taille de la zone de travail permet un recadrage précis au pixel près.

TRUC

Photoshop Elements dispose d'une option appelée Relative. Dès que vous l'activez, la valeur des champs

Largeur et Hauteur est de 0. Saisissez alors la quantité que vous désirez ajouter ou enlever. Par exemple, pour ajouter deux centimètres tout autour de la zone de travail, saisissez 2 dans les champs Hauteur et Largeur, puis choisissez l'unité de mesure cm. Cliquez sur le carré de position central, puis sur OK. Un espace vide de 2 cm de large apparaît tout autour de l'image, agrandissant ainsi la zone de travail.

Cinquième partie

Les dix commandements

"Vous vous êtes trompé. On fait de la retouche ici, pas de la photo de famille... Bien que... Je vois ce qu'il vous faut..."

Dans cette partie...

Cette partie est conçue pour tous les impatients désireux d'obtenir sur-le-champ des informations précises.

Le Chapitre de cette partie propose dix techniques pour créer des images numériques de meilleure qualité.

Si vous aimez la simplicité et la concision, cette partie est faite pour vous. Mais pensez tout de même à lire le reste, car vous risqueriez de passer à côté d'une infinité de choses très intéressantes.

13

Dix moyens d'améliorer vos images

Dans ce chapitre :

- Photographier avec le nombre adéquat de pixels.
- Choisir le meilleur taux de compression JPEG.
- Composer une image forte.
- Réduire le bruit.
- Se passer du zoom numérique.
- De l'utilité d'un programme de retouche.
- Choisir le papier pour une meilleure qualité d'impression.
- Améliorer sa pratique.
- Tenir compte des instructions des fabricants.

L'appareil photo numérique est à la fois un bel objet et un concentré de technologies de pointe. Hélas, beaucoup d'utilisateurs ne se laissent séduire que par l'aspect high-tech et oublient qu'une bonne photo, c'est d'abord un regard sensible, le sens de la lumière et une technique éprouvée.

D'où de nombreuses déceptions du genre « pour un appareil de ce prix, c'est pas fameux... »

Ce chapitre vous présente dix manières de réaliser des photos irréprochables. Si vous respectez ces quelques règles, vous ferez l'admiration de ceux qui regarderont vos photos.

La résolution

Avec les appareils photo numériques, la qualité d'une image dépend en grande partie du nombre de pixels par pouce (ppp) que l'appareil est en mesure d'acquérir. Sur la Figure 13.1, la résolution de la première photo est de 300 ppp, celle de la deuxième de 75 ppp seulement.

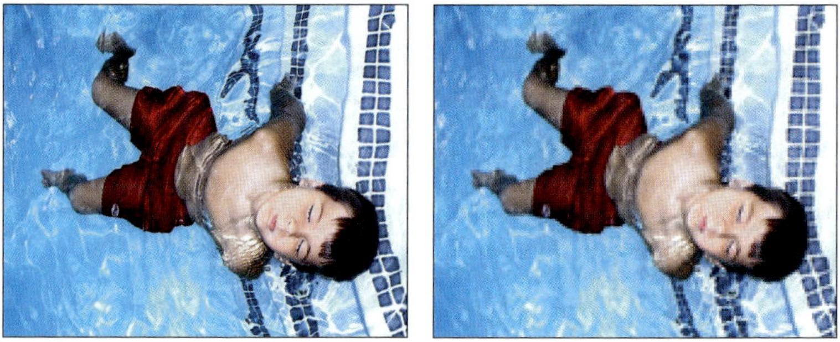

Figure 13.1 : La médiocre qualité de l'image de droite est causée par un manque de pixels.

Lors de vos prises de vue, essayez toujours d'acquérir le nombre de pixels approprié à la taille d'impression prévue. Pour la plupart des imprimantes, il faut au moins 200 pixels par pouce. Multipliez la taille du tirage désiré, en pouces, par la résolution en pixels par pouce pour obtenir le nombre de pixels requis, dans le fichier d'image. L'imprimante peut cependant donner de meilleurs résultats avec une résolution plus élevée. Reportez-vous à son manuel pour le vérifier.

N'OUBLIEZ PAS

N'oubliez pas qu'un pouce est équivalent à 2,54 cm. Autrement dit, un tirage sur papier photo de format 10 x 15 cm correspond pratiquement à un format 4 x 6 en pouces.

TRUC

Rappelez-vous que l'élimination de pixels, lors d'une réduction, n'affecte que peu la qualité de l'image, alors que l'ajout de pixels est souvent calamiteux. Autrement dit, il est préférable d'avoir trop de pixels à la prise de vue que pas assez.

Pour une révision complète sur la résolution, lisez le Chapitre 2.

Ne compressez pas trop vos images

La plupart des appareils numériques permettent de sélectionner plusieurs niveaux de compression. La *compression* est une technique utilisée pour alléger le poids en octets des images, de façon à en réduire l'encombrement dans la mémoire des appareils. Or, cette compression entraîne généralement une perte de données.

Très souvent, les différents niveaux de compression sont définis par des qualités : Meilleure, Moyenne et Bonne. Pour un résultat optimal, choisissez toujours le niveau de qualité le plus élevé. Il appliquera le taux de compression le plus faible, au détriment bien sûr du nombre de photos pouvant être stockées sur la carte mémoire.

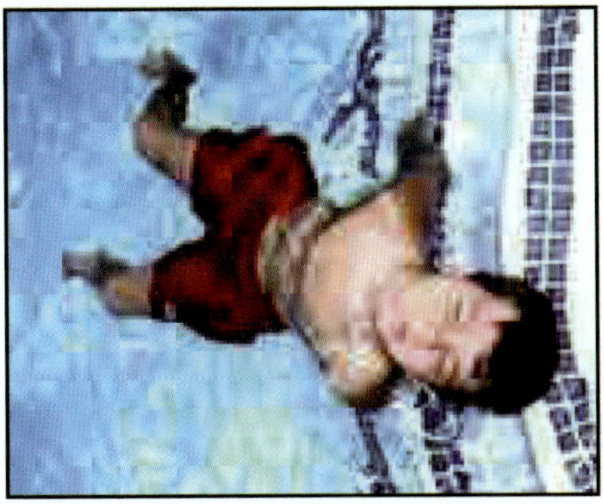

Figure 13.2 : Une faible résolution combinée à une forte compression JPEG dégrade énormément la qualité de la photo.

Certains appareils permettent de photographier dans d'autres formats, notablement TIFF et Raw, qui n'appliquent pas de compression avec pertes de données. Le fichier sera certes plus volumineux, mais le résultat sera au rendez-vous.

N'OUBLIEZ PAS

La qualité de l'image résulte de la compression et du nombre de pixels. Trop peu de pixels et une forte compression produisent une photo comme celle de la Figure 13.2.

Pour en savoir plus sur la compression, lisez le Chapitre 5.

Variez les angles de prise de vue

Comme cela a été expliqué au Chapitre 7, changer l'angle de prise de vue augmente l'impact et l'intérêt d'une photo.

Lorsque vous composez vos scènes, rappelez-vous la règle des tiers. Divisez l'image en trois bandes verticales et horizontales puis positionnez le sujet principal sur l'une des intersections de ces zones.

Lisez les Chapitres 5 et 6 pour tout savoir sur la composition de vos photographies.

Réduisez le bruit

Les photos numériques présentent parfois un défaut appelé *bruit* qui se manifeste par des taches colorées (une illustration se trouve au Chapitre 6).

Le bruit peut être atténué de deux manières :

- En augmentant l'éclairage de la scène, soit avec un flash, soit avec des projecteurs. Le bruit apparaît quand la lumière est trop faible.

- En réduisant la sensibilité ISO, si l'appareil est équipé de ce réglage. Plus la sensibilité est élevée, et plus le bruit s'accroit. Evidemment, réduire la sensibilité doit être compensé par un accroissement de lumière.

Si le bruit ne peut être éliminé, reportez-vous au Chapitre 11 pour savoir comment l'atténuer avec un logiciel de retouche.

Déclenchez correctement

Cela peut paraître bête comme conseil, mais combien de photos sont ratées – mal exposées ou floues – pour avoir mal appuyé sur le déclencheur ?

La plupart des appareils photo numériques sont équipés d'une mise au point et d'une exposition automatiques. Pour que ces mécanismes fonctionnent correctement, il faut déclencher en deux temps.

Après avoir visé, enfoncez le bouton à mi-course et maintenez-le dans cette position. L'appareil fait toute une série de calculs, puis il mémorise la mise au point et l'exposition (cela ne lui prend qu'un instant). Cadrez ensuite le sujet et finissez d'enfoncer le bouton pour enregistrer l'image.

ATTENTION

Si vous vous contentez d'enfoncer complètement le déclencheur, vous ne laissez pas à l'appareil le temps de procéder aux réglages.

Utilisez les outils de correction

Les images en provenance d'un appareil photo numérique peuvent être victimes d'imperfections. Pour y remédier, l'utilisation d'un programme d'édition graphique s'impose. Avec lui, vous pourrez très facilement augmenter la luminosité d'une image sous-exposée, rectifier la balance des couleurs, recadrer un élément particulier, et corriger toutes les petites imperfections de vos images.

La Quatrième partie de ce livre expose les techniques de base pour améliorer vos images. Certaines fonctions sont assez simples à utiliser, alors que d'autres exigent plus de maîtrise et de manipulations.

Pouvoir retravailler une photographie après sa prise de vue est sans doute l'intérêt principal des photos numériques. Prenez le temps d'essayer toutes les commandes de correction, les outils et les filtres.

Imprimez sur le papier adéquat

Comme nous l'avons découvert au Chapitre 9, le type de papier utilisé pour l'impression régit la qualité d'un tirage. Une imprimante, aussi perfectionnée soit-elle, ne pourra pas donner le meilleur d'elle-même sur du papier de mauvaise qualité.

Si vous confiez le tirage des photos à un labo photo numérique, vous aurez droit à un excellent papier. Mais si vous imprimez chez vous, renseignez-vous sur le type de papier exigé par l'imprimante. Des fabricants proposent des papiers adaptés à leurs périphériques. D'autres fournisseurs sont spécialisés dans la mise au point de papiers spécifiques. Lisez attentivement les consignes qui sont données sur l'emballage et regardez si la marque de votre imprimante figure dans les périphériques d'impression recommandés.

Entraînez-vous !

La photographie numérique n'échappe pas à une règle simple : plus vous la pratiquez, plus vous progressez. N'hésitez pas à prendre plusieurs fois la même photo avec des réglages différents. Grâce à l'écran de contrôle de votre appareil, éliminez les clichés médiocres et ne gardez que la ou les photos dont l'affichage vous semble le plus correct. Une fois rentré chez vous, transférez vos images sur votre ordinateur pour les visualiser, les jauger, supprimer celles qui ne vous semblent pas dignes d'intérêt, et classer les survivantes dans des dossiers adaptés.

TRUC

Bien sûr, sacrifier une photo est toujours douloureux. Pour laisser une chance à celles que j'estime ratées, mais tout de même utiles à garder (généralement parce qu'elles sont associées à des souvenirs personnels ou familiaux), je les place dans un sous-dossier que j'appelle *Autres*, ou encore *À revoir*, pour ne pas dire *Au revoir*.

TRUC

Si votre appareil stocke les paramètres d'acquisition sous forme de métadonnées dans le fichier image, inutile de noter vos réglages lors de chaque prise de vue. Vous utiliserez un programme spécial pour afficher les paramètres de chaque image téléchargée sur votre ordinateur. Reportez-vous au Chapitre 4 pour plus d'informations à ce sujet.

Avec l'expérience, vous pourrez déterminer précisément les réglages à effectuer pour obtenir des prises de vue correctes.

Lisez le manuel

Vous vous souvenez des instructions du manuel d'utilisation ? Non ? Vous l'avez rangé quelque part ? Oui, mais où ? Je vous conseille vivement de partir à sa recherche !

Je sais, les manuels d'utilisation sont ennuyeux, mais vous devez les lire avec attention. Ils sont remplis d'indications qu'un ouvrage comme celui-ci ne peut pas distiller à leur place.

N'OUBLIEZ PAS

Beaucoup de fabricants d'appareils photo – mais aussi d'autres équipements – placent une version au format PDF de leur manuel sur le CD-ROM accompagnant leur produit, ou le proposent en téléchargement sur leur site Web. Faites-en une copie sur le disque dur de votre ordinateur.

Vous y accéderez ainsi facilement, vous bénéficierez des facilités d'un document numérique (recherche de mots, liens hypertextes...) et, en déplacement, vous n'aurez pas à trimballer un encombrant manuel sur papier.

Les appareils numériques ne sont pas qu'un assemblage de pièces électromécaniques. Leurs réglages, même s'ils sont assez limités, déterminent la qualité des photos. Quelques fonctions propres à votre appareil ne sont expliquées que dans le manuel qui l'accompagne. C'est pourquoi il est indispensable de vous plonger dans sa lecture attentive avant d'entamer quoi que ce soit.

Lexique

Vous ne vous rappelez plus la différence entre un pixel et un octet ? La différence entre la résolution et le redimensionnement d'une image ? Inutile de vous replonger dans les chapitres de ce livre. Le lexique est là pour éclaircir les méandres obscurcis de votre cerveau.

8 bits : codage informatique des images autorisant une palette de 256 nuances de gris ou de couleur. Ce codage est généralement appliqué à chacune des trois couches chromatiques rouge, verte et bleue de la photo, d'où un affichage sur 24 bits au total, soit 256 x (256 x 256) = 16 777 216 couleurs.

Balance des blancs : réglage de l'appareil photo numérique qui permet de compenser la température de couleur d'une source de lumière.

Bit (binary digit, élément binaire) : la plus petite unité informatique, équivalent à 0 ou 1.

BMP : format graphique propre à l'environnement Windows. Peut être considéré aujourd'hui comme périmé.

Bridge : 1. Modèle d'appareil photo numérique apparenté aux appareils reflex, aux deux différences près d'une part que l'image qui traverse l'objectif n'est pas renvoyée vers le viseur par un miroir, mais affichée par un écran à cristaux liquides interne, et d'autre part que l'objectif n'est pas interchangeable. 2. Logiciel d'archivage et de visualisation développé par Adobe. Il est automatiquement installé en même temps que Photoshop.

Bruit : grain aléatoire causé par une sensibilité insuffisante du capteur CCD.

CCD (*Charge-Coupled Device,* dispositif à transfert de charge) : l'une des technologies utilisées par le capteur photo d'un appareil photo numérique.

CIE Lab : modèle de couleur développé par la Commission Internationale de l'Eclairage. Utilisé surtout dans la retouche d'images.

CMJN : espace colorimétrique basé sur quatre couleurs primaires, Cyan, Magenta, Jaune et Noir. Il est utilisé pour l'impression des images.

CMOS (*Complementary Metal-Oxide Semiconductor,* semiconducteur à oxyde métallique complémentaire) : l'une des technologies utilisées par le capteur photo d'un appareil photo numérique.

CompactFlash : carte mémoire amovible utilisée par de nombreux appareils photo numériques pour stocker les images.

Composite : montage d'images dans un logiciel de retouche. Se dit aussi, dans un logiciel de retouche, de la couche montrant la superposition de chacune des couches chromatiques de l'image (autrement dit, l'image elle-même).

Compression : procédé consistant à réduire la taille d'une image en éliminant ou en indexant ses données redondantes.

Compression avec pertes de données : méthode de compression par élimination de données supposées superflues, qui dégrade la qualité d'une image, et cela d'autant plus que le taux de compression est élevé.

Compression sans perte de données : méthode de compression qui n'altère pas les pixels d'une image, préservant ainsi sa qualité d'origine.

Contour de sélection : cadre en pointillé, parfois animé, qui délimite une sélection.

Correction colorimétrique : opération consistant à corriger la quantité de couleurs dans chacune des composantes chromatiques.

Correction IL (indice de lumination) **:** commande qui augmente ou diminue sensiblement l'exposition automatique de l'appareil. Une valeur de -1 ou +1 équivaut à un stop (un cran de diaphragme ou un cran de vitesse).

Crénelage : effet d'escalier qui apparaît sur les lignes obliques et les cercles lorsque la résolution de l'image est trop faible.

Diaphragme : orifice de diamètre variable situé à l'intérieur du groupe optique d'un objectif; il règle le flux de lumière pénétrant dans l'appareil photo.

Digital : anglicisme hélas couramment utilisé pour « numérique ». En anglais, *a digit* est un chiffre, alors qu'en français, « digital » est de la même famille que « doigt ». Une empreinte digitale n'est pas une empreinte numérique (sauf peut-être pour un recherche d'ADN).

dpi (*dots per inch,* points par pouce) : mesure anglo-saxonne utilisée pour exprimer le nombre de points qu'une imprimante est capable d'aligner par pouce linéaire.

Éditer : afficher et modifier le contenu d'un fichier informatique.

EXIF (*Exchangeable Image File,* fichier d'image échangeable) **:** informations techniques introduites automatiquement dans la photo par l'appareil. Ce sont notamment la marque et le modèle de l'appareil photo, la date de prise de vue, les focales minimale et maximale du zoom ainsi que la focale utilisée, l'ouverture et la vitesse, l'usage ou non du flash, etc. La plupart des logiciels d'archivage et de visualisation sont capables d'afficher tout ou partie des métadonnées EXIF.

EV : *Exposure Value,* indice de lumination (*voir* IL).

Flash : format graphique développé par Adobe qui permet en particulier d'insérer des animations et des vidéos interactives dans les pages Web. Il est utilisé dans la plupart des sites actuels, et en particulier dans les publicités qui les envahissent.

FlashPix : format de fichier développé pour faciliter l'édition des images sur ordinateur. Il semble aujourd'hui dépassé.

Flou gaussien : filtre couramment proposé par les logiciels de retouche d'images. Il permet de rendre flou tout ou partie d'une image. Idéal pour simuler une faible profondeur de champ ou encore pour atténuer certains défauts.

Format de fichier : codage des données graphiques dans un fichier informatique. Les formats des fichiers graphiques les plus courants sont JPEG, TIFF et GIF.

Gamut : (anglicisme) plage de couleurs qu'un moniteur, une imprimante ou tout autre périphérique peut produire. Les couleurs qu'un périphérique ne peut pas créer sont dites *hors gamut* (ou parfois *non imprimables*).

GIF (*Graphics Interchange Format,* format d'échange de fichiers graphiques) **:** format graphique largement utilisé sur Internet. Codées sur 8 bits et compressées, mais limitées à 256 couleurs, les images GIF sont très employées pour des éléments graphiques simples sur le Web – dessins, boutons, filets... – en raison de leur faible encombrement.

GIF animé : image GIF contenant plusieurs images affichées tour à tour durant un laps de temps prédéfini, permettant ainsi de créer de petites animations. Ne sert plus que pour des objets visuels très simples, le format Flash s'étant imposé depuis plusieurs années.

GIF transparent : image GIF contenant des zones transparentes. Ceci permet d'intégrer, dans une page Web, un graphisme de forme irrégulière sur un arrière-plan.

Gigaoctet (Go) : 1 024 Mo, soit plus de 1 milliard d'octets.

Histogramme : graphique à barre représentant la répartition des tons foncés, moyens et clairs d'une image numérique.

IL (Indice de Lumination) **:** valeur d'exposition représentée par le couple vitesse/diaphragme.

IPTC (*International Press and Telecommunications Council,* Conseil international de la presse et des télécommunications) **:** informations personnelles introduites dans une photo par l'utilisateur. Il s'agit notamment du nom de l'auteur de la photo, des mots-clés permettant de la localiser rapidement grâce à un logiciel d'archivage, de la légende et d'une description plus ou moins détaillée.

ISO (*International Standards Organization,* organismes des standards internationaux) **:** norme indiquant la sensibilité d'une pellicule. Plus la valeur ISO est élevée, plus le film est sensible. Augmenter cette valeur sur un appareil photo numérique permet de photographier à une vitesse plus élevée. Mais, plus la sensibilité ISO est élevée, plus le grain augmente. Cette norme a remplacé les ASA (*American Standardization Association*) d'antan, dont l'échelle basée sur une progression arithmétique du simple au double était identique.

JPEG (*Join Photographic Experts Group,* groupe de travail d'experts en photographie) **:** format graphique affichant 16 millions de couleurs et autorisant des compressions très importantes. Comme pour le format GIF, les images JPEG sont couramment utilisées sur le Web en raison de leur faible encombrement. Cependant, un taux de compression trop élevé altère la qualité des images.

JPEG 2000 : nouvelle version du format JPEG qui ne dégrade pas l'image proportionnellement aux taux de compression, comme son parent le JPEG. Elle n'est pas reconnue par tous les navigateurs Web ni par tous les logiciels, et semble en voie d'obsolescence rapide.

Kelvin : unité de mesure de la température basée sur le zéro absolu (-273,15° C). Elle est utilisée pour quantifier la température de couleur (environ 5500 K à 5600 K pour la lumière naturelle). Le symbole du Kelvin est K (et non °K).

Kilo-octet (Ko) : unité de mesure correspondant à 1 024 octets.

Latence : délai qui s'écoule entre le déclenchement (acquisition de l'image par le capteur) et le transfert de l'image dans la mémoire de l'appareil. Pendant cette durée, l'appareil photo est indisponible.

LCD (*Liquid Crystal Display,* affichage à cristaux liquides) **:** écran à cristaux liquides équipant la plupart des appareils photo numériques.

Mégaoctet (Mo) : unité de mesure correspondant à 1 024 Ko.

Mégapixel : million de pixels. Unité servant à quantifier la définition d'un appareil photo. Les modèles de 8 à 12 mégapixels sont aujourd'hui la norme pour des appareils compacts et les bridge. Les boîtiers professionnels sont équipés de capteurs allant 14 à 24 MP, voire plus.

Memory Stick : carte mémoire mise au point par Sony et qu'il destine uniquement à ses appareils photo et autres périphériques numériques de la marque.

Mesure de l'exposition : elle s'effectue généralement sur le centre de l'image. Une mesure *pondérée* prend en considération toute la scène mais en privilégiant la zone centrale. Une mesure *matricielle* ou *multizone* calcule une exposition globale d'après plusieurs zones de l'image.

Métadonnées : informations techniques automatiquement stockées dans le fichier image par l'appareil photo (EXIF) ou des informations personnelles (IPTC). La plupart des logiciels d'archivage et de retouche sont capables de les afficher.

Modèle de couleur : structure servant à définir le dosage des composants chromatiques d'une image. Les modèles les plus courants sont RVB et CMJN. On parle le plus souvent de *mode colorimétrique*.

Niveaux de gris : se dit d'une image composée exclusivement de nuances de gris (ce que l'on appelle communément, mais à tort, *le noir et blanc*).

NTSC (*National Television System Committee,* comité du système de télévision national) **:** format de télévision utilisé notamment en Amérique du Nord et au Japon. De nombreux appareils photo numériques peuvent envoyer leurs signaux dans ce format pour un affichage TV ou un enregistrement vidéo.

Octet : ensemble de 8 bits. *Voir* Bit.

PAL (*Phase Alternating Line,* ligne à alternance de phase) **:** format vidéo répandu en Europe. Les caméscopes et appareils photo numériques vendus en France doivent être à la norme PAL.

PC Card : carte informatique amovible à la norme *PCMCIA*.

Photo CD : format graphique conçu par Kodak, autrefois utilisé pour la numérisation des photos argentiques, mais aujourd'hui abandonné. L'image était stockée en plusieurs résolutions à l'intérieur d'un même fichier.

Photosite : élément de base d'un capteur photosensible. Il faut au moins trois photosites (rouge, vert et bleu) pour produire un pixel coloré.

PICT : format graphique propre à l'environnement Macintosh. L'équivalent du BMP sous Windows, en quelque sorte.

Pixel : point lumineux élémentaire d'un écran cathodique ou LCD. C'est la plus petite unité graphique.

Pixellisé : se dit d'une image numérique composée de pixels, par opposition à une image vectorielle, dont les traits sont produits par des formules mathématiques. Se dit aussi d'une image lorsque ses pixels, grossis, deviennent apparents.

Plate-forme : synonyme de « type d'ordinateur ». Les PC et les Macintosh sont deux plates-formes différentes.

ppp (*pixel par pouce*) **:** mesure exprimant le nombre de pixels par pouce linéaire, utilisée pour définir la résolution d'une image.

Profondeur de champ : zone de tolérance de la netteté d'une image. L'image est parfaitement nette sur le plan de mise au point ; la netteté décroît de part et d'autre de ce plan, dans la zone de profondeur de champ, jusqu'au point où le flou se manifeste.

RAM (*Random Access Memory,* mémoire à accès aléatoire) **:** terme anglais pour « mémoire vive », abondamment utilisé dans la littérature technique. C'est dans la RAM que sont stockés les programmes et les données en cours d'exécution et de traitement.

Raw : « brut », en anglais. Format de fichier enregistrant les images telles qu'elles ont été captées, sans aucun traitement ultérieur. Les réglages que contient ce type de fichier sont des paramètres modifiables à l'aide d'un convertisseur comme Camera Raw, Lightroom, Bibble, Silkypix et bien d'autres.

Redimensionnement : modification des dimensions physiques d'une image.

Rééchantillonnage : ajout ou suppression des pixels dans une image, selon qu'elle est agrandie ou réduite. Des algorithmes sophistiqués, basés sur l'interpolation, sont utilisés pour lisser l'image après le rééchantillonnage. La technique la plus efficace est appelée *rééchantillonnage bicubique*.

Résolution : nombre de pixels par pouce (ppp) d'une image. Plus la résolution est importante, plus la définition de l'image est élevée. Ce terme est également employé pour définir la définition des scanners, des moniteurs et des imprimantes.

RVB : modèle de couleur utilisé pour afficher des images numériques à l'écran. Le modèle RVB est constitué de trois couleurs primaires : Rouge, Vert, Bleu.

SD (Secure Digital) **:** format de carte mémoire de la taille d'un timbre poste, très largement utilisés par les appareils photo numériques compacts. Une carte de grande capacité (SD-HC) peut contenir jusqu'à 64 Go de données.

SmartMedia : carte mémoire amovible de petite taille utilisée par certains appareils numériques de marque Olympus et Fuji, mais aujourd'hui supplantée par la carte xD-Picture.

Sublimation thermique : technique d'impression reposant sur la vaporisation d'encres chauffées. Elle produit des tirages d'une très grande qualité.

Téléchargement : transfert de données entre deux ordinateurs. Il peut s'effectuer en voie descendante (de l'ordinateur distant vers l'ordinateur local) ou en voie montante (de l'ordinateur local vers l'ordinateur distant).

Température de couleur : lumière émise par un corps noir, exprimée en degré Kelvin. Plus la température de couleur est élevée, plus la lumière est riche en bleu. À l'inverse, une température de couleur faible est riche en rouge. Voir aussi *Kelvin*.

Téraoctet (To) : unité de mesure correspondant à plus de 1 024 milliards d'octets.

TIFF (*Tagged Image File Format,* format de fichier d'image à balises) **:** format d'image très apprécié, reconnu aussi bien sous Windows que sur Macintosh.

Tirage : épreuve sur papier.

TSL : modèle de couleur défini par la Teinte (couleur), la Saturation (intensité) et la Luminosité.

TWAIN (*Technology Without Any Important Name,* technologie sans nom significatif) **:** protocole d'interface entre les logiciels graphiques et les périphériques tels que les scanners ou certains appareils photo numériques.

USB (*Universal Serial Bus,* bus série universel) **:** type de port rapide permettant aux ordinateurs de communiquer plus facilement avec toutes sortes de périphériques externes comme des disques durs, des appareils photo numériques, des scanners, des imprimantes, des lecteurs de cartes mémoire, etc. De nos jours, de plus en plus de téléviseurs sont équipés d'un port USB pour afficher des photos ou des vidéos.

Vitesse d'obturation : durée qui sépare l'ouverture et la fermeture de l'obturateur. Plus celui-ci reste ouvert longtemps, plus la quantité de lumière pénétrant dans l'appareil est élevée, et plus l'image est exposée.

WIA (*Windows Image Acquisition,* Acquisition d'image sous Windows) **:** protocole d'interface entre les logiciels graphiques et les périphériques tels que les scanners ou certains appareils photo numériques. Identique à TWAIN, mais conçu par Microsoft uniquement pour Windows XP et ultérieur.

xD-Picture Card : carte mémoire amovible de petite taille, succédant à la carte SmartMedia, utilisée par les appareils numériques de marque Olympus ou Fuji.

Index

B

C

G

H

I

J

K

L

M

N

O

R

S

T

U

V